GW01607006

DE CAYETANA
A CAYETANO

Cayetano Martínez de Irujo

DE CAYETANA A CAYETANO

Con la colaboración de
Carmen Gallardo

Prólogo de
Luis María Anson

la esfera de los libros

Primera edición: septiembre de 2019
Tercera edición: septiembre de 2019

Avenida de San Luis, 25
28033 Madrid
Tel.: 91 296 02 00
www.esferalibros.com

Fotografías de interior: Archivo del autor y Agencia EFE
ISBN: 978-84-9164-658-7
Depósito legal: M. 24.284-2019
Fotocomposición: J. A. Diseño Editorial, S.L.
Impresión: Anzos
Encuadernación: Méndez
Impreso en España-*Printed in Spain*

ÍNDICE

Estos pasajes de mi vida, que con toda humildad y sinceridad relato, van dedicados a mis padres, porque los adoraba.
A Enrique Moreno, por haberme salvado la vida y haber pasado a formar parte de mi familia escogida.
A mi Nana Margarita y a Florián, por haber sido unos segundos padres para mí. A Luis María, por su apoyo, cariño y consejo a lo largo de toda mi vida.
A mis hijos Amina y Luis. Ellos son el mayor sentido de mi vida desde que existen, después de mi recuperación emocional.
A ellos les digo:
«Hay personas que luchan y son válidas, hay otras que luchan mucho y son muy válidas, luego están los que luchan toda su vida, esos son los que verdaderamente valen...».
Por último, a la «Abuela», doña Elvira Francos, viuda de Riva, recientemente fallecida, por haber sido un ejemplo para mí de lo que es liderar, educar y mantener unida a una familia de varias generaciones.

PRÓLOGO

Es un hombre muy inteligente, ajeno a las presunciones y a las vanidades. Sabe sentir el dolor de los demás y se sitúa siempre al lado de los desfavorecidos. Nunca hace alarde de la cultura que por tradición le envuelve. Ni de los éxitos deportivos y sociales que le han convertido en uno de los personajes más populares de España. Cayetano Martínez de Irujo, en fin, es buena gente. Ante todo, buena gente.

El libro que el lector tiene entre las manos está escrito con una sinceridad a ráfagas escalofriante. El niño nacido y educado en el palacio de Liria se despelleja y descarna ante el lector. Las apariencias escondían la realidad. Cayetano fue un niño triste, encarcelado entre los muros de un palacio deslumbrante, altanero y hostil. Aparte de una nana a la que siempre adoró, sufrió las crueldades de varias niñeras que le amargaron la vida. Su padre murió demasiado pronto y apenas podía refugiarse el niño en una madre sin tiempo. Cayetano adolescente y Cayetano joven conoció la dureza de la vida y narra, en este libro de memorias descarnadas, cómo se escapó de Liria, cómo se abrió camino solo y sin ayudas en Europa. El lector seguirá las peripecias del autor en un relato que crece en interés página tras página. Y que, por cierto, está muy bien escrito y adornado con un sutil sentido del humor.

La relación vidriosa con algunos de sus hermanos se intensificó cuando su madre escribió una carta de puño y letra, que conservo en mi archivo, en la que confirma a los seis hijos su decisión en favor de que Cayetano tomase las riendas de una Casa acosada por los desequilibrios económicos y por los latrocinios de algunos de sus administradores y empleados. Cayetano se entregó en cuerpo y alma a resanar la Casa de Alba. Trabajó de sol a sol con inteligencia y prudencia. Su madre, la duquesa Cayetana, quería por igual a sus seis hijos, pero tenía una especial complicidad con Cayetano y los ojos siempre puestos en Eugenia, que ha sido un ejemplo permanente de simpatía y alegría.

Cayetano habla de todo en este libro con grave acento de verdad: de su madre, de los maridos de Cayetana, de sus hermanos, de sus soledades y tristezas, de sus desesperanzas y depresiones, de sus tratamientos médicos, de sus amores serios, Katia Cañedo y Genoveva, Bárbara, y también de tantas y tantas mujeres fugaces que desfilaron por su vida. Se refiere con emoción a sus logros deportivos: campeón del mundo en Estocolmo, campeón de España de saltos, diploma olímpico, cuarto puesto en los Juegos de Barcelona, presidente en dos ocasiones de la Asociación Mundial de Jinetes, deportista del año en la alta competición. Y, claro es, dedica líneas preferentes a sus hijos Amina y Luis, sobre los que ha volcado, de la mano siempre de Genoveva, lo mejor de su amor y su experiencia de vida.

Formé parte del Patronato de la Fundación Casa de Alba desde sus comienzos y he seguido, paso a paso, la devoción de Cayetano por su madre y por su Casa. Nobleza obliga. Tras la contienda civil, tras la guerra mundial, despedazado el patrimonio, derruidos los palacios, comprometido el futuro, la duquesa Cayetana —sola, primero; ayudada por Luis Martínez de Irujo, después— realizó una gigantesca tarea de reconstrucción, robusteció la hacienda, reedificó el palacio de Liria, restauró infinidad de obras de arte, recuperó una parte de las que se habían perdido, incrementó la colección con cuadros de Picasso, Miró, Renoir o Chagall, reconstruyó o restauró los otros palacios de la Casa y organizó la Fundación para evitar en el futuro la dispersión o liquidación del patrimonio histórico.

Los palacios de muchos aristócratas españoles en Madrid —Medinaceli, Larios, Montellano, Romanones, Urquijo— se derrumbaron ante la especulación y en sus terrenos se han levantado altos y, a veces, antiestéticos edificios, que atraen a millares de coches y enturbian el tráfico. Liria, que fue destruido durante la guerra civil, lo que hubiera justificado la especulación del solar, fue reconstruido por la duquesa de Alba, que lo conservó y mantuvo de forma tenaz. Para evitar su desaparición, ante el acoso inevitable de los impuestos, creó una Fundación, al estilo de tantos nobles británicos, y perdió de hecho la propiedad absoluta del palacio de Liria, del que dispuso ella, dispone ahora su heredero y dispondrán en usufructo los futuros duques de Alba, abriéndolo al público para que puedan visitarlo quienes lo deseen. Cayetana Alba podía haber liquidado Liria y vivir a cuerpo de rey Midas en una casa moderna de Puerta de Hierro, como tantos otros. Pero en lugar de derrochar el dinero en fiestas y diversiones, cuidó y mantuvo el palacio con gran sacrificio personal y económico, en beneficio de Madrid, de los madrileños y de los investigadores, los estudiosos y los artistas.

La duquesa Cayetana nada tenía que ver con cierta imagen que de ella crearon los rebuznos de algunas televisiones. Fue una mujer muy culta, con un conocimiento profundo de la música y las artes plásticas. Las más altas inteligencias del siglo XX en todos los campos, desde Ortega y Gasset a Nureyev, desde Picasso o Miró a Pau Casals o Marañón, se contaron entre sus amigos, porque ella fue siempre la sangre sonora de la libertad. No olvidaré nunca una cena en Liria en la que Nureyev nos explicó cómo huyó del comunismo soviético.

La duquesa Cayetana tenía un sentido social arraigado en la doctrina de la Iglesia y en los principios de derecho público cristiano. Siempre estuvo a favor de la justicia social y de cubrir sus deficiencias con la caridad bien entendida. Durante muchos años acudió todas las semanas, en los colegios salesianos, a servir con sus manos la comida a los ancianos y a los enfermos. Centenares de instituciones para necesitados contaron con su ayuda. Derramó el dinero incesantemente y a manos llenas en infinidad de obras sociales y benéficas. Durante largos años contestó a cuantos escribían pidiendo ayuda y dirigía, después, cartas personales a los políticos o financieros que podían resolver los problemas que le planteaban. Millares y millares de personas resultaron beneficiadas por esta actividad de la duquesa de Alba. Y todo eso lo hizo sin el menor alarde, calladamente, en silencio, porque la mano izquierda no debe enterarse de lo que hace la derecha.

De joven, Cayetana fue una mujer simpática y atractiva que bailaba flamenco como una diosa. Tenía gran éxito personal. De su primer matrimonio con el inolvidable Luis, que fue académico de Bellas Artes, nacieron sus seis hijos. Los educó severamente y les hizo serios, responsables y trabajadores. Su segundo matrimonio con Jesús Aguirre, académico de la Real Academia Española, intensificó su vida intelectual y cultural. La Cayetana frívola, según algunos formatos de televisión, fue miembro de la Hispanic Society of America, Gran Cruz de Alfonso X el Sabio, presidenta de honor de la Ópera Filarmónica, medalla de oro de Madrid, hija adoptiva de Sevilla, Gran Cruz de Beneficencia, Gran Cruz de Isabel la Católica, presidenta de honor de la Cruz Roja Española, lectora incansable, pintora sugerente... Reunió, en fin, cien distinciones públicas a lo largo de una vida volcada en el arte, la cultura, la actividad benéfica y social.

El 13 de junio de 1956, asistí a la reinauguración del palacio de Liria, reconstruido sin recibir una sola ayuda oficial. Todavía me acuerdo de aquel día, de aquella mujer bella y joven, vestida de pálido, con su memorable cintura de caña verde, cuando pronunció, con la voz cadenciosa, un discurso excepcional, escrito por ella. «No he reconstruido el palacio, —dijo—, para tener una mansión más sino para que los estudiosos puedan venir a consultar los archivos, para que los amantes de las obras de arte puedan contemplar las que aquí se han reunido». Nunca olvidaré aquellas palabras en las que se sintetiza el espíritu de una mujer ejemplar: el de aquella Cayetana Alba que yo conocí y a la que tanto quise y admiré.

Alfonso Díez, el tercer marido de la duquesa, es un caballero, un hombre inteligente y sensible que cubrió de felicidad los últimos años de su mujer. Colaboró generosamente con Cayetano hasta conseguir que la duquesa dispusiera la sucesión de su herencia en vida, evitando futuros conflictos familiares y tensiones innecesarias. Sabía ella que el hijo que más se le parecía era Cayetano y no tengo duda, en fin, de que hubiera leído este libro sin fruncir el ceño porque siempre amó la libertad, la verdad y la sinceridad.

LUIS MARÍA ANSON,
de la Real Academia Española

1

VOLVER A LIRIA

Hacía calor en Madrid aquel día de san Antonio. Un luminoso miércoles de junio del año 1956 que quedó marcado en el calendario de la capital porque se reinauguró el palacio de Liria. Los duques de Alba, Cayetana Fitz-James Stuart y Luis Martínez de Irujo, abrieron de par en par las verjas de su casa en la calle Princesa a unas doscientas personas de la vida cultural, nobiliaria y política del país para presentar en sociedad las obras de rehabilitación de Liria, el buque insignia de la casa ducal. Los anfitriones no organizaron una fiesta mundana, optaron por un acto cultural y religioso en el que se mezclaron los uniformes militares, las sayas sacerdotales, los bolsitos *lady*, los tocados de las señoras y los sobrios trajes oscuros de los caballeros.

Empleados vestidos con librea azul daban paso a los invitados al gran vestíbulo. Difícil evitar una primera mirada al suelo, hacia el escudo de armas realizado con mosaicos, flanqueado por dos fechas: 1773 y 1953. La primera rememora el año en el que finalizó la obra del palacio construido por deseo de Jacobo Fitz-James Stuart y Colón de Portugal, III duque de Berwick, descendiente directo del rey Jacobo II de Inglaterra por parte de padre y de Cristóbal Colón por su madre. Casado con la hija de María Teresa Álvarez de Toledo y Haro, la primera mujer que llevó el título de duquesa de Alba.

La segunda fecha corresponde al año de la muerte de Jacobo Fitz-James Stuart y Falcó, XVII duque de Alba, el padre de Cayetana. Él decidió recuperar de las ruinas el palacio familiar destruido por los intensos bombardeos de la legión Cóndor sobre esa zona de Madrid en noviembre de 1936. El duque había fallecido en Lausana tres años antes sin poder llegar a ver el final de las obras. Pero esa mañana su espíritu estuvo en la mente de todos los invitados y en las emocionadas palabras de su hija Cayetana:

«Sin Liria podría quebrarse el eslabón de una cadena. Cuando después de mi boda en octubre de 1947, mi padre comprendió que la descendencia de su Casa quedaba asegurada, no quiso demorar por un instante el comienzo de las obras. No puede considerarse una simple casualidad el que se iniciasen precisamente al nacer su primer nieto».

Desde la biblioteca del palacio —de madera de nogal, y posteriormente pintada de verde imitando los acabados originales de malaquita—, la duquesa Cayetana habló a representantes de las reales Academias de San Fernando y de la Historia y a sus amigos. A los ministros de Obras Públicas, Comercio y Agricultura, que acudieron más por empeño del duque, que por deseo propio. A los infantes Fernando de Baviera y a su hijo José Eugenio, que asistió con su esposa María, condesa de Odiel: eran los familiares más cercanos al rey afincados en España y es inimaginable un acto de la familia Alba sin la presencia de algún miembro de la institución monárquica. Tampoco faltó el obispo de Madrid-Alcalá para bendecir la morada ducal.

La duquesa, delgada, con pelo corto y ligeramente rizado, vestido de seda con pequeños lunares y collar de perlas, habló junto a la chimenea, bajo el retrato del anterior duque pintado por Zuloaga: «La ausencia de mi padre me impone el deber de decir algunas palabras; con ello quiero, primero, honrar su recuerdo, y después satisfacer su anhelo de ver rematada por sus descendientes la obra que él había emprendido. Así, estos muros... podrán desde ahora restablecer la continuidad que rige la historia de nuestro linaje».

Las crónicas de la época recogieron con detalle y mucha pompa lo acaecido en la inauguración de Liria. Incluso hablaron de la «resurrección» del palacio. Páginas de elogios hacia el impulsor de la rehabilitación, hacia la pareja de los jóvenes duques e incluso también para los pequeños Carlos y Alfonso, sus hijos mayores, que no andaban lejos. Y grandes alabanzas, por supuesto, hacia el tesoro artístico que guardan las doscientas habitaciones del palacio de Liria: las cartas de navegación que Cristóbal Colón utilizó en su viaje a América, el testamento de Fernando el Católico, la primera edición del Quijote o la primera Biblia en lengua romance.

Siempre remisa a hablar en público, Cayetana Alba superó su timidez para recordar con emoción una tarde en Londres cuando su padre y ella escucharon por la radio que Liria, su hogar, estaba en ruinas: «Conociendo el amor de mi padre por todo lo que la casa guardaba, sabiendo su afán por salvar el legado de quienes le precedieron, será posible intuir lo que sintió en aquel instante, la turbación que reflejó su rostro no vale para medir la emoción que hubo de producirle la noticia. Recuerdo tan solo que intuitivamente se volvió hacia un retrato de su madre, que tanto había hecho por el palacio de Liria, después dirigió su mirada hacia mí…».

La inauguración del palacio tuvo una segunda parte al día siguiente. Vestido con traje de marinero blanco y gesto serio, el niño Carlos Martínez de Irujo Fitz-James Stuart, duque de Huéscar, primogénito de los duques de Alba, tomaba la primera comunión. Sus padres habían encargado al compositor Cristóbal Halffter la *Misa ducal*, que se escuchó por primera vez en la ceremonia religiosa oficiada en la capilla de Liria. Después, Carlos festejó con una merienda a la que acudieron muchos de sus amigos y primos. Un mundo infantil ajeno al peso de la historia que custodiaban los muros de Liria.

Soy Cayetano Martínez de Irujo Fitz-James Stuart, IV duque de Arjona y XIV conde de Salvatierra, el quinto hijo de los duques de Alba que aquel día lejano de junio de 1956 presentaban en sociedad su palacio, mi casa hasta el mes de enero de 2015.

Entre esas habitaciones que destacaron las crónicas, en esos salones, en los cuartos de juegos, en la cocina de Liria, en las habitaciones de algunas personas del servicio muy queridas para mí o atisbando la estancia donde bailaba flamenco mi madre, ha pasado gran parte de mi vida. Momentos agridulces: días de enorme tristeza, noches de soledad acurrucado en mi cama o escuchando la respiración de mi hermano Fernando en la cama contigua, arranques de rebeldía, llantos sordos, meriendas compartidas, tardes de estudio, ratos de asueto y algunas risas. Festejos sociales o navideños, y casi ajeno a las admirables piezas de arte con las que convivía, porque si algo busqué durante esos años fue un hogar. Tan simple. Tan complicado.

He querido comenzar este libro recordando la inauguración del palacio porque —al margen de las frases grandilocuentes que adornaron la prensa de aquellos días— creo con sinceridad que la rehabilitación de Liria es uno de los hitos de la Casa de Alba, y una de las claves que marcaron la existencia de mi madre, de mi propia vida y la de mis hermanos. Como ella recalcó esa mañana, si el palacio no se hubiera mantenido en pie, podría haber quebrado el eslabón de una cadena que comenzó en 1472 con García Álvarez de Toledo, primer duque de Alba tras la resolución de Enrique IV de Castilla al reformar el condado de Alba de Tormes en un ducado. Una historia memorable y fatigosa, que ha recaído sobre nuestros hombros como una losa, al marcar una determinada educación y una forma de vivir suspendida en el tiempo.

No quiero ponerme solemne porque no lo soy. Mi naturaleza es la de un hombre muy práctico y resolutivo, que vive en el mundo actual, y que no por ello renuncia a la emoción que le suscitan sus antepasados. Y en especial la memoria de mis padres. Cayetana no solo ha guardado y defendido el patrimonio de la Casa; aquella mañana en Liria, además de mostrar las colecciones artísticas que conforman el legado ducal, lanzó dos mensajes que he llevado conmigo. Uno de ellos está escrito en la escalinata de Liria. Es una frase de Cicerón que eligió mi abuelo Jacobo cuando tomó la decisión de rehabilitar el palacio: «A los dioses inmortales, cuya voluntad fue, no solo el que yo heredara estas cosas de mis antepasados, si no el que las transmitiera también a mis descendientes». Esa fue la consigna que el abuelo quiso transmitirnos a todos, un compromiso, y creo haber sabido llevarla a la práctica desde el momento en que mi madre puso en mis manos las riendas de esta Casa.

Hubo otro mensaje importante ese día de san Antonio. Fue cuando mi madre recordó a los asistentes sus motivos para finalizar la obra emprendida por su padre: «No he reconstruido el palacio por ostentación, para tener una mansión más, sino para que Madrid volviera a tener el palacio de Liria; para que los amantes de las Bellas Artes puedan contemplar las que aquí se han reunido. Y para que los estudiosos e investigadores puedan venir a consultar los documentos que guarda el Archivo».

Ese era el legado. Nuestros próceres nos vigilarían, cada uno desde su puesto asignado en las paredes de las salas en penumbra en las que es difícil romper la ley del silencio. Yo lo intenté a menudo, no sé si con algún éxito. Peleé porque el domicilio de los duques de Alba fuera mucho más que un museo que acogía obras de Rubens, Tiziano, Goya, Corot, Allori, Chagall, Zurbarán o Zuloaga y, hasta la muerte de mi madre, también *La Virgen de la Granada* de Fra Angelico, su favorito junto con el cuadro de la legendaria duquesa María Teresa. Un lugar que contenía una excelente colección de piezas de plata, que cada día de mi vida vi brillar con la misma intensidad. Que guardaba en sus vitrinas la colección de vasos griegos propios de un gran museo de Europa. O los bustos que parecían observar nuestros movimientos.

Sé que en mi casa encontraron acogida hombres de ciencia, letras y artes. Me contaron que en alguno de su salones nacieron los patronatos del Prado y de Altamira; sin embargo, durante muchos de los años que pasé entre aquellas paredes cubiertas por tapices, forradas de telas o papeles floreados, no supe ver su alcance. Por los salones, los pasillos o los jardines, solo había un niño perdido huyendo de la soledad; un adolescente rebelde en busca de respuestas, que corría tras de su madre preguntando porqués.

—¡Que te marches de aquí! —me decía.

¿Por qué yo no era como el resto de los niños? ¿Por qué no podía hacer lo que ellos hacían? ¿Por qué yo no podía cometer errores y decir tonterías como los otros chicos? ¿Qué significaba mi apellido, qué precio había de pagar por él? ¿Sentir orgullo? ¿Por qué? ¿Por las palizas que me daban a escondidas las cuidadoras? ¿Por qué tenía que ir todos los domingos a esquiar o a jugar al tenis a la hora de comer, tres días por semana, como una obligación? ¿Por qué nadie me explicaba nada…?

No obtuve respuestas. He dedicado parte de mi vida a encontrarlas. Debía averiguar por qué era un hombre triste, por qué me embargaba esa sensación de pena y abandono incluso en los momentos felices, por qué no sabía disfrutar. Qué era lo que me impedía valorar las pequeñas cosas y los hitos importantes logrados con tanto empeño. Averiguar las causas ha sido doloroso, pero he indagado hasta el final. Ahora, cuando conozco bien la vida que late tras las verjas de Liria, huérfano y padre de dos hijos, empiezo a poner mis sentimientos en orden. Por eso también he decidido contar en estas páginas las vivencias que me han marcado y que están íntimamente unidas a Cayetana Alba.

Demasiados sinsabores, que un día, bien cumplidos los treinta, hablé con mi madre cara a cara en el salón del palacete de Arbaizenea en San Sebastián. Lloró sin consuelo. Y yo. Pero era inevitable. Resultaba imprescindible, para entenderla y recordarla con todo mi cariño, decirle que mi infancia no fue la de un niño feliz, que fui un adolescente perdido, sin cauce por el que transitar. Que nunca nadie había mirado mis notas, que nadie de mi familia había acudido al colegio a una representación infantil.

Mantuvimos una charla larga, dura y dolorosa sentados frente a frente, junto a la chimenea, ajenos a la luz que entraba por los ventanales, ajenos a la mirada de su padre, el abuelo que no conocí, vigía desde el retrato que cuelga en un lugar destacado del salón. Aquella conversación sirvió para conocernos, para que supiera de mi sufrimiento, frustraciones y anhelos. Aquella conversación me permitió, años después, dirigir las riendas de la Casa de Alba con orgullo y esfuerzo. Para que el actual duque, mi hermano Carlos, recibiera el legado que antes defendió mi abuelo y luego preservó mi madre. Y antes que ellos otros dieciséis duques y duquesas de Alba.

Ahora, cuando apenas visito Liria, un espacio que permanece silencioso y congelado en el tiempo, no puedo evitar volver a ver a mi madre Cayetana reposando en su sillón floreado del salón Verde, recupero su presencia porque quiero hablarle, contarle.

—*Todo está casi igual, mamá, cambiaron algunas fotos. Falta tu querida* Virgen de la Granada, *ahora pertenece al museo del Prado. No es la única obra de Fra Angelico que ha salido del palacio, también es propiedad del museo la tabla florentina con el tema de la muerte de san Antonio Abad. Fernando es el único que sigue viviendo aquí, porque esta ya es la casa del duque de Alba y de sus hijos.*

Sentado contra la luz que se cuela desde el oeste madrileño, en el sillón que ocupaba mi padre, querría decirle que tenía razón, que su idea de que estuviésemos todos en la Fundación Casa de Alba era buena, porque cabemos todos. Y uno —Carlos, por supuesto— habría sido la cabeza. Es triste no trabajar unidos, ocuparnos todos juntos de este legado y seguir peleando por la grandeza de los Alba. Somos la única familia aristocrática que ha renunciado al dinero fácil para mantener el patrimonio unido.

Resolución con la que estoy totalmente de acuerdo, aunque no podemos olvidar que nos ha supuesto muchas renuncias y esfuerzos a todos. A todos, repito. Sin embargo, tan solo un mes después de su ausencia comenzó el desgarro.

Siento una extraña sensación al atravesar estos salones, al volver a mi cuarto, o al cruzar por el gran salón de baile o el comedor, donde solo resuenan mis pisadas sobre el suelo de madera. En este recorrido emocional me detengo ante la gigantesca lámina con el dilatado árbol genealógico que Jesús Aguirre colgó en una de las entradas de la casa, no la principal, no le dejaron. Seguramente mandó realizarlo para poner su nombre al final del entramado, bajo los Alba de Tormes y los Berwick: en su delirio ya hablaba de «nosotros los Alba». Ahí guardan los coches de caballos, uno de ellos, de mi hermano Alfonso, porque pertenece a la Casa de Híjar, y que tantas veces compartió mi abuelo con el rey Alfonso XIII. El otro carruaje fue el utilizado por mi madre para acudir a la catedral de Sevilla el día de su primera boda.

Ella era poco aficionada a las confidencias. Vivía en su mundo. Pero en la casa me contaron varias veces una anécdota que siempre rememoro al pasar por el cuarto que ocupó la reina Victoria Eugenia cuando vino a Madrid en 1968 para el bautizo de su bisnieto, el rey Felipe. Años después, Jesús Aguirre convirtió esa habitación, junto al salón Zuloaga, en su despacho. Allí estaba un hermoso escritorio que desapareció del palacio tras los bombardeos, mi abuelo Jacobo ya había asumido su pérdida. Un día, finalizada la guerra civil, Franco le llamó a una audiencia en El Pardo y se encontró con el militar sentado en su mesa.

—Generalísimo esta mesa es mía —dijo el abuelo.

—Demuéstremelo señor duque —respondió con asombro el general.

—¿Ha podido abrir su excelencia todos los cajones?

—No, señor duque.

—Deje que pruebe.

Mi abuelo, como por arte de magia, haciendo una maniobra que solo él conocía, consiguió abrir los cajones del escritorio. Allí estaban sus documentos.

Dos días más tarde, la mesa fue devuelta a la residencia del duque de Alba.

Cierto o no, ¿qué sería de un palacio sin leyendas? La realidad es que el escritorio se encuentra en Liria, que mi madre contaba la anécdota y que mucho tiempo después, mi exmujer Genoveva Casanova y Ángel Esteso, mayordomo de palacio, intentaron abrir el escritorio, desmontaron incluso algunas de las piezas y fue imposible acceder a los cajones del duque.

Dudo que ese escritorio fuera el utilizado por mi madre para firmar la carta lacrada que entregó al administrador general, Gerardo Herranz, en diciembre de 2009 y que este fue leyéndonos uno a uno, pasada ya la Navidad, en enero de 2010, según le había ordenado mi madre.

De: Excma. Sra. Duquesa de Alba.

A: Mis Hijos: Excmo. Sr. Duque de Huéscar. Excmo. Sr. Duque de Aliaga. Excmo. Sr. Conde de Siruela; Excmo. Sr. Marqués de San Vicente del Barco y Excma. Sra. Duquesa de Montoro.

Queridos Carlos, Alfonso, Jacobo, Fernando y Eugenia:

Escribo estas líneas para encomendar encarecidamente, mientras que el Patrimonio de la Casa de Alba me pertenezca a mí por completo, mi deseo de que mi hijo Cayetano Martínez de Irujo Stuart, se responsabilice y lleve todas mis fincas (Córdoba, Sevilla y Salamanca). Despachará conmigo todos los asuntos relacionados con las fincas y yo decidiré.

Vosotros tenéis mucho trabajo y no necesitáis más cargas. Cayetano, cuando deje de montar, tendrá más tiempo, le gusta el campo y se asesora con gente del campo entendida que conocemos en Andalucía.

He puesto toda mi confianza en este asunto en Cayetano. No quiero discusiones, la decisión la he tomado porque es mi deseo.

Muchas gracias por ayudarme, un beso para todos.

La carta, fechada el 24 de diciembre de 2009, la firmaba «Mamá».

Creo que ella intuía la dificultad que atravesaba la Casa, ya había conocido a Alfonso Díez —que sería su tercer marido— y me lanzó ese reto. Pudo haber más motivos que la empujasen a tomar tal decisión. Sabía, porque yo se lo había contado en Arbaizenea, que Jesús Aguirre me había vetado para trabajar en la gestión del patrimonio. Cuando él supo que me había matriculado en la universidad para estudiar Ingeniería Técnica Agrícola, me citó en su despacho:

—No pensarás que vas a trabajar aquí —me advirtió—, el campo de esta Casa tú no lo vas a tocar.

Ese día rompió uno de mis sueños y comprendí que solo tenía una salida, la hípica. Quizá mi madre sentía que debía resarcirme de aquello. O simplemente intuía que yo me iba a volcar por defender nuestras propiedades. Gestionaba bien mi finca de Las Arroyuelas y la sociedad que la administra y había intentado advertir a todos de los riesgos económicos que corríamos. Le había hablado de mi situación personal: empezaba a tener problemas para encontrar buenos caballos, llevaba veinticinco años compitiendo, con lo que implica de entrega, esfuerzo y viajes permanentes; mis hijos crecían, no quería perderme por completo su infancia y adolescencia, quería disfrutar de ellos.

El administrador nos fue citando uno a uno y leyéndonos esa carta. Fui el último convocado al despacho de Gerardo Herranz. Tras leerme la misiva, cuyo contenido desconocía absolutamente, me comentó la reacción de algunos de mis hermanos: «Jacobo se ha alterado demasiado. Está convencido de que has manipulado la voluntad de tu madre. Y Carlos está muy sorprendido, quiere hablar contigo».

Hasta ese momento mantenía una excelente relación con mi hermano Jacobo. Hablé, por supuesto con mi hermano mayor, que me citó en su cuarto:

—¿Qué significa esto? ¿Ahora qué hago yo, si estoy llevando el campo? —Entró en pánico.

—No te asustes, Carlos. Tú llevas la Casa y yo el campo. Todas las sociedades agrícolas tienen pérdidas, excepto la de Córdoba.

—Esa ya es mía.

—De momento es de mamá. Pero no te preocupes porque voy a contar contigo.

Creo que es justo pensar que mi madre valoraba mis cualidades. Siempre comentó que sentía una debilidad especial por Eugenia y por mí. Eugenia es su niña deseada. Y yo el hijo rebelde y noble, como le gustaba decir. Quizá un poco como ella.

He tenido que rectificar muchas cosas en mi comportamiento, mantenía actuaciones similares a las de mi madre. Afortunadamente, soy muy consciente de que no soy ella y estos tiempos tampoco son los que ella vivió. La observaba con detenimiento siempre que podía. Mi madre Cayetana era una mujer versátil: en la calle, la duquesa amable, generosa, festiva, rompedora, era la Cayetana abierta y comprensiva, capaz de encandilar a la gente en cualquier escenario; en casa, sin embargo, se mostraba implacable, se transformaba en una mujer dura, que no toleraba un error o una actitud contraria a la suya, actuaba como las emperatrices de las películas. Por las mañanas y por las noches bajábamos a verla, cuidaba a tal punto sus tesoros que no podíamos sentarnos en algunas sillas, debíamos permanecer de pie para no estropearlas. Aún me asombro al recordar el día que descubrí a mis hijos Amina y Luis y a mi sobrina Cayetana, saltando sobre su cama, tirando las cosas al suelo, jugando como niños que eran. ¡Y ella reía y reía! No podía creer lo que estaba viendo y me invadió el pavor, la rigidez con la que fui educado.

—¡Estáis locos! —les grité.

—¡Déjalos, déjalos! —me dijo—, eres un torturador.

¡Era una abuela disfrutando con sus nietos! También, la madre que tanto había añorado. Pero Cayetana Alba no fue una madre al uso, ella es una figura histórica y fue un personaje de novela. En las crónicas de nuestra familia, ocupa uno de los puestos de cabeza, junto al gran duque Fernando Álvarez de Toledo y Pimentel, el mejor general de su época, gobernador de los Países Bajos (donde asustan a los niños recordando su figura) y protector del poeta Garcilaso de la Vega. Con tanto impacto social, aunque una figura radicalmente opuesta, fue la otra gran duquesa, María Teresa de Silva Álvarez de Toledo, la duquesa que pintó Goya, capaz de adoptar una niña negra (que de haber vivido habría sido duquesa de Alba) y retar con sumo ingenio a la reina de España, María Luisa de Parma. El tercer gran personaje es mi madre, XVIII duquesa de Alba por su gran obra: la reconstrucción del palacio de Liria y salvaguardar el patrimonio.

Intentar borrar su recuerdo es una labor baldía.

2

DESDE EL FONDO DEL POZO

Todas las mañanas al levantarme dirijo la mirada hacia la foto de mi padre, unos días le beso, otros le dedico una sonrisa. Todavía, al hablar de él rompo a llorar con la misma pena que sintió el niño huérfano, sin guía y sin rumbo porque no volvería a abrazar a su padre nunca más.

Cuando murió, a las 11 de la mañana del 6 de septiembre de 1972, en el Center Pavillon Hospital de Houston, aquí, en España, en la capilla del palacete de Arbaizenea, sus dos hijos pequeños, Fernando de trece años y yo de nueve, rezábamos ante una imagen de la Inmaculada para pedirle que se curase pronto. Era la tarde del aciago día que marcó mi vida a golpes de dolor y lágrimas. Allí estábamos mi hermano y yo, casi en penumbra, en la recoleta capilla frente a la puerta de entrada de la casa, arrodillados uno al lado del otro, con la ilusión de que las plegarias serían escuchadas, los deseos atendidos y papá mejoraría y volvería pronto a casa. Vigilados, eso sí, por Olga, la *nanny* de entonces, una mujer dura cuyos métodos educativos estarían muy en cuestión hoy día: prefería el golpe a la explicación. Como una mala caricatura de las perversas cuidadoras de los orfanatos, Olga no era precisamente la reencarnación de Mary Poppins, más bien seguía los pasos y el gesto adusto del ama de llaves de la película *Rebeca*.

Vivíamos ajenos a la realidad: nuestro padre había perdido su última batalla contra la leucemia. Ajenos a los preparativos que llevaban a cabo en la ciudad norteamericana para que un avión —en el que también viajaba mi madre—, trasladase sus restos hasta Madrid. Nada supimos de su velatorio en el palacio de Liria, de las múltiples coronas recibidas que quedaron alineadas en la capilla ni del paño mortuorio bordado con el escudo de Alba que cubría su féretro. Tampoco supimos de su entierro en el panteón de los Alba en Loeches. Ignorábamos lo que ocurría en la familia porque en el palacete de Arbaizenea de San Sebastián donde nos «guardaban» a los pequeños no se veía la televisión ni llegaba la prensa. Mi padre había muerto pero decidieron no alterar las rutinas prusianas diseñadas para nuestros veranos.

Cierto que residíamos en un lugar privilegiado. La casa se ubica en una colina desde la que se ve el mar, aunque algo alejada del bullicio de la ciudad. Una zona tranquila donde las familias aristocráticas, como era la de mi padre, edificaron a principios de siglo sus residencias veraniegas. Nuestra casa se levanta en medio del parque de Arbaizenea, de diseño similar a los *cottage* de la campiña inglesa: los tejados y la carpintería en tonos rojizos destacan entre la hiedra que cubre las fachadas, está rodeada de setos de hortensias de los que mi madre siempre se sintió muy orgullosa. El interior mantiene el aire inglés con papeles floreados en las paredes, en el mobiliario y con un buen número de grabados de damas inglesas de aspecto lánguido, carreras de caballos, escenas de caza o búcaros con flores, colgados en los tabiques de pasillos, cuartos o escaleras interiores. No la principal, de donde cuelgan dos importantes pinturas. Pero no disfrutábamos de un espacio diseñado para recrear los sentidos, ni del canto matinal y vespertino de los pájaros que pueblan la arboleda en torno a la casa. Fernando y yo comíamos en un saloncito pequeño, en la zona más cercana a la cocina y en la compañía de Olga. Compartíamos dormitorio: dos camas separadas por una mesilla donde guardaban el orinal, ni siquiera podíamos salir al cuarto de baño, la norma era estricta: no abandonar el dormitorio hasta que la *nanny* lo ordenase.

Nuestra vida veraniega parecía la de un par de *boy scouts*. Por la mañana bajábamos al Club Tintín para dar clase de natación en las piscinas de la playa de Ondarreta; al acabar, a la playa; si llovía o no era algo secundario; si bajaba el termómetro y la gente paseaba por la Concha con ropa de abrigo, poco importaba, seguíamos como jabatos con la rutina diseñada. Muchos días estábamos solos en la arena protegiéndonos con toallas del mal tiempo. Pasé tanto frío en aquellos veranos donostiarras que desde entonces he buscado siempre mares de aguas cálidas. El tenis era obligatorio. Un día a la semana subíamos al Sagrado Corazón en el monte Urgull y otro día tocaba visitar el de enfrente, el parque del monte Igueldo. A veces, Fernando, Olga y yo íbamos a pescar con una cañita y una pequeña boya. Como diversión extra —si teníamos la suerte de que Raphael actuase en San Sebastián—, nos íbamos de concierto porque a Olga le gustaba mucho escuchar el «Digan lo que digan los demás...», o aquella otra que decía «Yo soy aquel que cada noche te persigue...», dos de los grandes éxitos del cantante. Y si la suerte se redoblaba aparecía su novio y nos invitaba a pinchos. Muy de tarde en tarde, nos dejaban entrar en contacto con los niños «normales»: íbamos a alguna fiesta o nos permitían convidar a algunos chicos y chicas para que acudieran a Arbaizenea a pasar la tarde. Así dos meses, en régimen de semidestierro.

A mi padre le enterraron el 9 de septiembre. Días después llegó a Arbaizenea mi hermano Alfonso. Subió a una de las habitaciones cercana a la de mi madre, un dormitorio luminoso con estampado de flores en las paredes y en las colchas que cubren cada una de las dos camas. Se sentó en un silloncito frente al ventanal de la terraza y nos mandó llamar. Revivo la escena con todo detalle porque esa imagen quedó fijada en mis recuerdos. Obedientes siempre, nos plantamos ante él, y él, con frialdad sorprendente, como si no fuésemos sus hermanos pequeños, sino los miembros de un consejo de administración a punto de perder su puesto, o el director de una escuela de Oxford comunicando a los alumnos su expulsión, nos anunció:

—He venido a deciros que papá está en el cielo.

Nos quedamos en *shock*.

Él continuó sentado, sin intención de hacer cualquier movimiento que denotase algún gesto de ternura o empatía. Salí disparado por un pasillo angosto para ahogar mi llanto desconsolado sobre la cama de mi cuarto. Nadie se acercó a darme un abrazo o a emitir alguna palabra de consuelo. No podía buscar refugio en Olga, la más ruin y dura de las *nannies* que hemos tenido. Solo pensaba: «Se ha muerto tu padre y te has quedado solo en la vida». Mi hermano Alfonso nos había dado la última noticia que podíamos esperar. Mientras rezábamos ilusionados por su recuperación, mi padre había muerto, le habían enterrado, ni siquiera nos brindaron la oportunidad de despedirnos de él. Nos habían ocultado todo, nos habían engañado.

A partir de aquella revelación de Alfonso, rememoro todo como una nebulosa. Él se marchó, no nos dio un abrazo, no se despidió de nosotros, no dijo adiós. Mi hermano no vuelve a aparecer en mis pensamientos. Allí quedamos Fernando y yo con nuestro dolor. La única persona que se acercó al cuarto fue Olga para recordarnos que habíamos de ir a jugar al tenis.

Cada vez que reconstruyo la escena no puedo evitar pensar en los relatos de Dickens. Cuando veo *Oliver Twist*, *David Copperfield* o cualquiera de esas películas inglesas de ambientes sórdidos y niños que rezuman tristeza, me siento como uno de sus protagonistas. Quizá no sea fácil de entender desde fuera. No he pasado hambre como los héroes de los relatos victorianos, pero ese mundo infortunado de niños abandonados en un entorno hostil lo tengo aferrado a mi alma. Yo vivía en palacios y el huérfano Oliver en un orfanato; sin embargo, la sensación de caminar por pasillos oscuros, de soledad y desamparo me provoca el mismo desconsuelo que embarga a los personajes de los libros de Dickens. No sé si los palacios en los que he crecido tienen algo en común con las formas de la Inglaterra victoriana, pero el niño huérfano vagando por pasillos y salones ha sentido miedo y soledad como los niños maltratados y desamparados de los relatos del autor inglés.

Si la noticia era dura, el relato fue cruel. Nos mintieron y cometieron un error muy grave. No solo perdí el pilar de mi existencia en ese momento, sino que me impidieron despedirme de mi padre. Tiempo después he hablado de este episodio con los demás implicados. Fernando ha elegido olvidar. Mi madre me reconoció el fallo cometido; asumió que se había equivocado al tomar una decisión con la que solo pretendían protegernos y me pidió perdón. He intentado hablarlo con Alfonso. Lo hice a través de un correo electrónico, y no se dio por aludido. En esta familia nunca se hablan las cosas cara a cara, se comunican por escrito o a través de intermediarios, una mala costumbre que hemos aprendido de mi madre. Ella anunciaba los asuntos con un emisario, un hermano, un mayordomo, la secretaria: «Dice la "reina" que hagan tal…». Mi madre nunca comentaba o negociaba las cosas, las imponía. Cuando se cabreaba y pegaba cuatro gritos, era mejor no estar cerca. Por eso al hablar de ella y recordar muchas de sus actuaciones pienso en una emperatriz, porque actuaba como los personajes que viven por encima del bien y del mal que he visto en el cine.

Es una pena, pero todos hemos heredado la mala práctica de no decir las cosas abiertamente.

La muerte de mi padre ha sido uno de los episodios más duros de mi vida. La forma fría en que nos comunicaron la noticia me ha provocado un trauma que he arrastrado a lo largo de los años. No puedo evitar llorar como un niño al hablar de aquel día. He hecho todas las terapias necesarias para superarlo, pero aun así, imposible eludir el sollozo. Me moriré llorando. Hay asuntos que provocan un daño irreparable y nunca se curan del todo. He luchado por resolverlo, he hecho tratamientos diferentes hasta conseguir liberarme de los malos recuerdos y el dolor. Y sobre todo arrancarme la idea de que mi padre me había abandonado, aceptar que había muerto y que no me dejaron decirle adiós. Esta fue la conclusión de los profesionales. La primera psiquiatra a la que acudí percibió que tenía un problema muy grave con su muerte. Me explicó: «Tu padre no te ha abandonado, está contigo». Estuve llorando veinte minutos seguidos, no podía hablar, me ahogaba el llanto, me faltaba el aire. Trabajamos los traumas durante dos años, pero no fue suficiente y seguí investigando con otros métodos y otros profesionales.

A menudo pienso que el ser humano tiene tendencia a tapar sus zonas oscuras para sobrevivir. Yo no puedo resolver los asuntos de ese modo. He tardado treinta años en reparar las causas de mi dolor, me ha costado muchos golpes, he pasado momentos duros y he sufrido a lo largo de mi juventud y madurez, pero no he parado hasta superar el daño y sentir orgullo de nacer donde he nacido, como debe tener todo el mundo.

Aun así, quizá me equivoqué al pensar que está todo solucionado. Al rememorar esos episodios en estas páginas, al recordar la decepción ante tantas personas, todavía me parto de dolor. Cuando aquel verano de 1972 volví a Madrid, busqué un sustituto del padre, alguna persona a la que agarrarme, porque no soportaba el silencio, que nadie escuchase mis requerimientos, mi grito ahogado en busca de un consejo, alguna mano amiga para caminar como debía. Ahora, me hace gracia la interpretación de algunos hermanos sobre todo lo que nos pasó. Yo tengo una explicación de sus vidas pero no se me ocurre interpretar lo que sienten. Sin embargo, ellos sí han interpretado el sufrimiento de los pequeños.

«Yo no recibía ningún consejo, ningún apoyo, ningún estímulo, ningún consuelo, ninguna asistencia de ningún tipo, de nadie que me pudiera recordar. ¡Cuánto deseaba ir al cielo!». Este era el sentir de Dickens, que puso en boca de su personaje, David Copperfield.

Conservo imágenes dispersas sobre lo ocurrido a la vuelta de San Sebastián. Únicamente recuerdo que eran tan intensos el dolor y la desolación, que al cruzarme con mi hermano Carlos por algún pasillo o salón de Liria, me acerqué a darle un beso. Iba con Alfonso e hizo un amago de retirarse, comenzaron a reír los dos, como si se preguntasen «¿Qué hace este?». Tenían veinticuatro y veintidós años. Quiero pensar que ni siquiera fue un gesto malintencionado, es probable que no supieran reaccionar, que mi actitud les pillase de sorpresa. Tan sorprendente como que en esta familia darse un beso entre hermanos supusiera una novedad, fuese motivo de asombro. De cualquier modo, entendí el rechazo, era pequeño pero espabilado. Resultaba fácil comprender (no aceptar) que el cariño, el apoyo y la orientación que precisaba no los encontraría en ellos. Nunca más busqué al hermano mayor, aunque mantuve el respeto hacia el futuro duque de Alba.

A menudo me refugio en la nostalgia de los años compartidos con mi padre, mi gran apoyo, el hombre que debía guiar mis pasos. Al nacer Eugenia mi madre se volcó con ella y mi padre suplió con creces su hueco: nos sentaba junto a él y nos contaba historias. Todas las noches íbamos a verle, también antes de ir al colegio. Hablaba en un tono amable, cercano: «Hombre Cayetano, cuéntame qué has hecho hoy», decía, con tono pausado y cálido, mientras colocaba el termómetro en el agua del baño en busca de una temperatura determinada. Usaba un termómetro flotante que aún se encuentra en su cuarto de baño de Liria, pintado de verde y con mármol negro en la pared del fondo. Continúa intacto cuarenta y siete años después. El momento del afeitado era una especie de ritual que ejecutaba con mucho arte. Me gustaba observarle mientras se enjabonaba la cara antes de pasar la cuchilla. Quizá por esa añoranza nunca me he afeitado con maquinilla y mantengo un par de brochas de afeitar en cada casa.

Otras veces nos sentábamos con él en el salón Verde; se situaba de espaldas a la luz. Ahí es donde se hacía la vida familiar. Pasaba un rato con nosotros y nos daba una charlita. A Fernando le quería especialmente, mostraba una sensibilidad especial hacia él. Quizá porque le veía más débil, al haber sufrido alguna operación de niño, decidió protegerle. Incluso era más cariñoso con Fernando que conmigo, pero no importaba. Nos trataba como los niños que éramos. Conservo su figura como un rayo de luz en la oscuridad, él transmitía la humanidad que no percibía en ningún otro rincón del palacio, donde todo era frío, las relaciones inexpresivas, nadie escuchaba tu voz, nadie te explicaba nada. Imposible contener las lágrimas al recordarle.

Mientras él vivió pasamos unos buenos años. Mi debilidad emocional comenzó tras su muerte. No soy un rebelde sin causa. Tengo gran sentido de la responsabilidad. Era un niño aplicado y él, mi referente. Si mi padre me hubiera guiado, habría seguido sus consejos para intentar ser el mejor y cumplir con sus expectativas. Pero me moriré con la pena enorme de la orfandad.

Mi madre, por el contrario, no transmitía cercanía, a ella la educó mi abuelo Jacobo para gestionar un patrimonio y, al contrario que mi padre, no sentía empatía por los más débiles. Cayetana solo trató como se debe tratar a los niños a su niña Eugenia. Puedo escribirlo con la conciencia en paz porque lo hablamos durante horas y me pidió perdón, porque ella quiso educarnos bien y no se percató de mi pena. Pensaba que había sido una gran madre porque era generosa con nosotros, cualquier problema lo solucionaba con regalos. Lloró durante horas después de aquellas duras confesiones. Me lo recriminó Jesús Aguirre, su segundo marido: «Tu madre lleva toda la tarde llorando».

—Yo llevo llorando toda una vida —le respondí.

Necesitaba que ella supiera nuestro sufrimiento, el mío. Y no me arrepiento, porque a partir de ese momento, yo ya había cumplido los treinta años, empecé a sentirla como la madre que quise tener. Aunque el dolor de niño no te lo arrancas nunca.

El marquesado de Irujo, de origen navarro, comienza con Carlos Manuel Martínez de Irujo y Tacón, quien recibe en 1803 el título de primer marqués por voluntad del rey Carlos IV. Era diplomático, hablaba muy bien inglés y había sido exquisitamente educado en Salamanca. El mejor perfil para que el rey le nombrase embajador plenipotenciario en una nueva nación: los Estados Unidos de América. Enseguida se integró con los personajes más destacados de la nueva corte republicana, entre ellos, Sarah McKean, hija del gobernador de Pensilvania y excongresista de origen escocés, firmante de la declaración de independencia. Sarah y el diplomático español se casaron por el rito católico y tuvieron dos hijos. Al regresar a España se instalaron primero en Cádiz y después en un palacete cercano a Liria. Al enviudar, Sarah McKean abrió sus salones, que se convirtieron en uno de los más afamados de Madrid; por allí desfilaron notables estadounidenses como el escritor Washington Irving, autor de *Cuentos de la Alhambra*.

Con su hijo Carlos, II marqués de Irujo, creció la Casa de Irujo. Ministro de Isabel II y embajador como su padre, casó con la duquesa de Sotomayor, título vinculado desde entonces a los Martínez de Irujo. Fue un hombre vanguardista que mandó construir en Madrid un elegante palacete en la calle de Alcalá esquina a Barquillo, muy alabado por los cronistas de la época, que destacaron su similitud con las lujosas mansiones de la nobleza parisina de Faubourg Saint-Germain.

El III marqués, Carlos Manuel Martínez de Irujo y Alcázar, VII duque de Sotomayor, fue un personaje importante de la Restauración y de la regencia de María Cristina, de quien fue mayordomo mayor. Desempeñó destacados cargos políticos y recibió numerosas condecoraciones. En 1881 decidió construir la residencia de verano de Arbaizenea sobre un caserío del siglo XVIII, rodeado de un gran bosque de robles. Tras la muerte de su primogénito, heredó los títulos y el legado el segundo de sus hijos, Pedro Martínez de Irujo y Caro. Casado con Ana María de Artázcoz y Labayen, dama de la reina Victoria Eugenia. Fueron padres de diez hijos, el sexto, Luis Martínez de Irujo y Artázcoz.

Mientras el rey Carlos IV creaba el marquesado de Casa de Irujo a favor de Carlos Manuel Martínez de Irujo y Tacón, su mujer, la reina María Luisa de Parma, libraba una batalla de guante blanco contra Teresa Cayetana de Silva Álvarez de Toledo, XIII duquesa de Alba. Cómo imaginar que más de un siglo después se unirían las dos familias ante el altar mayor de la catedral de Sevilla. La novia, heredera del ducado de Alba; el novio, hijo de los duques de Sotomayor y marqueses de Casa Irujo.

Cayetana, entonces duquesa de Montoro, vestía un diseño de Flora Villarreal en raso natural blanco con encaje de Bruselas antiguo, velo de tul y la impresionante diadema de brillantes y perlas que Napoleón III había regalado a la emperatriz Eugenia de Montijo, cuñada del XV duque de Alba. La novia lucía feliz, el novio, apuesto, parecía un galán de cine de la época, más retraído, más discreto, como haría durante todos los años de matrimonio en los que públicamente nunca invadió el terreno de la duquesa de Alba.

La fiesta posterior a la ceremonia religiosa se celebró en el palacio de Las Dueñas, iluminado con miles de velas y adornado con jazmines, rosas y claveles. El banquete lo preparó el prestigioso *barman* Perico Chicote. La prensa internacional se hizo eco de la boda. Para *Liberation* fue «la boda más cara del mundo». *The New York Times*, *Daily Mail* o *The Telegraph* incidían en los veinte millones de pesetas gastados por el padre de la novia para el enlace de su única hija. Cifra muy elevada para 1947, solo dos años antes había terminado la Segunda Guerra Mundial y empezaba a reconstruirse Europa. La prensa del régimen fue crítica en los excesos: «El hambriento pueblo español ha aplaudido la boda de la duquesa con bastante menos tristeza de la que se imaginaban los corresponsales británicos. Al pueblo español le gusta encontrar de vez en cuando materia prima para sus sueños. Esta boda permitió muchas horas de felicidad a la gente pobre». Quizá los comentarios del diario *Arriba* se debían a que el general Franco no fue uno de los dos mil quinientos invitados al enlace.

Recordando su boda, la duquesa Cayetana cuenta en sus memorias: «... Papá se encargó de que entre los pobres de Sevilla se repartiera comida y dinero [...]. Gracias a la Hermandad del Gran Poder, pudimos distribuir vales de comidas económicas para un millar de personas, y todas las parejas que se casaron en Sevilla el mismo día que Luis y yo recibieron 5.000 pesetas de regalo, que en aquellos tiempos no estaba mal. Otras nueve novias contrajeron matrimonio ese día en la ciudad».

Ahora soy el propietario de Arbaizenea. Mi madre me dejó la casa en la donación que firmamos en el año 2011, antes de su boda con Alfonso Díez. La heredó tras la muerte de mi padre y la incorporó al patrimonio de la Casa de Alba. Era una de sus casas más queridas, convertida desde su boda en una de las residencias veraniegas. La cuidó con tanto mimo y dedicación como al resto de sus palacios. Cuando cerraban la casa tras el paréntesis del verano, cubrían todos los muebles y guardaban en pequeñas fundas cada uno de los objetos esparcidos por la vivienda, cualquier cacharrito o pequeño recuerdo de un viaje, por mínimo que fuera. Mi madre era muy querida en la ciudad, a la que no dejó de acudir un solo verano.

Quiso que el palacete continuase en la familia porque había llegado a través de su primer marido y padre de sus hijos. Mi madre sabía que yo iba a pelear a muerte por mantenerlo abierto y que permaneciera vinculado a la Casa de Alba. Ella misma confesó a algunos amigos de San Sebastián que yo sería el único con sensibilidad para defender la casa como parte del patrimonio familiar. Quería evitar que terminase convertida en una urbanización de chalés pareados, como ha ocurrido con otras del entorno.

La casa permanece como la dejó ella. De los zócalos de madera que cubren la parte inferior del vestíbulo, cuelgan todos los sombreros que utilizaba en verano. Conservo las mismas lámparas de mesa, las vajillas, los mil y un adornitos de caballos y otras miniaturas donde ella los colocó en algún momento de su vida. Algunos de sus collares continúan colgados en su cuarto de baño —que ahora es el mío— como si los siguiera utilizando cada verano. Solo he reducido las fotos de Jesús Aguirre y de Alfonso Díez, quedan un par de cada uno de ellos. Siguen sobre las mesitas dispuestas por las salas y encima de los muebles las mismas fotos de mis hermanos que mi madre había repartido por la casa, algo que no ocurre en otras de las casas heredadas. Mantengo los retratos porque creo que el hecho de heredar un bien determinado no es excluyente, creo que parte de todos nosotros se mantiene en el legado de los Alba. Esta casa de Arbaizenea, que yo sostengo, está abierta a cualquier persona de mi familia que desee pasar allí unos días. He hecho algunas mejoras, por ejemplo poner calefacción, ya que era imposible visitarla en invierno, y no pretendía repetir las hazañas de mi madre cuando el tiempo era fresco y rodeaban su cama con estufas y radiadores. Ahora mantengo un matrimonio de guardeses al cuidado de la propiedad y mi amigo Fernando Ramírez se ocupa de cualquier eventualidad que surja.

Estoy luchando por defender la casa de Arbaizenea, como ella quería. Actualmente es la única casa de campo del siglo XIX que se conserva tal y como se construyó. Aunque la finca es bastante más pequeña que la que recorríamos Fernando y yo de niños. Hace ya años, en vida de mi madre, vendieron al ayuntamiento gran parte del terreno. Ahora quedan unas dos hectáreas en torno a la casa. Parte de los ingresos que mi madre obtuvo con esa venta, los donó a la Hermandad del Cristo de los Gitanos para la reconstrucción del santuario. Su gran obra, como le gustaba recordar.

3

REBELDE CON CAUSA

Tras la muerte de mi padre, que tambaleó mi mundo interior y la vida cotidiana, Liria asumió sus propios retos. En el palacio vivíamos de luto. El duelo aumentó la soledad de cada uno de nosotros, sin alterar el ritmo ordinario del palacio que dirigía mi madre con estilo militar. Era una mujer viuda con seis hijos y en sus manos recaía la dirección del patrimonio de la Casa de Alba. El desamparo no se impuso a su fortaleza, Cayetana no podía permitir que se desestabilizara el legado de sus antepasados. Era tan fuerte la responsabilidad por la herencia de los ancestros que olvidó la orfandad de sus hijos más pequeños. Al enviudar, halló refugio en la pequeña Eugenia. Tengo recuerdos dispersos, pero uno de ellos recurrente: el cuarto de Eugenia vacío porque ella siempre estaba en las habitaciones de mi madre. Tardó un par de años en recuperarse. No soy capaz de visualizarla vestida de negro, quizá no llevó el luto en sus vestidos o lo llevó tan poco tiempo que lo he olvidado. Lo que no he olvidado es la imagen de mi madre en la capilla escuchando misa en la bancada de los duques, el mismo lugar que compartía con su marido y al que nosotros no teníamos acceso.

Esos años conforman una nebulosa en mi memoria, existen muchos espacios en blanco. Mi madre vivía su duelo junto a la niña. Mis hermanos mayores, Carlos y Alfonso, habían recibido el encargo de mi padre de llevar la Casa y en eso centraron su actividad. Jacobo vivía aislado y los pequeños en tierra de nadie. Para ser más exacto, habitábamos el territorio que gobernaron dos *nannies* de triste memoria, que llegaron a Liria antes de morir mi padre, tras el nacimiento de mi hermana Eugenia.

Hasta cumplir seis años, mi cuidadora era Nana Margarita, una mujer encantadora que ha sido mi apoyo y mi segunda madre hasta su muerte, un año después de la de mi madre Cayetana. Recuerdo muy bien la tarde que nos llevaron a Fernando y a mí a conocer a nuestra hermana al hospital. Estaban mis padres con ella, muy felices porque finalmente había nacido la niña tan deseada por mi madre. Llegamos al hospital con las mochilas de cuero del colegio al hombro y los abrigos loden con los que nos vestían, parecíamos personajes arrancados de *El fantasma de Canterville*. Era finales de noviembre de 1968. Cuando volvieron a casa con Eugenia, decidieron que sería Nana su cuidadora; la arrancaron de mi lado.

A partir de ahí comenzó el calvario.

Llegó *fräulein* Blessel. Una austriaca que había trabajado en otras familias conocidas, como la de los duques de Arión, que se la recomendaron a mis padres. Ella se ocupó de nosotros entre los seis y los nueve años, época que no fue de especial felicidad. Ante las travesuras lógicas de niños de esa edad, me metía en su cuarto, junto al nuestro, con una sola cama en medio de la habitación y un gran armario ropero. Allí me doblaba y me pegaba con un bambú. Nunca me dijo qué había hecho mal para ser castigado, solo me pegaba. Por tanto, imposible corregir los desórdenes, si los había.

La llamábamos Dussy, sus golpes no eran muy dolorosos porque era una mujer mayor, de unos sesenta años, grandota, parecía sacada de una película: con zapatos negros de tacones gordos muy bastos; las faldas bien largas, siempre muy tapada y abrigada. Utilizaba gafas de pasta y se peinaba con un gran moño. A veces, se acercaba a nuestra cama para despertarnos con la cabellera suelta, casi le llegaba a la cintura, parecía una mujer de las cavernas. Ella nos vestía cada mañana y nunca tuvo un gesto de complicidad o empatía en un acto tan íntimo. Solo entendía la educación desde el cumplimiento estricto de la norma. Evitando cualquier expresión de ternura. Era una mujer muy fría, distante, que nos hablaba en español o inglés indistintamente. Cuando le preguntaba cualquier porqué —por qué no podía elegir el color de mi jersey, por qué tenía que ir a un sitio determinado o por qué no comía con mis padres—, su respuesta era siempre la misma: «Porque sí». Para comprar nuestra ropa nos llevaban a una tienda que se llamaba Árbol, no elegíamos nada, íbamos solo para medir nuestra talla.

Si recuerdo especialmente a *fräulein* Blessel ni siquiera es debido a los golpes con las varas de bambú. No. Lo peor era cuando nos castigaba sin pegarnos. Entonces, nos subía a un pasillo angosto, largo y oscuro al que se abrían unas habitaciones de poco tránsito. Agarraba a Fernando con una mano y a mí con la otra, quedábamos los tres alineados al principio del pasillo y nos decía: «O pedís perdón y os vais a portar bien o mirad lo que os va a pasar». Y en ese momento, al fondo del pasillo, a unos cien metros, una figura encorvada y vestida de negro subía unos cuantos escalones hasta situarse en la punta opuesta, frente a nosotros. Nunca supe quién era la cómplice de *fräulein* Blessel, si siempre fue la misma persona o cambiaban. Entiendo que era alguna de las doncellas que trabajaban entonces en el palacio, Marciana, Alberta o Julia… Cualquiera de ellas disfrazada de bruja, con ropajes negros, la cara tapada y agarrada a una escoba. La bruja se plantaba ante nosotros y comenzaba a caminar lentamente a lo largo del pasillo en penumbra dirigiéndose hacia donde nos encontrábamos. Transcurría un tiempo eterno invadidos por el terror, alimentado por el golpe sordo de la escoba, el sonido seco de los pasos que retumbaban en el suelo, hasta que mi hermano y yo caíamos de rodillas horrorizados, llorando, pidiendo clemencia y prometiendo arrepentimiento eterno. Al llegar a ese punto, al escuchar nuestras frases entrecortadas suplicando un perdón envuelto en lágrimas, la bruja se giraba, deshacía el camino andado, bajaba los escalones de nuevo y desaparecía de nuestra vista.

En eso consistían los métodos educativos que aplicaba nuestra *nanny* a unos niños de siete, ocho o nueve años. ¿Cuál era el mal que cometíamos para padecer semejante castigo? Pues nada especial, éramos unos críos revoltosos, aburridos, porque nuestra vida estaba programada y nos impedían actuar como al resto de los niños.

Fue tal impacto y tal el miedo que había sentido con la escena de la bruja, que muchos años después, en una terapia de cienciología, me sacudió el cuerpo un latigazo de terror al rememorar esos episodios.

Nuestros padres vivían al margen de esos padecimientos. Al menos, cuando él vivía, solo el hecho de bajar por la noche a saludarle o por la mañana a darle los buenos días, suponía un aliciente. Era un padre a la antigua usanza: una figura que me imponía enorme respeto, me provocaba admiración y me transmitía cariño y ternura. La pena es que duró muy poco.

Se marchó *fräulein* Blessel y llegó a Liria una segunda *nanny* para ocuparse de Fernando y de mí.

Una de mis tías recomendó a mi madre a una chica de Santander. Se llamaba Olga, tenía el pelo teñido de rubio, era una mujer fuerte, bruta, sin educación. Llegó a casa cuando yo ya tenía todas las figuras familiares desmontadas. Nana se había marchado a ocuparse de Eugenia, vivía asustado por las brujas y Olga no hizo sino acentuar el desconcierto, el abandono y el dolor. Jamás olvidaré sus palizas ni las humillaciones a las que nos sometió, sobre todo a Fernando. Cuando hacía algo malo, nunca supe cuál era la perversidad de mis actos y por tanto ignoraba el porqué del castigo, me avisaba: «Cuando lleguemos a casa te leeré la cartilla». Siempre cumplió su palabra: me metía en el cuarto de baño, me doblaba sobre el lavabo y comenzaba a pegarme a dos manos, descargaba toda su fuerza y su ira sobre mí, llegaba incluso a darme patadas y golpearme contra la pared, hasta que rompía a llorar o perdía el sentido. Antes de bajar por las noches a saludar a mi madre, me amenazaba: «Como te vea tu madre las lágrimas y pregunte por qué has llorado, te doy el doble al subir». Como los carceleros. Tampoco servía de mucho contarle a mi madre la situación, porque en alguna ocasión la había llamado al orden, le echaba una bronca y luego desaparecía durante días.

Al cumplir catorce o quince años, no recuerdo bien la edad, di un estirón y parecía más mayor de lo que era. Entonces tomé una decisión: «Hasta aquí he llegado». Un día que Olga comenzaba a darme una de sus palizas, la sujeté la mano con firmeza y le dije: «No me pegas más, porque te mato, ya me has pegado bastante».

No me pegó más, pero esas palizas las tengo grabadas a fuego en mi interior, me producen un dolor insoportable y no solo por el padecimiento provocado por sus golpes. Los malos tratos físicos, la violencia y los abusos generan en las víctimas tristeza, vergüenza y baja autoestima, esos sentimientos anidaron en mi alma durante años.

Cuando, ya mayor, le conté a mi madre las tremendas palizas que me había propinado esa mujer durante años, se echó a llorar desconsoladamente. «¿Por qué no me lo decías?», se lamentó.

Era duro vivir maltratado por una mujer horrible y saber que Nana, a quien tanto he querido, estaba tan cerca, solo nos separaban algunas estancias, y tan lejos: no podía acudir a ella. Solo verla pasar. Tampoco pasábamos mucho tiempo con Eugenia porque estaba siempre en las habitaciones de mi madre, a ella siempre le gustaron los niños pequeños, cuando crecíamos, ya algo menos.

He adorado toda mi vida a Marga Cayarga la *nanny* que arrancaron de mi lado. Era puericultora en la maternidad de O'Donnell y la sacaron de allí para ayudar en los partos de los hijos de la duquesa Cayetana. Nana era la mejor, por eso la eligieron: «Usted se tiene que ir a trabajar con la duquesa de Alba», le dijeron. No hubo opción, así eran antes las cosas. Llegó a la casa con sus títulos de matrona, practicante y enfermera puericultora en 1948, un poco antes de nacer Carlos, cuando mis padres aún vivían en el piso de la calle Princesa lindando al palacio, que continuaba en obras. Nana me contaba cosas de entonces, como el momento en que enterraron la placenta del nacimiento de Carlos en el jardín. Ella se ocupó de los seis hermanos durante los primeros años; cuando íbamos creciendo, pasábamos bajo la tutela de una *nanny* inglesa (o de Santander, como Fernando y yo). Incluso atendió en los embarazos fracasados de mi madre, que fueron varios. Nana era educadora, consejera y, en mi caso, mi segunda madre. Con Eugenia también mantuvo una gran complicidad.

Margarita Cayarga era una mujer inteligente, fuerte, de personalidad bien marcada, humana, cercana, inteligente, guapísima. Una señora impresionante. Había trabajado en Egipto con una princesa y hablaba francés; estuvo casada con un señor muy simpático que se llamaba Domiciano de la Hija. Tuvo dos hijos. Margaret, la mayor, es tres años menor que yo y tiene síndrome de Down. Al principio, cuando Nana aún se ocupaba de mí, su hija Margaret dormía en una cuna al lado de mi cama. En una ocasión le salvé la vida, eran las tres de la madrugada, la niña se estaba ahogando y corrí a despertar a su madre. Llegamos a tiempo. Ahora yo soy su tutor por voluntad de Nana y vive conmigo en Madrid o en Las Arroyuelas.

La situación fue cambiando con el paso de los años: los hijos de la duquesa crecíamos y llegaban al palacio otras cuidadoras; su hija Margaret pasaba el día en los cuartos de servicio y, sobre todo, mi madre sentía muchos celos de la relación filial que mantenía con Nana, los últimos años no podía ni verla. A eso le sumó el rechazo hacia Margaret. Nana se fue del palacio a un piso de un edificio de la plaza de San Miguel, que era de la familia. Allí vivió con su marido y tuvo otro hijo, Gonzalo, ya fallecido y que trabajó como inspector de la policía secreta en la brigada antiterrorista.

Nunca pude renunciar a Nana. Cuando salió de Liria, me escapaba a su casa, luego me traía su marido medio a escondidas de vuelta al palacio. Hasta su muerte ha seguido teniendo un papel fundamental en mi vida: Nana pasaba temporadas en la finca de Las Arroyuelas. Su casa de la plaza de San Miguel ha sido siempre mi refugio. Aparecía allí como los huérfanos que buscan un hogar o el animal que regresa a su guarida. Nunca dejé de visitarla, de ir a comer con ella y dormir una siesta en el sofá cogido de su mano como cuando era pequeño, unos momentos que vivía en paz. Margarita Cayarga confesó en alguna entrevista: «Le he hecho una mala jugada a la duquesa y es la de llevarme a su mejor hijo». Nana me quería tanto como yo la he querido a ella. Aunque hasta el nacimiento de Eugenia, mi madre Cayetana me hacía bastante caso, era a Nana a quien sentía como tal: estaba junto a mí, me reñía, pero me decía por qué. Nana me vestía y me besaba por la noche antes de dormir.

El mundo de los habitantes más pequeños de Liria continuaba monótono, repetitivo y al margen de todo aquello que sacudía a la sociedad española tras las verjas de palacio. La rutina era asfixiante. La soledad, insoportable.

Un chófer me llevaba durante la semana al Instituto Británico, donde estudié hasta los catorce años. Al acabar las clases de la mañana, los martes y jueves volvía a buscarnos para llevarnos a clase de tenis; en el trayecto nos comíamos un sándwich. Tras el tenis, regresaba al colegio. Lunes, miércoles y viernes era la misma rutina, pero la clase de tenis se sustituía por equitación. Al salir del colegio por la tarde nos esperaban otros extras: los lunes, miércoles y viernes nos daban clases de guitarra y matemáticas. Martes y jueves, natación y francés.

Así un día tras otro, durante años. Fernando, la *nanny* y yo cenábamos en un comedor oscuro, que hacía las veces de saloncito. Nada de televisión. Tras la cena, nos bajaban a dar las buenas noches y a la cama, uno al lado del otro hasta los quince o dieciséis años. La *nanny*, como buena vigía, en el dormitorio contiguo. Apagaban la luz del dormitorio y estaba prohibido encenderla hasta el día siguiente, cuando nos preparábamos de nuevo para ir al colegio.

El fin de semana no mejoraba la situación. Tampoco hacíamos vida familiar. Los sábados, a las ocho de la mañana, nos metían en un autobús para ir a Valdesquí a esquiar. Dábamos dos horas de clase y luego yo me pasaba otras cuatro en el bar. Regresábamos a Madrid a las siete de la tarde. Le cogí una manía tremenda a ese deporte y Fernando lo hacía fatal, entonces decidieron que fuera yo solo. Fue una época en la que me costaba relacionarme con la gente, me empezaba a cerrar en mí mismo, no hacía amigos en el autobús, el problema emocional de falta de comunicación empezaba a apuntar al niño triste en el que me convertí. Nos llevaban de un sitio a otro como los baúles.

Como salidas extras, acudíamos una vez al año a la misa funeral en recuerdo de mi padre que se celebraba en la iglesia de Nuestra Señora de la Concepción de Loeches, que alberga el panteón de la casa ducal de Alba. Lo mejor de ese acto era saludar a las monjitas, que te regalaban pastas, eran simpáticas y te abrían la puerta del convento para charlar un rato con ellas.

Una vez al año también, mi madre organizaba una gran fiesta en Liria por Navidad, con cine y guiñoles, una gran merendola, hasta nos permitían correr por los pasillos. Estaban tan perfectamente organizadas que aún se recuerdan. Acudían los niños de familias acomodadas de Madrid —Abelló, Infantado, Rosío, Ramírez de Haro— algunos compañeros del colegio y siempre las infantas Elena y Cristina y el príncipe Felipe, no sé por qué siempre pensé que ellos llevaban una existencia más humana que la nuestra con *fräulein* Blessel y Olga.

A partir de los doce años y hasta los quince, un mes del verano nos mandaban a Inglaterra. Mi madre decía que era la única forma de coger buen acento inglés, tenía razón. Allí nos recibía *mister* Bowman, el administrador que se ocupaba de los bienes del ducado en Inglaterra. Era un exmilitar británico que había luchado en la Segunda Guerra Mundial junto al famoso mariscal Montgomery. Él era quien seleccionaba a las familias con las que convivíamos un mes y la persona que nos recogía en el aeropuerto. La noche de nuestra llegada nos llevaba a dormir a su casa. Siempre cogíamos el metro, nos tocaba arrastrar los enormes maletones que nos preparaban. Un año me planté y le dije que no me movía. Torció un poco el bigotito pero fuimos en taxi.

Cuando finalizaba el periodo de convivencia en las familias quedábamos con él en su club londinense, el Over Seased, un local de caballeros al que debíamos acudir con corbata y chaqueta. Los dos primeros años en Londres, nos alojamos con la misma familia. El balance tuvo sus altibajos, dos años horribles, uno normal y otro lo pasamos bien. El resto del verano lo terminábamos en Arbaizenea. Mientras, mi madre disfrutaba del sol de Marbella junto a mi hermana Eugenia.

Y a partir de los dieciséis, logré escabullirme de San Sebastián para acudir a los concursos de saltos de Laredo y Santander. Conseguí emanciparme, mi preparador Florián Cortijo, un hombre clave en mi vida, me ayudó mucho. Los caballos comenzaban a salvarme.

Fernando y yo compartimos infancia y adolescencia. Es mi hermano querido, de quien más cerca he estado, hemos sido cómplices, aunque nuestros caracteres sean tan opuestos. Cada uno nos rebelábamos a nuestra manera, mi hermano hacía una serie de gamberradas y yo otras. Aunque, con la perspectiva de los años transcurridos, creo que he sido un inconformista desde muy niño. Ahora, al repasar las imágenes en blanco y negro de un programa de televisión, que nos grabaron en Liria, ya apuntaba maneras. Nos hacían un reportaje en el que representábamos la vida de familia idílica. Solo yo desentoné un poco cuando el reportero con su mejor sonrisa me preguntó: «¿Me enseñas qué te han traído los reyes?». Respondí, medio enfadado: «¡No quiero!». El reportero, obligado a hacer su trabajo, insistió: «¿Por qué?». «Porque no me da la gana», fue mi respuesta contundente, que ya no tuvo réplica.

Me reconforta sentarme a recordar viejos tiempos con Ángel, que ha sido mayordomo del palacio durante toda su vida. Me cuenta que desde bien pequeño era un chaval vital e inquieto, y anécdotas que me gusta traer a la memoria. Como el día en el que peleaba con un hijo de los Urquijo, invitados a casa, porque pegaban a mi hermano Fernando y Ángel tuvo que quitarme la pala para no machacarle. Aquel otro día en Arbaizenea, cuando él y Gregorio, ayuda de cámara de mi padre, antes de pintar los bancos del jardín de la casa, prepararon una cerveza en su salita y por allí estaba yo, como siempre, cerca del personal de servicio.

En un descuido, di un trago a la cerveza y solté con desparpajo: «Me cago en la leche que bueno esta esto». O la noche en la que esperábamos para cenar a los entonces príncipes Juan Carlos y Sofía. El servicio estaba alineado en la entrada formando una uve. Yo tendría unos seis años y esperaba con ellos, estaba harto y nervioso porque no llegaban y solo se me ocurrió mirar fijamente a Emilio, el mayordomo de entonces, y decirle: «¡Emilete, macho, que te estás quedando calvo!». La juerga ante mi salida de tono se calmó antes de la llegada de los ilustres invitados.

Ni antes ni después de la muerte de mi padre los pequeños participábamos en la vida social de la Casa. Hasta cumplidos los quince, si se celebraba alguna cena importante en el palacio, nos sacaban a saludar vestidos con el pijama y una bata de cuadros escoceses: «Niños, decid buenas noches». Obedientes, deseábamos las buenas noches y los invitados nos daban palmadas en la cabeza, como a los monos tití, sensación que reforzaban con el comentario: «¡Qué niño tan mono...!».

Me sentía insatisfecho, pero esa era mi vida, e ignoraba que existían otros modelos. Hasta que con doce o trece años me dejaron ir a pasar un fin de semana a la casa de un amigo del colegio. Se llamaba Ignacio Alonso. La segunda residencia de mi amigo era un chalecito en Villalba. Fueron dos días de espejismos. Durante ese fin de semana iba de sorpresa en sorpresa: Ignacio daba abrazos a su madre; Ignacio gritaba «¡mamá!»; Ignacio saltaba dentro de casa; comían y veían la televisión todos juntos; se querían y lo manifestaban. «¡Están locos!», pensaba, sin salir del asombro. No, no daba crédito. Sin embargo, ese fin de semana en la casa de Ignacio Alonso me sirvió para ver la luz: lo que ellos hacían, como ellos vivían era vida familiar. Nosotros teníamos fincas, casas, palacios, pero en el chalé de Villalba se respiraba humanidad, allí vivían como yo soñaba. Mi amigo tenía lo que me habría gustado tener. Quise ir a la casa de Ignacio más fines de semana. Me dejaron volver solo uno más. Cuando salí de allí la segunda vez pensaba una única cosa: «Cambiaría todo lo que he vivido por esta relación familiar». En la casa de Villalba confirmé que la vida de mi amigo Ignacio Alonso no era extraña, la vida anormal era la de mi casa.

La anormalidad, la rareza en la que estábamos inmersos los habitantes de Liria, la reconfirmé cuando empecé a ir a fiestas a los domicilios de otros amigos, ya con catorce años. Nosotros vivíamos aislados, encerrados tras las verjas del palacio, sin cariño, sin apoyos, sin ayudas emocionales. Nos maltrataban sin saber por qué, elegían hasta el color del jersey que debíamos usar, decidían todas y cada una de las horas de nuestra vida.

4

LA VIDA DE LOS OTROS

Cuando pienso en la vida en Liria no puedo evitar un pensamiento de empatía y solidaridad hacia lady Di, la princesa presa de las normas que emanaban de la residencia real de Buckingham Palace. Aunque mucha gente asocie la vida palaciega con el lujo, el bienestar y la felicidad, no todo lo que brilla es oro, como bien dice el refranero. La vida en palacio tiene una cara B, la realidad que transcurre entre tapices, alfombras y obras de arte no transita por un camino de rosas. Y lo más difícil es hallar cómplices para sobrevivir en el entorno.

La envergadura de Liria le convierte en un pequeño estado donde conviven el gobernador —en este caso fue gobernadora—, y el pueblo, el resto. Cuando era niño, además de la familia, vivían en Liria unas treinta personas: ama de gobierno, cuatro mayordomos, los jardineros, seis o siete doncellas, planchadoras, dos o tres personas en la cocina, dos chóferes, las *nannies*, personal de oficina… Y la familia. Te encontrabas gente por los pasillos, te cruzabas con alguien al atravesar algún salón, de cualquier puerta salían mujeres, hombres más jóvenes o menos, ataviados de uniforme, según el rol que desempeñaban en la Casa. Pero a pesar de vivir con tanta gente, en el palacio impera el silencio. Tan solo roto por los timbres para reclamar la asistencia del servicio; el tictac de los relojes y el sonido de las pisadas en los suelos de madera. En un palacio como el nuestro te comunicas por teléfono y debes aprender a moverte, hay entradas y salidas, vericuetos, puertas camufladas en cada habitación.

En la última planta vivían los hombres y algunas de las mujeres ocupadas en la limpieza. Abajo lo hacían las mujeres más cercanas a la familia; los mayores o los que tenían familia propia vivían en un edificio cercano, en la corrala de viviendas que también pertenecen a la familia. Nunca escogías, te designaban la zona donde habrías de dormir. Mi hermano Jacobo sí eligió. Optó por aislarse e instalaron su cuarto en la tercera planta.

Vivíamos mucha gente en el palacio, pero cada uno mascaba su propia existencia en soledad. Todos y cada uno de los habitantes de Liria negociábamos con nosotros mismos anhelos, proyectos o desesperanzas. El ambiente es muy duro. La calidez afectiva, la filantropía o la intimidad son conceptos incompatibles con el transcurrir de la vida en los salones. Liria, además, es el símbolo de los Alba-Berwick, como Buckingham lo es de los Windsor. Nosotros no somos familia real pero estamos sacudidos por la impronta inglesa de rigor y exigencia. Antes de viajar a Lausana, donde murió, mi abuelo Jacobo les dijo a sus nietos al despedirse: «Niños, orden, disciplina y formalidad». El mayor, actual duque de Alba, lo ha llevado a rajatabla.

Liria es un palacio, no un palacete como la Zarzuela, que más bien parece un chalé grande. En las ocasiones que acudí como invitado, me movía con soltura, allí es difícil perderte. En ese entorno sí se puede generar el calor de un hogar. Liria, sin embargo, generaba un contexto confuso por su envergadura y debido a las normas internas y a la presión exterior. Ejercía un influjo psicológico que no percibías en los otros palacios de Monterrey o Las Dueñas. Busqué en Liria un hogar, pero su relevancia y magnificencia solo generaban frío, mucho frío. Quizá la mejor prueba de lo que digo es el resultado. ¿Cuál es el fruto de Liria? División, frialdad, carencias afectivas, incomunicación.

Claro que también hay parabienes palaciegos, he de destacar dos de ellos. El palacio es una especie de búnker que te protege del mundo exterior. Y, el segundo, estás muy bien atendido, no te falta de nada. En contrapartida, la soledad te abruma y genera tal responsabilidad que impide el desarrollo en libertad de quienes lo habitan.

Liria es muy duro y mi madre era dura. No pretendo que se entienda como un reproche, porque no lo es. Simplemente constato una realidad. A Cayetana Alba le construyeron un palacio. Rematarlo y mantenerlo indemne hasta el siglo XXI ha sido su obra y el objetivo primordial de su vida: el destino, su padre o seiscientos años de historia sobre los hombros le encomendaron una misión que ella ejecutó espléndidamente. Su meta vital consistió en defender el patrimonio y mantener el orgullo de pertenencia a la Casa de Alba. Aunque hayan quedado tantos jirones esparcidos. Con la experiencia de haber vivido y crecido en ese palacio, por mucha terapia a la que me someta, siempre quedarán secuelas. Y no es mi conclusión. Es la de todos los expertos con los que he hablado.

Hallaba refugio en las zonas de servicio. En la gran cocina de Liria de baldosines amarillos, de aspecto funcional, con las cazuelas de bronce colgadas de las paredes. Me gustaba enredar en torno a los fuegos; fueron muchos los días que comía junto a ellos en la mesa dispuesta en una de las esquinas, lugar de descanso para el servicio. Me gustaba que las cocineras me prepararan tortilla francesa, pasta o pisto con huevo. Con siete años me vestía de domingo y bajaba a la cocina para galantear a una pinche muy guapa. Me sacaban a golpes de allí. Porque la orden era tajante: la zona de servicio no se debía visitar. Pero, ansioso de encontrar normalidad, yo volvía una y otra vez. El entorno que perseguía con ahínco solo lo hallaba con la gente del servicio, les sentía parte de mi familia, allí encontraba el afecto y los gestos de cariño desconocidos en el otro lado, el de mi familia biológica.

Cuando era niño me encantaba pasar tiempo con Paquita, «mi abuelita». Era una figura maravillosa: Paquita de pelo blanco recogido en un moño alto, elegante, bien diferente del que se peinaba la *nanny* austriaca; Paquita, pequeña y siempre protegida con una toquilla. Paquita, admirable, respetuosa, dulce, suave, cómo me hubiera gustado que fuera mi abuela, de haber conocido a alguna. Paquita un día me regaló una imagen del Sagrado Corazón, que conservo en la mesilla de noche de mi dormitorio.

Paquita era el ama de gobierno y despachaba con mi madre el funcionamiento del palacio. Llegó a Liria cuando solo tenía dieciséis años y estuvo ochenta en la casa. En mi imaginario cumplió el papel de la abuela que no conocí, como Fernando, el encargado de Las Arroyuelas, suplió la figura del abuelo. Cuando visitaba la finca con mi padre, me refugiaba junto a él para que me contara historias de bandoleros y migueletes. Le llamaba «abuelo». Su nieto, que también se llama Fernando, actualmente trabaja conmigo en la finca.

El cuarto de «abuelita» —siempre perfectamente ordenado— estaba en la misma zona de las habitaciones de servicio. Llamaba a su puerta y me decía: «Pasa hijo, pasa». Nos sentábamos juntos y me contaba historias de la casa. Guardaba los grandes secretos del palacio, era una especie de caja fuerte de los recuerdos familiares. Paquita conoció cinco generaciones de Alba y fue depositaria de las confidencias de cuatro de ellas.

«Abuelita» me hablaba sobre el abuelo Jacobo, que no conocí: «Hijo, parece que aún estoy viendo a tu abuelo caminar despacio por estas salas. Cada domingo, después de oír misa en la capilla, cogía a su hijita de la mano y juntos recorrían toda la casa. El padre se detenía ante los cuadros, los tapices, los muebles y explicaba a la niña cosas de su linaje. Daba gloria escucharle, le daba a su hija una lección de Historia en vivo. De ahí el amor por Liria de la señora duquesa».

Paquita también me contaba historias sobre la emperatriz Eugenia de Montijo, que había pasado largas temporadas en Liria, donde hicieron una de sus últimas fotografías. Murió en el palacio en julio de 1920 a los noventa y cuatro años. Me parece escuchar todavía su relato: «Cuando la emperatriz regresó a España, ya muy viejecita, dio una gran fiesta en el palacio de Las Dueñas, luego se trasladó a Madrid. La emperatriz era muy amable, muy simpática. Solía pasear por los jardines del brazo de su dama de compañía, una señora de su misma edad. Nos resguardábamos entre los árboles para mirarlas con gran curiosidad. Tenía tras de sí tal leyenda... La emperatriz hablaba con todos nosotros, recuerdo que al llegar para quedarse aquí le preparamos las mejores salas y vestimos la cama con telas de Holanda. Entonces, la emperatriz, caminando despacito, me dice: "No Paquita, no, has de saber que el reuma me hace cosquillas. Quiero sábanas de hilo fino, nada más". La operó de cataratas un catalán, Barraquer...».

La emperatriz era de la familia. Su hermana, María Francisca de Sales Palafox Portocarrero y Kirkpatrick, fue Paca de Alba tras su boda con Jacobo Fitz-James Stuart y Ventimiglia, mi tatarabuelo. La emperatriz Eugenia tuvo un solo hijo, Luis Napoleón, que murió con veintitrés años como soldado del ejército británico luchando contra los zulúes. El último Napoleón fue a la batalla con la espada de su tío abuelo; la silla de montar de su padre, Napoleón III, y las oraciones de su madre. Pero cayó en una emboscada y acabó ensartado bajo las lanzas de los guerreros sudafricanos. La hermosa Eugenia de Montijo había perdido el trono y a su único hijo, y se convirtió en la leyenda de la que me hablaba Paquita. Vino a morir a Liria, donde su espíritu aún vaga por los salones, vestido de blanco, de la mano de su hijo, según cuenta mi madre en sus memorias. Ella nunca creyó en esas cosas, pero su marido Jesús Aguirre ratificó la versión de Emilio, el mayordomo cabal y escéptico, que una tarde se cruzó con las figuras blancas cuando cerraba las contraventanas de palacio. «No estás loco Emilio, son los fantasmas de la emperatriz y de su hijo», le calmó Jesús, «yo mismo les he visto». Lo tangible es el cuadro de una hermosa Eugenia de Montijo firmado por el renombrado pintor alemán Winterhalter, que cuelga de la sala de Verano del palacio de Liria. En la época en que Jesús Aguirre pululaba por el palacio en busca de tesoros, fue Paquita quien le indicó que el costurero al que nadie prestaba atención en un esquinazo de la cocina era el que utilizaba la emperatriz.

Al morir «abuelita», marcharse Fernando de Las Arroyuelas y morir mi padre, caen todas mis figuras familiares y se desmorona el mundo que me había montado.

El personal de servicio formaba parte de la Casa. No eran de la familia, pero reían o lloraban con los asuntos de la familia. La nuestra, no la propia. A veces, pareciera que vivían la vida de los otros. Ángel Esteso fue el último mayordomo de palacio antes de mi salida. Llegó con un hatillo en el autobús de línea, «como los maletillas», desde un pueblo de Cuenca que se llama San Clemente. Cambió las labores del campo por Liria, como le gusta decir. No ha olvidado el primer trabajo que le encargaron: limpiar las botas de montar. Ahora, ya jubilado, me cuenta muchas historias y hábitos de entonces. Cuando llegó al palacio en 1963, el mismo año en que yo nací, Paquita era la gobernanta, Vicente el mayordomo y Gregorio el ayuda de cámara de mi padre, que siempre le acompañaba. Incluso al final, fue Gregorio quien donó su propia sangre en Houston porque ambos compartían grupo sanguíneo. Gregorio, que ya ha muerto, sabía que la leucemia que padecía era grave y que viviría dos o tres años tras detectarle la enfermedad. La complicidad entre ambos —cada uno en el lugar que le había colocado el destino— creció a medida que aumentaban los momentos de intimidad. Gregorio era la persona que le ayudaba a vestir a diario, su compañero en los viajes.

La vida del servicio sería difícil de asimilar en la actualidad. Ahora respetan sus horarios laborales. Entonces, los que no tenían habitación dentro de Liria, pasaban más horas en palacio que en su propia casa. Cuando llegó Ángel aún estaba soltero y residió en las habitaciones de la última planta durante dos años. Después se casó y mis padres le dieron una vivienda a la vuelta de palacio. Allí continúa.

A las siete de la mañana se ponían en marcha. Abrían las contraventanas y preparaban la casa para arrancar su ritmo diario. Ellos tenían su comida preparada sobre la mesa a la una en punto de la tarde. La cena a las ocho. Al principio, Ángel era un hombre para todo y también se ocupaba de atendernos a Fernando, a mí y a todas las *nannies* en la segunda planta. Él nos servía las comidas y desayunos en el saloncito que había al lado de nuestro dormitorio. Las doncellas se ocupaban cada una de dos o tres chicos. Además, Ángel, a las nueve en punto de la noche, ponía la cena a mis hermanos mayores, Carlos, Alfonso y Jacobo. Enseguida debía ayudar a Gregorio para servir a mis padres. Y atendía la casa; a menudo también debía responder al teléfono, si andaba en otras ocupaciones, lo hacía la costurera. En el comedor principal hay una enorme colección de plata reluciente: «La limpiábamos sin trapo ni nada, con los dedos, porque así queda más bonita y el brillo es más intenso», le he escuchado contar en alguna ocasión. Los hombres del servicio ayudaban a las mujeres en las tareas de limpieza porque mi madre exigía que todo estuviera perfecto. Y lo conseguía.

Los hombres vestían librea azul en las ocasiones de gala y el uniforme habitual de pantalón azul marino con un galón al costado y guerrera gris con botonadura dorada. En principio, era el mismo en invierno y verano. Aunque el verano fuese en el palacio de Las Dueñas en Sevilla. Hasta que mi madre vio que su primo el marqués de Árdales había sustituido las chaquetas grises por otras en blanco y siguió su ejemplo. Desde entonces, el personal de Liria utilizó guerrera gris en invierno y blanca en verano. Los chóferes llevaban gorra de plato y yo insistí mucho para que la suprimieran, porque les veía sudar y pasar un calor tremendo en el verano. Si me percataba de alguna cosa que entendía injusta, les defendía desde bien pequeño.

La vida del servicio tenía algunos retazos de similitud con la ficción que relatan en la serie de televisión *Downton Abbey*, con los amores e infortunios, aventuras y desventuras protagonizadas por los sirvientes de la aristocrática familia Crawley. Ocurrían adversidades propias de la vida: sus cuitas, los chismes, el recorrido vital de cualquier vecindario con sus penas y alegrías, desfalcos o romances de copla. Aunque, en general, mantenían una relación cordial, siempre había algún piquecillo. A Martín le gustaba el transcurrir del palacio, era un hombre muy hacendoso y hábil y también quisquilloso, cumplía el perfil del perfecto mayordomo. Les pidió a mis padres ocuparse de la portería, trajo a su mujer y han estado hasta los setenta años como porteros.

Una de las mujeres llegó como niñera de mi hermana tras la marcha de Nana y acabó rigiendo los destinos de Liria, como persona de confianza de mi madre; es ella la que decidía el destino de ciertos objetos, vestidos o bisutería de la duquesa. Murmuraban por palacio que había tenido un hijo con el administrador, aunque estaba casada con un chófer. Este hombre permaneció una temporada en palacio y se despidió para montar una empresa de coches. Era un tipo peculiar, un conductor excelente y forofo de la fiesta de los toros, al punto que si tenía que elegir entre una buena corrida o llevar a la duquesa, elegía el caminito de Las Ventas.

Cuando mi madre me encargó la gestión de la Casa de Alba, comprobé desmanes económicos, que ya intuía. Una persona del servicio había gastado 2.800.000 pesetas con la tarjeta de El Corte Inglés. Intenté echarla como es lógico, pero no fue posible.

—Mamá, es que ha robado.

—Me da igual, para mí es fundamental —respondía.

Le retiraron la tarjeta y continuó trabajando en la Casa. Mi madre sabía muchas cosas, algunas actitudes incluso las incentivaba. Le gustaba que le contasen chismes, elegía a los más pelotas. Sabía que la engañaban mucho, pero no le importaba. Incluso el chivato tenía su recompensa. «Por favor», me decía, «haz lo que quieras pero no me quites a los míos». En los años que permanecí al frente de la gestión de la Casa me encontré asuntos sorprendentes. Un matrimonio que trabajaba en Sevilla cobraba 7.000 euros al mes: él paseaba los perros, ella era doncella en Las Dueñas. En Navidad había un sobresueldo de 10.000 euros en la partida del servicio. Lo habitual es que se acercasen a ella para contarle cualquier historia, y en ese punto, resplandecía el alma de duquesa de Alba: «A este que le den 500 euros más, a este otro 1.000 euros más…». Lo peor de todo es que lo argumentaba: «Cayetano, es Navidad». Suprimí los 10.000 euros y nadie protestó.

Claro que también fue peculiar la reacción de mi hermano Carlos cuando les presenté a él y a Alfonso un dosier sobre uno de los administradores que había acumulado un patrimonio de más de quinientos millones de pesetas: cinco pisos, un chalé con piscina olímpica, entre otras propiedades.

—¡Pues lo habrá heredado!

Esa fue la respuesta de Carlos, el actual duque de Alba.

«Liria lo es todo para mí. Aquí he llorado mi mayor dolor, y he gozado mi alegría más grande. La de entrar nuevamente para morar entre sus paredes», declaró mi madre a la prensa en la inauguración de Liria en 1956. Así fue durante toda su vida.

Ella dirigía el palacio. A las ocho en punto de la mañana llamaba Ángel a su puerta para servirle el desayuno: zumo, tostada de pan o algún bollo con mantequilla y mermelada. Salía a recoger la bandeja Marciana, su doncella. Mi madre siempre desayunaba en su habitación, generalmente en la cama. Y despachaba también desde la cama. En el saloncito de al lado, previo a su dormitorio, donde habitaban sus loros, esperaban su turno el ama de llaves, la cocinera y la secretaria. Entraban de una en una a partir de las nueve: primero lo hacía la cocinera. Mi madre eligió siempre los menús de la casa. Ella misma formó a dos cocineras tras la salida de los últimos chef, uno de ellos francés y el español Salvador Gallego. Después, entraba el ama de llaves y, por último, su secretaria. Cuando iba al colegio me acercaba a saludarla y las veía esperando su vez. Todo llevaba un ritmo exacto como los relojes de Liria, que suenan a la misma hora en cada habitación de palacio. A las ocho encendían las chimeneas, a última hora de la tarde, se volvían a encender. El almuerzo se servía en el salón Verde a las dos y cuarto en punto. Al llegar Jesús Aguirre comenzaron a almorzar en el comedor, porque era habitual que acudiese algún invitado.

Si eran comidas informales, que no requerían una etiqueta excesiva, colocaban bajoplatos, así lucían las mesas de nogal, que recuerdo siempre resplandecientes. Si la comida era ya de cierto nivel, y también por las noches, cubrían la mesa con manteles. En las cenas más protocolarias distribuían flores frescas y algún adorno de plata o porcelana.

Según contaban, el trabajo más complicado era la limpieza de las lámparas. En el palacio los techos tienen una altura de 5,80 metros y debían utilizar una escalera muy pesada, de cuatro metros para acceder a las zonas altas, lámparas, apliques sobre los cuadros, cortinas, paredes... No eran labores excepcionales, porque para mantener impoluta una residencia del tamaño de Liria, les veía a diario haciendo limpieza especial en un salón o en otro.

Cuando mi madre iba algún tiempo a otra de las residencias familiares, el palacio de Monterrey, Las Dueñas o Arbaizenea, Ángel salía unos días antes para poner todo a punto: limpiar la plata, desenfundar muebles, volver a colocar los adornos en el lugar donde debían estar dispuestos. Cuando mi madre regresaba a Madrid, la operación se desarrollaba a la inversa y Ángel volvía de nuevo para guardar los objetos en sus fundas correspondientes, proteger sillones, enfundar mesas o secreteres y cerrar la casa. Así fue durante cuarenta años. Hasta que un día, mi madre le dijo que era mejor buscar una persona que realizase esa labor.

No tenían descanso. La jornada, que había comenzado a las siete de la mañana, finalizaba a las once de la noche en horario continuado. Así fue para Ángel (y para el resto) durante treinta años. Él libraba los miércoles por la tarde, tras servir la comida. Por eso mi madre, cada vez que llegaba un soltero o soltera a Liria, le incitaba al matrimonio. Ángel lo decidió por sí mismo, pero Cayetana ya le indicó que la situación ideal era que su mujer trabajase también en el palacio. Y así fue hasta que nació la única hija que tuvieron. Gran parte de los cincuenta y cinco años que prestó servicios en la Casa fue como mayordomo, y todos tenían derecho a disfrutar de una vivienda al lado de Liria. Algún chófer de la Casa ya dijo «eso es para estar más pillados».

El hartazgo, el cambio de los tiempos, o el dolor por no poder ir a la boda de su ahijado provocó la primera y única situación en la que con sumo respeto y educación Ángel se enfrentó a mi madre en una conversación telefónica. Estaban en San Sebastián y él había organizado las cosas con sumo tacto para asistir a la boda de su ahijado sin desatender sus labores ni el ritmo familiar. Le hacía especial ilusión ir a esa boda por el cariño que sentía por el chico y porque nunca pudo ver casar a un sobrino. Ángel había previsto que le sustituyese Moisés, que conocía a la perfección el funcionamiento de la casa. El hombre llegó muy temprano a San Sebastián, pero la mala fortuna quiso que mi madre llamase a Liria y no atendieran el teléfono. Y esas cosas no las perdonaba. Los hados se habían conjurado para torcer la situación: esa tarde en la que tendría que haber partido hacia Madrid, inauguraban la plaza de toros de San Sebastián con Francisco Rivera (ya casado con Eugenia) y el Juli. No les esperaban a dormir porque habían avisado que preferían quedarse en un hotel de la ciudad. Sin embargo, mi madre se empeñó en ofrecerles una cena en casa. No permitió que Ángel volviese a Madrid, y no vio casar al sobrino. Fue entonces cuando le dijo aquellas cosas:

—Señora duquesa, llevo setenta años trabajando en su casa.

—Qué dices, si no los tengo ni yo.

—Yo le estoy haciendo dos jornadas de trabajo diarias.

—Pues he de informarme de eso.

—No ha de preguntar nada porque es usted quien mejor lo sabe. Usted sabe quién le sirve el desayuno cada día y quién la cena. Lo hago yo. Y tenga en cuenta que llevo veinticinco años librando una tarde a la semana.

Ella no discutía. Era como las reinas de las películas. Insisto en calificarla como «la emperatriz» porque su imagen, su actitud, su forma de mandar sobre todos nosotros me recuerda a las reinas que he conocido en el cine, a Isabel la Católica, Catalina de Aragón, a la reina Isabel I de Inglaterra. Reinas todopoderosas que ejercieron el poder sin que les temblase la mano. Mi madre era una emperatriz y no una reina porque no era de la familia real, porque no lo somos y en eso insistía a menudo. Cuando he visto por televisión la serie *Isabel*, pensaba en ella y en asuntos similares que ocurrían en mi casa.

En las situaciones desagradables influía a menudo Jesús Aguirre. A él recordó Ángel, en más de una ocasión, que ser padre requería obligaciones que quizás él desconocía porque no había tenido hijos. Sin embargo, la rigidez palaciega no se transformó con el nacimiento de los primeros nietos, los hijos de mi hermano Alfonso y María y los del actual duque y Matilde Solís, que iban a Liria únicamente de visita.

«Sí, he sido feliz, claro», afirma el mayordomo, que en sus cincuenta y cinco años en el palacio ha conocido a muchos ilustres, entre otros, a la familia real. Juan Carlos y Sofía cuando eran príncipes acudían con bastante frecuencia y las infantas y el príncipe Felipe siempre estuvieron en la fiesta de Navidad. Ha conocido a Jackie Kennedy en Sevilla. A los ministros de Franco, a los que mi padre invitaba cada vez que se producía un cambio de gobierno. A muchos notables del reino y de fuera de él. Al cumplir veinticinco años de servicio en la Casa, mi madre le entregó una medalla honorífica por su trabajo y fidelidad. La primera vez que la lució en su uniforme ha sido recientemente, en la boda de mi sobrino Fernando con Sofía Palazuelo, y fue a petición del actual duque de Alba. Tampoco olvida que sale en una foto histórica ofreciendo un vaso de agua a la reina Victoria Eugenia, cuando pasó unos días en el palacio.

Además de todos nosotros, en el palacio habitaban los fantasmas, los etéreos, porque de los corpóreos vamos a hablar. El racional Emilio, quizás ha sido la persona que en más de una ocasión se topó con el fantasma de la emperatriz Eugenia. Una de esas veces, fue la tarde en la que buscaba unos libros en el salón flamenco. De repente, vio en cinco o seis ocasiones salir de la ventana una figura que se dirigía hasta el salón Zuloaga, el que había ocupado Eugenia de Montijo. Alguien entraba, cruzaba la sala y salía. Y Emilio, un hombre práctico y nada fantasioso, quedó muy intranquilo. Bajó nervioso a hablar con Ángel y contarle lo que había visto.

—Emilio, no es posible, no hay nadie en la casa.

—Acompáñame.

El fantasma de Eugenia de Montijo no volvió a salir esa tarde. Apareció muchas otras. Con Jesús se cruzó a menudo. Mi madre eligió callar lo que veía. A mí me da por preguntarme dónde se resguardó el fantasma de la emperatriz y los otros que pululan por palacio durante los años en los que Liria fue un amasijo de escombros.

La incredulidad de Ángel desapareció una noche en el palacio de Monterrey. Acompañaba a mi madre y a Jesús Aguirre a pasar el fin de semana, desde el viernes hasta el lunes. En Madrid eran las doncellas las encargadas de dejar el vaso de agua en las mesillas de noche, pero en Monterrey esa labor la desempeñaba el mayordomo. Al finalizar la cena, bajó a preparar los termos para llevarlos al dormitorio. Caminaba por el pasillo sujetando la bandeja con dos vasos y la jarrita del agua y se encontró la puerta cerrada. Depositó la bandeja sobre el cubrerradiador para poder abrir la puerta, pero no tuvo tiempo de tocar el picaporte. Repentinamente, este se deslizó hacia abajo y la puerta se abrió con suavidad. A Ángel aquella noche le sacudió un escalofrío ante lo inexplicable. Continuó su camino y dejó la bandejita sobre la mesilla de noche que estaba siempre iluminada. Mi madre ya le había avisado de que el duende se movía por esa zona del palacio.

Jesús Aguirre buscó al duende entre los antepasados que habitaron en Monterrey. Los cuidadores del palacio, Vicente y su mujer, saben bien que lo que le ocurrió a Ángel no fue anecdótico: se abren los pestillos, se escuchan sus pasos y más de una vez han acudido ante sus llamadas de atención. Solo confían en que se trate de un fantasma bueno.

El mundo de Liria echa el cierre. Atrás quedan fantasmas, llantos, comidas, reuniones, bailes o desfiles benéficos. La que fue mi casa durante años se convertirá en un museo. Mi casa será un escaparate como el de Zara. Las alfombras que con tanto mimo cuidó mi madre, los muebles, las pinturas y nuestras fotos y recuerdos van a ser expuestos previo paso por caja. La fortuna personal de mi abuelo y de mi madre se utilizó para levantar Liria de los escombros. No hubo ayuda oficial para hacer esas obras. Pretendían que el símbolo de la Casa de Alba, el palacio de Liria, siguiera en pie. Por eso nuestra Casa se rige por la ley de mayorazgo, por eso el dueño de Liria hereda más de un 60 por ciento de los bienes, incluidos los doscientos setenta inmuebles que rodean el palacio, para mantener Liria como domicilio de la casa ducal. La Fundación Casa de Alba, que organizó mi padre antes de su muerte siguiendo el ejemplo de la nobleza inglesa, exime del pago de parte de los impuestos a cambio de mantener visitas guiadas un día por semana.

Soy consciente de que la decisión del actual duque de Alba de abrir Liria al público cuenta con buena prensa, pero yo considero que es un acto inmoral. ¿De qué sirvió el esfuerzo de mi abuelo? ¿El de mi madre durante sesenta años, que sintió Liria como la responsabilidad histórica de su vida, incluso por encima de sus hijos? También el esfuerzo y las renuncias de todos los hermanos, que no hemos crecido en el lujo por encima de nuestras posibilidades, más bien al contrario.

Cuando una casa se convierte en un museo, finalizan los enigmas. Otra cosa es que permanezca abierta a investigadores y, quizá, valorar la posibilidad de ampliar ligeramente el régimen actual de visitas, montar exposiciones externas con la obra pictórica, pero no hacer de ella una pinacoteca como el museo Thyssen. Quizá tengo un sentimiento demasiado arraigado con nuestro pasado. No me manifiesto en contra de todas las decisiones últimas, es más fácil: siento que se pretende diluir el recuerdo de mi madre y su obra. Ella jamás pudo imaginar tal descomposición, que se entremezcle el legado de los antepasados con los *gadget* que venderán en la tienda edificada en las cuadras.

Todos ellos se removerán en sus tumbas.

5

CAMPANAS DE BODA

Mi madre no fue una madre al uso, pero conocía muy bien a cada uno de sus seis hijos. No fue ella quien nos acunó ni cambió nuestros pañales. En la familia Alba no formaba parte de las reglas ducales besar a los niños antes de dormir. Solo en la mañana, cuando nos presentábamos aseados y perfectamente pulcros ante ella o ante mi padre, recibíamos un gesto de cariño. Esa norma no escrita la llevó a gala la duquesa, de niña no echó nunca de menos el beso de buenas noches. Yo he de confesar que sí, que lo añoré a lo largo de mi vida y que guardo como un tesoro los besos maternales de Nana al desearme felices sueños.

Mis hermanos, Carlos, el actual duque de Alba, que nació un año después de su boda, y Alfonso, en 1950, fueron formados como educaban a los nobles y a las familias reales: los niños no iban al colegio, eran los tutores quienes acudían al palacio. Cuando ya pasaron algunos años y todos salimos de Liria para estudiar, tampoco formaba parte de las reglas que los progenitores asistieran a los festejos escolares.

Cayetana desconocía el sentido de la familia. El recuerdo de su madre —mi abuela Rosario— era poco halagüeño. Ella cuenta en sus memorias: «Mi madre está tumbada en su habitación, en la cama. También la puedo vislumbrar en el jardín o en el campo, pero siempre acostada». Perdió a su madre cuando tenía solo siete años. La orfandad, la guerra mundial, un padre estricto, participar en las relaciones sociales de alto nivel desde muy niña, los viajes, conformaron la personalidad de Cayetana Alba, muy distinta de las chicas criadas en familias tradicionales. Mi madre tuvo dos mujeres como referentes en su vida, la abuela Rosario Híjar y la tía Sol, hermana de mi abuelo.

El palacio no facilitaba la reunión familiar, no sabías quién se sentaría a la mesa. «¿Quién almuerza hoy?», era una pregunta habitual. El papel que desempeñabas en el mundo de Liria estaba delimitado jerárquicamente. Yo era el pequeño, poco tenía que decir. Por un lado estaban los dos mayores, por otro, Jacobo, aislado por voluntad propia, y Eugenia, siempre al lado de mi madre. Y Fernando y yo deambulábamos perdidos entre salones.

Los hermanos mayores también padecieron a las *nannies*, rígidas inglesas como *miss* Dorfy, que al parecer sí les explicaba el porqué de los golpes que también recibieron. Parece que la disciplina consistía en atizar a menores. Sin embargo, Carlos ha confesado no sentirse marcado por esa educación disciplinaria e intransigente.

Los embarazos frustrados de mi madre han conformado dos grupos entre los hermanos. De hecho, veinte años separan a Carlos y a Eugenia. Una distancia que se acentuaba en una casa como la nuestra. Podía transcurrir un mes sin ver a los hermanos. Carlos y Alfonso estaban volcados en la gestión de la Casa por encargo de mi padre, que supo de la gravedad de su enfermedad y preparó a los dos mayores para continuar con la Fundación Casa de Alba y la gestión de los bienes. Jacobo se llevaba muy bien con mi madre, compartían la afición por la pintura, les unían sus inclinaciones artísticas. Eugenia era la pasión de mi madre porque sí, porque era su hija, y Fernando y yo nos quedamos ahí, como vagabundos en medio de ninguna parte, en un limbo de palacio, donde todo el mundo se dedica a sus tareas, todo el mundo mira hacia otro lado y yo no podía evitar preguntarme a menudo: «¿Qué pinto aquí?».

Carlos nos trataba como a seres pequeños. Aunque su gesto no es ni era hosco u hostil, más bien al contrario, parecía un tipo amable, siempre fue un joven poco cercano, algo encorsetado. Creo que su destino como futuro duque de Alba y las últimas recomendaciones de mi abuelo Jacobo antes de su muerte conformaron un personaje excesivamente serio en sus formas y un poco tenso. En alguna ocasión nos sentaba en el saloncito y decía: «Yo voy a ser más noble que vosotros porque seré duque de Alba». Siempre le recordaré con dos asuntos antagónicos: no hizo esfuerzo alguno para desempeñar el papel de hermano mayor ante la orfandad de los pequeños y su apoyo en Barcelona92: «¡Qué orgullo de tener un hermano olímpico!». Y era sincero.

Aunque fue Alfonso el mensajero que anunció en Arbaizenea la muerte de mi padre, he sabido separar ese episodio concreto del respeto que me merece y el reconocimiento por su valía profesional. Se casó pronto y he mantenido muy poca relación con él. Aún conservo imágenes suyas con un jersey de cuello redondo, escucharle a la guitarra, que toca fantásticamente, cantar y bailar flamenco. En esos momentos era simpático y divertido. Compartí tiempo con él un par de veces, en Ibiza y Jávea, y guardo con especial cariño esos encuentros.

Alfonso era fuerte, seguro y, en contra de la opinión de mi madre, decidió casarse pronto con María Hohenlohe-Langenburg. El 4 de julio de 1977, Alfonso y María se prometían amor eterno en una iglesia cercana a Marbella, territorio Hohenlohe. Mi madre cuenta en uno de sus libros que el enfrentamiento con su primera nuera acaeció por la negativa de la novia a lucir ese día la tiara Rusa de la Casa de Híjar, que entre sus títulos destaca el de duque de Aliaga que entonces correspondía a Alfonso, como primogénito de Híjar. Al final, la novia se tocó con la joya de platino y brillantes. Tras el malentendido con la tiara siguieron los desencuentros. El nuevo matrimonio decidió tratar a mi madre de igual a igual. Revivo el gesto de pavor del servicio cuando llamaban por teléfono: «Le llama la duquesa de Aliaga». En aquellos años si actuabas de ese modo mi madre te defenestraba y te enviaba directamente a las mazmorras. Y así fue. Alfonso estuvo nueve años sin pisar Liria y se marchó a trabajar fuera de España, primero a París y más tarde a Nueva York. Cayetana era implacable.

Yo admiraba mucho a mi hermano intelectualmente. Ha sido un gran profesional y podría haber sido una persona muy importante en este país. Le he querido y respetado. Nuestra relación transcurrió con cordialidad hasta el día que presentamos la donación en 2011, que fue crítico con la decisión de mi madre.

En aquellos años, me sentía muy cómodo con Jacobo, era más cercano y, sobre todo, un eslabón perdido, vivía aislado. Era el más pasota y simpático, yo le veía diferente al entorno. Y eso me gustaba. Llevaba el pelo largo y mi padre, horrorizado con su aspecto, no dejaba de recriminárselo en las comidas. Mi padre era un hombre clásico y Jacobo siempre hizo gala de rebeldía pasiva. La melena masculina era uno de los símbolos inconformistas de los setenta y él vivía al ritmo de los tiempos. Había cumplido dieciocho al morir mi padre. Siempre andaba solo, había creado un espacio propio. Montaba en su cuarto grandes ejércitos, organizaba batallas históricas y vivía rodeado de libros. En ellos encontraba las respuestas que yo buscaba caminando tras de mi madre y preguntando enfurecido: «¡Quién soy yo para no poder vivir como el resto de los chicos!». Creo que Jacobo también intentó escapar del sistema, él encontró su refugio. Mantuvimos una relación cordial hasta el año 2011.

Fernando es cuatro años mayor que yo y ha sido mi cómplice, mi amigo y mi compañero de penurias. Le adoro aunque seamos tan opuestos. Es una persona excepcional, inteligente y con una memoria de elefante. No ha salido del palacio y ha sabido soportar como un estoico todo lo que ha pasado ahí dentro, también a mi madre. Es como el duende de Liria y el encargado de representar a la familia en los actos sociales, aunque sus favoritos son las recepciones de embajada. Es un hombre justo y ecuánime, que siempre ha huido del conflicto, pero defiende a la Casa.

Con Eugenia he tenido un intento obsesivo de actuar como padre, hermano mayor, amigo...; quise serlo todo y quizá no conseguí nada. Me he comportado de ese modo con ella con mi mejor voluntad porque hasta que nació mi hija Amina, ella ha sido la niña de mis ojos. No ha perdido puestos en el escalafón, Eugenia sigue siendo mi hermana querida y lo será de por vida. Su papel siempre ha sido fundamental porque ha actuado como bálsamo de unión entre todos. Si tuviese que destacar un momento de nuestra relación fue cuando me pidió con enorme cariño que la llevase al altar. Nunca se lo agradeceré bastante. De ese momento, solo me arrepiento de haberla obligado a que invitase a su boda a mi novia de entonces. Eugenia es entrañable, cierto que cuando se enfada parece un miura.

Sin duda Fernando y Eugenia son los hermanos a los que más quiero.

Así era mi entorno.

Había encontrado refugio en los caballos. Con quince años ya competía en el equipo junior de hípica, me gustaba, era bueno y me servía para escapar de la vida prusiana de Liria. Hasta que un día al finalizar un concurso en Valencia, mis compañeros comenzaron a felicitarme eufóricos.

—Si no he ganado —les respondí.

—No es por ti, Cayetano, es porque se casa tu madre.

Había observado que en el cuarto del abuelo, inalterable durante años, habían comenzado algunos movimientos imprevistos. Pero, en el palacio pasan tantas cosas de las que no te enteras, que no había preguntado. Ni me habían contado, por supuesto. Horas más tarde conocí el motivo.

Llamé al palacio y regresé de inmediato. En la entrada me esperaba Carlos. Me llevó a un despacho y me dio una charla. «Nosotros ya le conocemos y has de entender que mamá está sola». A la hora de comer, antes de pasar al salón Verde, me cogió mi madre aparte, me llevó al cuarto de vestir de mi padre, que había estado vacío, se echó a llorar y me dio otra charla: «Cayetano has de comprender, me he quedado sola, he conocido a una persona. Tienes que entender, él no se va a meter en nada». Y al terminar de comer Jacobo me dijo: «He de hablar contigo». Y me subió a su cuarto y me dio otra charla en el mismo sentido.

Recibí un discurso en cada piso de palacio. Tenían miedo de mi reacción y no sabían bien quién debía poner el cascabel al gato. Por supuesto, había un motivo. Esa noche Jesús Aguirre iba a cenar en palacio porque era su presentación oficial como futuro marido de mi madre. En esa cena nos anunciaron que la boda se celebraría en un mes. Comprobé que había sido el último de la familia en enterarme y conocerle.

Jesús me pareció una persona un poco delirante y un engolado. Este hombre era la antítesis de lo que necesitaba mi familia. Esa primera noche ya mostró su cara más auténtica, olvidando cualquier comentario o actitud prudente. Era un hombre arrogante, desde ese primer momento, hizo gala de su famoso «pico de oro», que impedía la intervención de cualquier otra persona en una conversación. Nunca supo gestionar la fantasía de convertirse en duque de Alba.

Al finalizar la cena, Jacobo me preguntó:

—¿Qué te ha parecido Jesús?

—Ese tío no me gusta —respondí.

Mi opinión, que tanto les sorprendió en un primer momento, pronto fue unánime. Jesús no le iba a gustar a nadie. Achacaron mis recelos a la rebeldía, porque siempre me manifestaba en contra de todo lo que se hiciera o decidiera. En ese caso no me equivoqué. Mis palabras no fueron fruto de una rabieta; al igual que mi madre, creo que tengo gran intuición para captar a la gente.

Mi madre y Jesús se habían conocido en Marbella en casa de los duques de Arión, Beatriz, muy amiga de mamá, y Gonzalo Fernández de Córdoba. Fue un encuentro desafortunado porque ambos se cayeron fatal. Dos años después, de nuevo Beatriz y Gonzalo actuaron de intermediarios para un nuevo encuentro.

Sugirieron que acudiera Jesús Aguirre —entonces director general de Música y Danza— a una cena organizada en Liria con el ministro Fernández Ordóñez. Esa noche sirvió para que ambos borrasen de su memoria la nefasta opinión del primer encuentro. A partir de ahí fue todo rodado hasta la noche mágica en el castillo de Malpica, de nuevo con Gonzalo y Beatriz como anfitriones, bailando por los pasillos.

En tres meses organizaron la boda, que se celebró el 16 de marzo de 1978 en la capilla de Liria. Fue un jesuita amigo del novio y vinculado al cardenal Tarancón, José María Martín Patino, quien ofició la ceremonia religiosa. Mi madre estaba espectacular, con el pelo afro y un collar de perlas de varias vueltas pegado al cuello. Para ella fue una boda radicalmente opuesta a la primera. Tras la ceremonia, sirvieron un bufé en los salones de Liria, al que asistieron alrededor de cien invitados de mundos antagónicos. La nobleza por parte de mamá y la intelectualidad progresista por la de Jesús. Actuaron de padrinos mi hermano mayor Carlos, duque de Huéscar, y como madrina Carmen Aguirre Ortiz de Zárate, madre del novio. Ella fue una de las sorpresas del día. La mujer nunca más volvió al palacio. Jamás acudió a una cena de Navidad y me temo que el día de la boda fue la última vez que Jesús estuvo con su madre, que vivía en una residencia de ancianos de Madrid. Murió sola, su hijo ni siquiera asistió al entierro. Por supuesto, tampoco su nuera. Recuerdo preguntar a menudo por ella porque siempre he sentido ternura hacia las personas mayores. Nadie me respondió jamás.

Jesús Aguirre fue hijo de madre soltera en unos años en los que eso suponía la mayor humillación y vergüenza para una mujer. Y, en consecuencia, también para el hijo. Carmen Aguirre Ortiz de Zárate pertenecía a una familia acomodada de Santander y tuvo un desliz amoroso. El niño nació en Madrid para preservar el buen nombre de la madre. Después, pasó algún tiempo en un pueblo a unos 20 kilómetros de Santander. Hasta que la madre decidió comunicar a su familia que iba a adoptar a ese niño, del que seguía ocultando su auténtica identidad. Como en las novelas románticas, Carmen Aguirre aún esperaba el regreso del militar catalán Ángel Prats, que la había preñado. Aún soñaba con que cumpliera su promesa y la llevara al altar. Pero esas cosas solo pasan en los relatos rosas. No le ocurrió a Carmen Aguirre. El niño estudió gracias a las becas del dueño de la fábrica de Torrelavega donde trabajaba la madre. Era un chico brillante, el primero de la clase, pero también diferente. Y eso se lo hicieron notar sus compañeros. Decidió que su inteligencia ocultaría la vergüenza de su origen.

Con tales antecedentes familiares, víctima de su propia biografía, culto, pedante, mordaz y cínico, Jesús Aguirre entró en el palacio de Liria con un desconocimiento total de lo que es una familia. Además, una familia peculiar como la nuestra. Intelectualmente solo respetaba a Jacobo, con quien entabló una endiablada competencia. Fernando andaba sumido en el silencio de un mundo propio. Yo peleaba contra el mundo exterior. Y la pequeña Eugenia no estaba dispuesta a compartir a mamá con nadie.

Ante mi desconcierto por el personaje, de cuyo pasado no se hablaba en exceso, mi hermano Jacobo me aconsejó la lectura de la novela de Stendhal *Rojo y negro*: «Lo conocerás algo mejor», me dijo. Jacobo solía hallar respuestas en los libros, era habitual ver una lucecita en su cuarto a altas horas de la madrugada. Seguí su consejo. Me topé con la historia de Julien Sorel, un ambicioso seminarista de origen humilde, soberbio, rebelde e ingenuo, que había elegido el camino eclesiástico para alcanzar poder y prestigio social. Sorel seduce a la esposa del alcalde de la población de Verrières, primer paso en el camino de su ambición.

Al margen de las similitudes que pudieran encontrarse entre el protagonista de *Rojo y negro* y el marido de mamá, la realidad es que a este le precedía una sorprendente biografía, poco habitual en las filas de la nobleza, en especial para engrosar el listado de los duques de Alba. Desconozco si la llegada de Aguirre al seminario Pontificio de Comillas fue fruto de la vocación religiosa o intuyó que era su única salida. Allí permaneció unos años hasta que, debido a sus devaneos intelectuales, estuvieron a punto de ponerle la maleta en la puerta. Se adelantó y se marchó antes. Una nueva beca le permitió estudiar Teología en Múnich, donde tuvo como profesor a Joseph Ratzinger, que años después se convertiría en el papa Benedicto XVI, con quien mantuvo amistad y correspondencia durante años, según contó en alguna ocasión. En esa ciudad le ordenaron sacerdote con la pompa y el boato de las ceremonias religiosas. Su madre acudió como testigo de la subida a los cielos de su único hijo.

El nuevo sacerdote volvió a España, pero no regresó a Santander. Logró celebrar misa en la iglesia de la Ciudad Universitaria, iglesia que hizo suya. Pronto, sus homilías se convirtieron casi en un acto social, allí se reunía un público heterogéneo a los que demostraba sus dotes de orador erudito. Casó a la progresía intelectual de Madrid y por su confesionario pasaron muchos de los jóvenes que algunos años después ocuparon la bancada del Consejo de Ministros del primer Gobierno socialista: desde Miguel Boyer o los Bustelo a José María Maravall. Además de capellán de la Universitaria, Aguirre también lo fue del colegio mayor César Carlos, un centro de élite donde trató con estudiantes que serían claves en su vida: Matías Cortés, amigo de los duques de Arión, a través de los que conoció a mi madre, y Pío Cabanillas, que le nombró director general de Música y Danza meses antes de su boda. Una crisis de fe le llevó a colgar los hábitos nueve años antes de conocer a Cayetana Alba. A esas alturas ya le precedía su fama en los círculos intelectuales y progresistas del país. Comenzó a dirigir las publicaciones religiosas de la editorial Taurus primero y años después se convirtió en el director de la editorial.

Creo que a mi madre le impactó la biografía del gran pensador, del sabio capaz de teorizar con autoridad de filosofía, política, música o literatura. Eso y la brillantez dialéctica, que era innegable. El mundo social de mi madre se situaba en las antípodas de un personaje con tantos claroscuros y tan magnífico. «Magnífico» fue precisamente el calificativo que utilizó el escritor Manuel Vicent para titular un libro sobre Jesús en el que conjuga la realidad y la ficción y por el que desfilan los personajes de la época: *Aguirre, el magnífico*. Desconozco si en algún momento ambos hablaron de realizar un proyecto biográfico, lo cierto es que el libro se publicó muchos años después de su muerte e indignó profundamente a mi madre.

A estas alturas, no está en cuestión que fuera un gran y culto intelectual de verbo florido con un pasado capaz de generar atracción, pero a mí nunca me interesó nada que tuviera que ver con él. Excepto sobrevivir.

La primera promesa que había hecho Jesús Aguirre a mi madre fue que no se mezclaría en asuntos de familia ni de gestión de los bienes de la Casa. La incumplió nada más regresar del viaje de novios, que había comenzado en un castillo de Biarritz. Tras la boda, tomó posesión de la oficina y del despacho de mi padre y comenzó a inmiscuirse en los asuntos patrimoniales. No sabía de gestión, él se dedicaba a hablar de política y a paralizar al administrador general, Gerardo Herranz.

Yo tenía quince años, una edad complicada que, en mi caso, se acentuaba tras el historial de abandono que lastraba. Nunca tuvo en cuenta la sensibilidad de quienes habitábamos en el palacio. Por eso revivo con pavor todas las veces que me convocó a su despacho, sobre todo una de las primeras:

—Ya estoy casado con tu madre y desde este momento y hasta la mayoría de edad eres potestad de tu madre y mía. Cuando cumplas dieciocho años harás lo que quieras, pero hasta entonces estás bajo nuestra autoridad. Y en esta casa mando yo porque soy el duque de Alba de hecho y de derecho.

Era un ilustrado, pero carecía de sensibilidad. O la había enterrado bajo siete casullas y cientos de libros en pos de la supervivencia. Aguirre se había casado con una mujer madre de seis hijos, no solo con la duquesa de Alba. Creo que nunca entendió esa parte de la historia. Con su incorporación a la Casa desapareció cualquier posibilidad de que en Liria se construyese algo similar a un hogar: si mi madre tenía poco sentimiento de familia, él tenía bastante menos. Desde su llegada solo se dirigía a mí para hablarme sobre asuntos materiales: echarme en cara que yo era un privilegiado, que vivía en un palacio, tenía un plato de comida en la mesa y no me faltaba de nada.

Claro que cuando atravesé al ala opuesta del palacio para comentar con mi madre las conversaciones con su marido, no encontré en ella una aliada. Me pidió que escuchase a Jesús, que era una persona muy buena y que ella le quería mucho.

Para mí era un energúmeno. No sé si no quiso o no supo hacer de padre, pero cada vez que me convocó fue para amenazarme o hablarme sobre cuestiones monetarias. Jamás tuvo en cuenta que yo era un adolescente, sin guía, huérfano, que había crecido bajo la presión del pasado familiar y más solo que la una. Nunca mostró un ápice de sensibilidad para percatarse de que me hablaba desde el despacho que antes ocupaba mi padre. Poco le importaba el perfil humano de quien tenía enfrente. El marido de mi madre me citaba para hablarme de asuntos crematísticos.

—¿Tú sabes que la herencia se constituye en tres partes?: la legítima, que será dividida entre seis incluido el primogénito; el tercio de mejora que será para tu hermano Carlos y el tercio de libre disposición, que es para mí, que soy el duque de Alba, te guste o no te guste.

Me mordía la lengua, pero me mantenía en silencio, aprendiendo sobre herencias, un tema que desconocía hasta ese momento.

—Mi parte será para tu hermano Carlos, si me muero antes. Y él ya lo sabe porque yo se lo he dicho.

Era recurrente. En todas sus citas incidía en los monólogos zahirientes:

—Todo lo que ha sido tu padre socialmente, lo logró gracias a casarse con tu madre, que lo sepas.

Esto me lo decía en el despacho de mi padre con los pies encima de la mesa. Me hervía la sangre. Pero lograba contenerme y no respondía. Eso sí, al salir apuntaba en una agendita todas las barbaridades que me decía. Según mi madre y otras personas del entorno yo era el joven desobediente e inconsciente y él era el mago del pensamiento.

A los dieciséis quiso mandarme a un internado. Convocaron una especie de consejo de guerra en el salón Verde. Estaban él, mi madre y mi hermano Carlos. Comenzó a inculparme como lo habría hecho un cura ante el tribunal de la Inquisición: «Porque este niño…», una retahíla de acusaciones. Insistía en achacarme maldades como si yo fuera un ser depravado, el cáncer de la familia. Hasta que mi madre, que en un principio se mantuvo en silencio, cortó la situación:

—Ya está bien, ya está bien —le dijo.

Reaccioné con pundonor ante ellos pero luego me fui a llorar a mi cuarto. Sentía mucha pena de mí mismo, no entendía por qué me trataban de ese modo. Volvía a recrearme en episodios dolorosos y en los malos tratos: nadie me había escuchado, Fernando y yo fuimos dos abandonados. Me acusaba porque no conseguía doblegarme, no bajaba la cabeza y me enfrentaba a él.

Me dolió especialmente el silencio de mi hermano Carlos. Una vez más no supo, o no quiso, cumplir con su papel de hermano mayor. No sé si su actitud fue fruto del desconocimiento o mera cobardía, porque no quiero pensar que había hecho un pacto con Jesús. Lo lógico es que me hubiese defendido. Al menos es lo que esperaba de una figura que, ante la ausencia de mi padre, siempre intenté poner en valor. Mi madre tomó la decisión final. Ella nos quería a todos, pero desde luego a su niña y a mí. Y escuchó la opinión de quien mejor me conocía, Florián Cortijo:

—Señora este chico no es tan malo como lo pinta el señor duque; este niño es un buen chico. No entro en más apreciaciones, pero si lo manda interno no va a servir de nada y le va a arruinar por completo la vida.

Florián Cortijo era un hombre ejemplar, la persona con la que convivía. Fue él quien me enseñó a montar y desempeñó el papel de padre que yo buscaba en todo mi entorno.

Después de esa escena pasé dos o tres meses sin ir a cenar ni a comer. La relación familiar se limitó a saludar a mi madre por las mañanas, cuando el servicio hacía cola ante su dormitorio, antes de arrancar la jornada.

Mi madre cedió a Jesús el ala izquierda del palacio, las habitaciones que habían utilizado la reina Victoria Eugenia y la emperatriz Eugenia. Ella permaneció en el ala opuesta. Al principio, Jesús iba al cuarto de mamá por la noche y volvía por la mañana y no sé si desayunaban juntos. Después, cada uno hacía su vida en su zona de palacio. Cierto que mi madre ha contado escenas románticas como que le enviaba versos de una esquina a otra de Liria a través de servicio. Lo que es seguro es que estábamos aterrados porque nos amenazaban con ser padres. «Pienso tener más hijos», nos advertía mamá. Sentimos pavor. A mí no me importaba tener más hermanos, me espantaba el maquiavelismo de quien sería su padre. Creo que ella lo decía pero sin voluntad de hacer realidad la amenaza, era mera provocación.

Aguirre vivió una época dorada. Aumentó la vida social en palacio, se organizaban cenas a las que acudían invitados variopintos, de ámbitos sociales diversos. Invitaba a sus salones a mucha gente durante los primeros años de matrimonio. Él recibía en sus habitaciones privadas, a las que se accedía desde el jardín, a sus amigos escritores: les esperaba en su *chaise longue*, ataviado con un batín rojo de seda, como si fuera lord Byron, y les epataba con su condición de duque intelectual. Mandó bordar en sus zapatillas la A de Alba; su ropa con la A de Alba y la B de Berwick, y, nunca se los vi, pero bien capaz era de haber solicitado que le bordasen esas dos letras incluso en sus calzoncillos. También marcó con esas iniciales toda su biblioteca. Aunque su personaje favorito de entre los títulos de la Casa era el conde de Aranda, Jesús se identificaba con el personaje ilustrado y reformista que había participado activamente en la caída y expulsión de los jesuitas durante el reinado de Carlos III. A tal punto llegaba su admiración por el personaje que alguien situó —probablemente él— una figurita de porcelana blanca del citado conde en la entrada del comedor. El condado de Aranda había llegado a los Alba tras el matrimonio de mis abuelos maternos Jacobo Fitz-James Stuart y María del Rosario de Silva y Gurtubay. Antes de la boda, pactaron que la Casa de Híjar y todos sus títulos —uno de ellos el condado de Aranda— pasarían al segundo hijo de la pareja para evitar su desaparición entre los numerosos títulos de la Casa de Alba.

Me sorprendía su imagen tan inusual en mi ambiente hasta entonces. Cómo vestía, sus pareos, los fulares de colores vivos, los zapatos. Mandó arreglar los trajes de mi abuelo y adaptárselos a él. Impresionaba el contraste entre el rigor de las hechuras de los trajes clásicos del abuelo con los accesorios estridentes que elegía para combinarlos: sombreros, bastones o chalecos. Como si reinterpretase sus sueños nocturnos a la mañana siguiente.

Mi madre y Jesús hacían ruta por todas las residencias: en el mes de julio visitaban San Sebastián; el mes de agosto lo repartían entre Marbella e Ibiza; en septiembre no se perdían las corridas de toros de Salamanca; en primavera, desde marzo a mayo, se instalaban en Sevilla. Convenció a mi madre para que comprase un apartamento en Venecia, donde pasaban algunas semanas. Quizá contemplando el gran canal, Jesús buscaba las huellas de Mahler, Visconti, Thomas Mann o lord Byron, al que leía atravesando los salones de Liria. Los fines de semana viajaban a Salamanca, porque le encantaba el palacio de Monterrey, su decoración medieval y porque allí habita un duende. Parecía hallar empatía entre las armaduras y los seres de otro mundo.

Por la Casa hizo dos o tres gestiones. Una positiva: Jesús dirigió y ganó el proceso de demanda contra la Junta de Extremadura por la expropiación de dos fincas de los Alba en esa comunidad. La otra, todo lo contrario. Vendió el edificio de la calle de San Miguel donde vivía mi Nana e intentó echarla. La protegí y fui a hablar con él:

—A mi Nana no la tocas, ella se quiere quedar ahí —le dije.

Margarita Cayarga se defendió como una leona y tuvieron que vender el edificio con ella dentro. Al final lo vendió muy por debajo de su precio. Intuyo que empezaba a faltar dinero.

Otra batalla que mantuve contra su gestión patrimonial fue por implicarse en un edificio de la calle José Abascal de Madrid, que había comprado mi padre y estaba a nombre de todos los hijos. Él había testado a favor de mi madre, pero nosotros heredamos algo de dinero y ese edificio. La pretensión de Aguirre era que los seis beneficiarios firmásemos una cláusula que le otorgaba la potestad de venderlo, hipotecarlo o cederlo. Acudí al notario a firmar, pero antes este me advirtió que debía hablar con mis hermanos Alfonso y Jacobo. Así lo hice. Me avisaron de que ninguno de los dos había firmado porque temían que al aceptar la cláusula él se hiciera con la propiedad del edificio.

Carlos ya había dado su consentimiento. Fernando también y Eugenia era muy pequeña y firmaron por ella. Yo seguí el consejo de mis hermanos y no firmé. Vivía en el palacio pero le presentaba resistencia. Pagué caro mi posicionamiento con el bando de los que estaban fuera del palacio.

Yo ya era jinete y para convencerme me ofreció comprarme un caballo. Necesitaba el animal como el comer. «No tengo precio», le respondí. Empezó a cabrearse, me llamaba el administrador de su parte. Previamente había redactado un documento indicando que el edificio era propiedad de la Casa, su objetivo era someternos y decidir por nosotros.

Al verse derrotado me anunció que debía abandonar el palacio. Fui a mi madre y le comenté que me marchaba.

—Me ha echado, Jesús.

—¿Cómo que te ha echado?

—Sí, por no firmar unos papeles. Me marcho. Voy a hacer las maletas.

De nuevo mi madre paraba una salida de tono suya. Y su marido entendió que su operación inmobiliaria había fracasado.

Este episodio ocurrió en la época de mayor delirio ducal, cuando se paseaba por las televisiones haciendo entrevistas con una arrogancia y petulancia que dejaban alucinados incluso a los entrevistadores. Me enviaron a mí para decirle que se tenía que calmar un poco. Empezaba a desvariar. Protagonizaba las cenas de manera pesada e invasiva, nadie podía hablar, excepto él. Descalificaba e ironizaba sobre todo el mundo y convirtió las cenas en Liria en un espectáculo lamentable. A la gente siempre le ha encantado visitar el palacio, pero dejaron de asistir, hay que tener mérito para lograr algo así. Afortunadamente, mamá tenía tablas suficientes para contrarrestar el asunto.

En Las Dueñas también protagonizó ciertos episodios que sorprendían al servicio. Un día me llamaron de Sevilla.

—Cayetano, no sabes lo que ha pasado. ¡Qué situación tan violenta! Nos hemos quedado perplejos contemplando la escena. El señor duque, paseando por el pasillo que lleva a los cuartos íntimos de su madre, borracho perdido y cantando: «Lo más difícil del mundo es ser duque de Alba y yo ya lo soy, yo ya lo soy…».

Me contaban muchas otras cosas. Pero los hermanos nunca nos unimos. Nunca lo hicimos en ninguna faceta de la vida. Coincidíamos en la apreciación sobre Jesús, aunque sin fuerza para actuar. Fallaba Carlos, que mantenía una posición ambigua. Con Jacobo seguía rivalizando intelectualmente de manera enfermiza. A Alfonso le permitió regresar al palacio, pretendía arreglar los desencuentros que había tenido con mamá tras su boda con María, pero no pudo resistir la tentación de humillarle, como hizo con todos nosotros. Le abría de nuevo las puertas de Liria y le daba la noticia con absoluto desprecio en las formas: con los pies sobre la mesa y mirando a través de un tubo al vacío. Fernando le soportaba en comidas y cenas con su paciencia infinita. Conmigo mantenía una batalla campal y Eugenia le odiaba. Él decía barbaridades a una niña de once años. Creo que sentía celos porque contra Eugenia nunca pudo hacer nada: estaba bajo el manto protector de mi madre. Un día, en un ataque de ira, le tiró un vaso de cerveza a la cara. «¡Niña insolente!», le gritó, «¡tú haces lo que se te manda!». No recuerdo el motivo que provocó su ataque de ira, la acusaba de ser una malcriada. Dudo que mi madre estuviese presente. Este hombre tuvo gestos despreciables hacia todos. Fue incapaz de controlar su soberbia.

El servicio no quedó al margen de su influjo negativo. Les trataba como nadie de esta casa lo había hecho jamás. Con despotismo, lejanía, prepotencia, como era él. Estaban afectados, no solo por el trato despótico que recibían, también porque no veían feliz a mi madre y ellos siempre la quisieron. Mi madre no dejaba de decir en cualquier lugar que era muy feliz en su matrimonio. Pero ninguno de los que convivíamos con ellos éramos capaces de percibir tal sentimiento.

Jesús Aguirre hizo exactamente lo contrario de lo que debía. Había entrado a formar parte de un grupo humano ya algo descabezado por la muerte de mi padre, porque tras su fallecimiento se generó un pequeño caos: mi madre se perdió un poquito, le angustió la soledad y la preocupación por la gestión de la Casa. Siempre tuvo pavor a la soledad. En un palacio los silentes te observan: los que ya se fueron y quedan congelados y vigilantes en las pinturas que cuelgan desde los muros entelados. Los ojos del servicio siempre avizor. Es como un decorado teatral, que cae sobre tus hombros como una losa inevitable.

Así, hasta que cumplí dieciocho años. Entonces, me llamó a su despacho y no acudí. Mi madre me pidió explicaciones y le conté lo que había ocurrido en los últimos años.

—Esto no es verdad —me dijo.

—Eso es verdad, mamá. Está escrito aquí —saqué mi agenda del bolsillo—. Mira mamá, observa la fecha, lee esta frase, y esta otra, y esta también.

Ahora retengo solo las más impactantes porque rompí esa agenda el día que Jesús murió. No tenía sentido regodearme en aquellos momentos, quise acabar con esas pesadillas, intentar olvidar las barbaridades que me había dicho cada vez que me llamaba al despacho.

—Esto no puede ser verdad —insistió mi madre.

—He cumplido dieciocho años. Soy responsable de mí mismo. No voy a consentir que me insulte más o que me desprecie más. No voy a verle.

Mi madre era muy inteligente y se quedó con la duda. Le debió llamar y hablar con él. Después lo hizo conmigo de nuevo:

—Ve a ver a Jesús, ahora va a ser diferente. Solo quiere hablar contigo de otra manera.

Obedecí. Entré en el despacho. Se dirigió a mí con cierta ironía:

—Vamos a ver si arreglamos nuestra relación...

Le miré fijamente y exploté:

—Ya soy mayor de edad. Ahora tengo dieciocho años, ¿me estás escuchando? Llevo tres esperando este momento para que tú no me juzgues más. Ya dependo de mí, soy responsable de mis actos y quiero advertirte de algo: como me vuelvas a hablar de mi padre o a repetir alguna de las cosas que me has dicho los años pasados en este despacho, te rompo la cabeza. ¿Me has oído, te estás enterando?

Se agarró a la silla, incluso tembló. Creo que no había pasado tanto miedo en su vida. A partir de ahí fue otro Jesús totalmente diferente. Comenzamos una nueva relación.

Yo iniciaba mi andadura con total libertad. Aún no sabía que era prisionero de los sufrimientos del pasado.

6

EL NIÑO BONITO DE MADRID

A pesar de las interferencias de Jesús Aguirre, o quizá como consecuencia de ellas, la realidad es que con dieciséis años no daba cuentas a nadie y en mi familia ignoraban mis andanzas vitales. No es exacto, las conocía el sereno, que alguno quedaba por entonces haciendo la ronda por los alrededores de Liria. Dormía a menudo fuera del palacio y nadie lo sabía. O quizá lo sospechaban y de ahí partió la idea del marido de mi madre de recluirme en un internado.

A esa edad salía con una señora mayor que yo, que había conocido en el Club de Campo. Ella guardaba allí sus caballos e iba a montar. Su marido comerciaba con diamantes, viajaba mucho y se quedaba sola en Madrid la mitad del mes. Esta mujer me recogía en su coche, me daba 20.000 pesetas para que pagase yo en los estupendos restaurantes a los que acudíamos. Después, las copas en Mau Mau, un local muy exclusivo que abría sus puertas a partir de medianoche. Dormíamos juntos y el lunes me llevaba al colegio en su coche. Me quedaba con el dinero sobrante. Me gustaba mucho, creo que cumplía varios papeles en mi vida: amante, amiga, madre… El idilio nos duró año y medio. Ella mantenía otra relación paralela con un hombre del Club de Campo. No sentía celos ni me importaba en absoluto. Andaba obsesionado con la conquista. El año anterior, ya seduje a la señora de la familia de acogida de Inglaterra donde pasábamos un mes de verano para reforzar el idioma. Cuando se iba el marido a trabajar, subía yo. Reconozco que me puse pesado. Ella aceptó. Yo, feliz.

Sin embargo, la lectura de los terapeutas de Estados Unidos que me atendieron muchos años después coincidió en el daño que me habían hecho psicológicamente ambas relaciones. Incluso las catalogaron de abuso sexual. Era un menor, se aprovecharon de un desamparado emocional que buscaba cariño, refugio y una madre. Comenzar de esa forma mi relación con las mujeres supuso un nefasto punto de partida que habría de confundirme a lo largo de la vida.

Ya entonces estaba rebelado contra el mundo y no sabía por qué. Había convencido a mi madre de que me cambiase de colegio. Me matriculé en el centro Santa María de las Nieves, donde estudiaban los chicos más inquietos de familias notables de Madrid como los Coca o los Arión. Además de suponer que encontraría compañeros más divertidos, escogí ese colegio porque no era necesario vestir uniforme: los que había usado en años anteriores los rocié con gasolina y los prendí fuego en un picadero pequeño de Liria. Nunca imaginé que me iba a cruzar con el padre Juan, un hombre importante en el desconcierto que vivía entonces, me infundió responsabilidad y consiguió convertirse en una de las pocas personas que despertaban mi admiración por entonces.

A pesar de los consejos y el apoyo del padre Juan y del perfil de los colegiales, yo me movía en las antípodas del resto de los chicos, que aún pasaban los viernes y sábados revoloteando con las chicas. Me parecían críos. Cuando les acompañaba en los inocentes guateques, enredaba con mis compañeras, pero convertía en mis novias a sus hermanas mayores. Había optado por adelantarme a mi edad y saltarme la vida cauta de adolescente.

Con dieciocho años, mayor de edad y acabado el colegio, ya estaba volcado en la hípica. Había saltado tres campeonatos de Europa junior. La equitación había sido parte de la formación educativa de todos los hermanos hasta los dieciocho, a esa edad abandonaban el deporte. Yo di un paso más allá y pude seguir utilizando la cuadra de la casa. En ese momento, me planteé que debía asumir otra responsabilidad pendiente: cumplir el servicio militar. Y me fui al ejército como voluntario. Aunque suene a «batallita de abuelo Cebolleta», contaré alguna anécdota de mi paso por los cuarteles. Sobre todo por lo que supuso de conocimiento y acercamiento a la sociedad real.

No pedí contactos familiares para pasar una mili cómoda. Me «enchufé» yo solo y solicité destino en caballería. Hice el periodo de instrucción en el campamento Santa Ana, en la provincia de Cáceres. Después, fui destinado a la Escuela Militar de Equitación y Remonta del barrio de Campamento, cerca de Cuatro Vientos.

De esos veinte meses que pasé vestido de militar jamás olvidaré el impacto inicial. Para ser exacto, el viaje en los camiones cuando nos trasladaban al campamento como si fuésemos vacas camino del matadero. Inimaginable la fauna con la que me topé. Allí había gente que yo ignoraba que pudiera existir, personajes extraordinarios para mi pequeño mundo palaciego y solitario.

Mi obsesión era que nadie me descubriese como el hijo de la duquesa de Alba, quería pasar desapercibido. En ese camión íbamos gente de cualquier pueblo de la península, de familias radicalmente opuestas a la mía: les miraba una y otra vez porque no podía salir de mi asombro. Claro que, tras pasar por la maquinilla del peluquero, volví a mirarles: ya éramos todos bastante similares. «Ahora sí que paso desapercibido», pensé. Y continué fascinado.

Mi palacio se convirtió en una taquilla. Mi cuarto fue la litera superior. Había crecido rodeado de personas de servicio, de ellos había aprendido a organizar las cosas a la perfección, y así mantenía mi pequeño ajuar: siempre listo para actuar con rapidez si nos reclamaban. Enseguida me adapté. Era el 204, uno más, un cachondo. Pero muy cumplidor, quería evitar que me arrestasen y a los últimos en llegar les caía un castigo. Me hice amigo del cabo furriel, me divertía su acento, su forma de hablar tan distinta a la de los chicos con los que había tratado hasta entonces. «Colega, ¿de dónde eres?», me preguntaba con acento cheli. Una tarde, en un rato de ocio, mientras jugábamos al pimpón apareció en la televisión Sara Montiel, ¡impresionante la reacción! Como si viéramos una película porno, todos saltaban enloquecidos... Comprobé que allí se despertaban los más bajos instintos del ser humano.

Tras dos o tres semanas, una mañana que nos encontrábamos en formación, llegó el capitán y comenzó a hablar con el alférez y el alférez con el sargento. Y el sargento gritó:

—¿Dónde está el 204?

—A la orden mi sargento —respondí desde mi ubicación.

—Sal para acá. —Me situé frente a él—. ¿Tú quién cojones eres?

—Yo soy el 204, mi sargento.

—¡El 204...! Te llama el comandante —me dijo con mirada aviesa mientras meneaba la cabeza con gesto reprobatorio—. Anda, vete con el capitán y ya me contarás luego quién eres.

Acudí al despacho del comandante y no se anduvo por las ramas.

—¿Tú eres el que monta de la familia?

Me pidió —ordenó más bien, tratándose del ejército— que dejase las prácticas de gimnasia para montar sus caballos. Un privilegio que me permitió ducharme solo. No era mala prebenda. La primera ducha en el cuartel la comencé a mi ritmo, enjabonándome de arriba abajo, como si siguiera en Liria... hasta que me cortaron el agua. «¡Venga cerdo, fuera, muy limpio eres tú, eh!». Rematé mi ducha en el lavabo.

El comandante parecía encantado con la solución, mis compañeros no tanto. Algunos soldados con los que había tenido muy buen trato hasta ese momento, cambiaron de actitud. Mientras me afeitaba una mañana, después de dos o tres días sin asistir a los entrenamientos gimnásticos, se acercó uno de ellos:

—¿Tú quién eres macho, eres de sangre azul? Nos han dicho que eres príncipe o algo así... Que sepas que eso es una mierda grande, bien grande y con asas. —Frase que escenificó con sus gestos.

Algo acogotado, porque era un tipo de personaje que yo entonces desconocía, solo le respondí en un principio:

—No sé de qué me estás hablando.

Era militante de la Joven Guardia Roja y terminamos siendo amigos.

—Yo he nacido en un palacio, ¿qué quieres que te diga? ¿Dónde has nacido tú, macho? ¿Acaso me has visto algo raro?

—Pues la verdad es que no. Eres buen tío —me decía.

Hubo reacciones diversas, aunque siempre en el mismo sentido. Otro compañero se acercó a inquirir mientras me afeitaba:

—¿Tú eres de sangre azul?, encantado de conocerte, pero ¿qué haces aquí?

Y me miraba tan fijamente, que a punto estuve de darme un tajo con la cuchilla que le demostrase que mi sangre era tan roja como la suya. Me miraba con tal intensidad que parecía contemplar a un ser vivo recién aterrizado de otro planeta. No le faltaba algo de razón, provenía del planeta Liria.

—¿Y tú, qué haces tú aquí? —le contesté.

Me adapté. Me lanzaron un montón de preguntas extrañas. Alguno me miraba mal. Pero acabé siendo amigo de todo el mundo.

En la última clase teórica del campamento, el sargento volvió a preguntar por el 204.

—¿Dónde está el 204?

—Aquí estoy, mi sargento —respondí desde mi puesto.

—204, nos han dicho que eres muy buen imitador. Vamos, que a mí me imitas muy bien y a los alféreces, aquí presentes, también. Y ninguno de nosotros nos queremos perder la actuación.

No tuve opción. Salí de mi puesto y, ante la hilaridad general, me tocó representar las formas, los tonos, el lenguaje e imitar las palabras y frases hechas de quienes nos mandaban a diario. Allí presentes.

A pesar de estos avatares, y de que alguno dudase del color de la sangre que corría por mis venas, la realidad es que mantuve muy buena relación con mis compañeros. Incluso algunos me invitaron a sus bodas.

Antes de acabar la mili, me matriculé en la universidad. Creía tener una deuda con mi padre, que necesitaba saldar: le debía convertirme en universitario, estudiar Agrónomos y ocuparme del campo de la Casa. Fui muy poco tiempo. Jesús Aguirre me echó por encima el jarro de agua fría que permanece congelado en mi memoria y acabó con cualquier expectativa en ese sentido: «No vayas a creer que vas a trabajar en el campo de esta Casa». Fin.

En ese momento aparqué el compromiso moral, que yo mismo había adquirido con mi padre. Abandoné la carrera apenas tres meses después de matricularme, finalicé el servicio militar y nadie se sentó conmigo a plantear el futuro. Entendí que solo tenía una salida profesional y sobre todo vital: el deporte, los caballos. Ellos han sido para mí mucho más que una profesión. Porque los caballos me salvaron.

Con la pequeña herencia de mi padre compré algunos ejemplares. A pesar de la dificultad para obtener un puesto en el equipo nacional sin influencia de la familia, yo lo había logrado por derecho propio, y sorteando el hándicap de ser «el hijo de». Aunque nunca nadie de mi familia acudiese a un concurso a darme ánimos y verme saltar y ni siquiera supieran en qué andaba ni a qué me dedicaba. En las competiciones miraba con cierto recelo, o tristeza quizás, a los otros jinetes, siempre rodeados de novias, padres, hermanas. Ya entonces hablaba poco, estaba solo y la soledad sería mi compañera fiel durante muchos años.

Sin saber muy bien como ocurrió, lo cierto es que un buen día, a principios de los ochenta (o despidiéndose la década anterior), se produjo en Madrid una explosión vital, cultural y transgresora. Madrid fue una fiesta. Como impulsada por un deseo colectivo de enterrar represiones y amarguras, la sociedad vivió una renovación total animada por el cambio político. En Madrid se gestó un momento mágico marcado por la libertad de acción en el que la capital recogía un poquito de todo: movida musical, cultural y el renacimiento de la *jet set*. Aunque no caminé tras los pasos de Pedro Almodóvar y su primera incursión cinematográfica con *Pepi, Luci, Bom y otras chicas del montón*, ni era asiduo visitante de los cócteles organizados en galerías de arte; tampoco de Rock-Ola, la Vía Láctea o el Cock de la calle Reina, que visitaba mi hermano Jacobo.

Yo me apunté a la otra parte de la fiesta, la de la *jet* quizás y a otros locales. A Mau Mau, reducto para la clase alta; a las increíbles fiestas de Joy Eslava, un teatro que a veces parecía un pasaje de las *Mil y una noches* por el público y la escenografía. A Pachá y su noche interminable, con un decorado que pretendía imitar al famoso Studio 54 de Nueva York, el local pijo de la Movida, la discoteca de la que el entonces príncipe Felipe dicen que dijo aquello de «Aquí te encuentras las chicas más guapas de Madrid», y donde también aseguraban que podías encontrar a Felipe González cantando un bolero; lugar de encuentro de cineastas, cantantes, aristócratas y políticos nacionales e internacionales. También era asiduo de El Café de París, los *afterhours* de la zona de Cuzco y la calle Orense. Madrid era el sitio más divertido del mundo. Madrid era una barbaridad: salía seis días a la semana, con una idea compartida: «Esta también será una noche sin final». El domingo quedaba con los crápulas de la noche para hacer balance de la semana. Descansaba los lunes.

Madrid era una ciudad fascinante para un tipo solo como yo. Encontraba mujeres guapísimas, modelos que iban y venían. Una vorágine que no me perdí: entré a los dieciocho y salí con veintitrés. Me metí a saco, sin saber que existía una cara B de la fiesta continua y la noche. La Movida escondía un lado oscuro que trazó a menudo caminos zigzagueantes. Fue un tiempo hedonista y creativo, pero también devastado por las drogas. Su consumo descontrolado iba a causar demasiadas muertes que no tocaban, y el deterioro físico y psicológico que nos llevó por un camino peligroso. También recorrí ese camino. La noche con todas sus aristas, la vibrante y la sórdida.

Me acerqué al mundo de las drogas. Me perturbó por completo la coca, que corría por los locales de Madrid con gran facilidad. Padecía un problema emocional, era carne de cañón para convertirme en prisionero de algunas sustancias, solo era un chico triste y desencantado, sin consejos, sin guía y con una importante contradicción interna. Conocí a una modelo española que me acercó un poquito más al lado oscuro. Giraba en torno a una rueda infernal y obsesiva.

Un día cualquiera no sabes qué hora es.
Te acuestas a mi lado sin saber por qué.
Las calles mojadas te han visto crecer.
Y tú en tu corazón estás llorando otra vez...

«La chica de ayer» de Nacha Pop fue el himno oficioso de la Movida. La mayoría de las veces dormía fuera. A mí nadie me decía nada. Desde los dieciséis nadie controlaba mi vida. En un palacio es difícil.

Mi fiel compañero de esos cinco años de locura fue Pocholo Martínez Bordiú. Pasó a ser mi gran amigo, formábamos buena pareja. Éramos inseparables. Había más amigos pero los calaveras noctámbulos eran los más divertidos. Acabábamos en un *afterhour*, nos movíamos con tres grupos de chicas, no sabíamos ni dónde despertábamos, era una auténtica locura.

Tenía una botella reservada en todas las discotecas. Era el «niño bonito» de Madrid, tenía mucho éxito y todo lo que quería en cualquier sentido. El sexo se convirtió en mi válvula de escape. Vivía en una obsesión: seducir a mujeres de todas las nacionalidades. Ninguna se resistía. Esa locura acrecentó mi confusión, ni cumplían el papel de madres ni de novias ni ningún otro. Era un intento vano de suplir vacíos que no podían rellenarse de ese modo. Imposible mantener una relación equilibrada, entonces desconocía el motivo.

No siempre vivíamos las fiestas en las discotecas y locales de moda, otras veces las organizaba en el palacio. Los invitados llegaban tarde y los sacaba de allí cuando la casa comenzaba a recobrar el movimiento diario. El sereno fue testigo de esas visitas, no sé si contaba algo porque nunca me apercibieron. No solo monté las fiestas en Liria, también lo hice en los demás palacios de la familia. Los guardeses, desesperados, me pedían calma, porque les harían responsables del caos y podían perder su trabajo. Mi madre había dado un ultimátum en todas las casas. Pero en aquellos años estaba ciego y sordo a cualquier reflexión ordenada. En una ocasión, en Marbella, llegué a convocar en la casa de al lado, que era mejor que la mía. Vivía en el exceso, fuera de la norma y de mi propio control.

Antes de comenzar esta ruta infernal tuve algunas novias de la sociedad madrileña muy guapas y encantadoras. Aunque pueda parecer lo contrario, no alardeaba de mis conquistas. Buscaba cariño, apoyo, comprensión. He llegado a pensar que ese era el motivo por el que las mujeres me querían y cuidaban tanto. Pero resultaba imposible retenerme, era una especie de bestia. Era fuerte y luchador pero tremendamente vulnerable. Me acompañaba el éxito, que no sabía gestionar.

Hasta que un día me asusté de mí mismo. No había nacido para ese mundo, no había nacido para estar tirado. Soy trabajador, emprendedor, sensible, fuerte. No me puedo quedar en la cama a partir de las nueve de la mañana. Soy muy gráfico en mis reflexiones, me empecé a obsesionar con una imagen recurrente: conducía por la cuesta nevada de una montaña, según avanzaba, la nieve iba convirtiéndose en hielo, en ese momento aceleraba el coche, pisaba cada vez con más insistencia el acelerador y el coche avanzaba menos, hasta que se paraba; intentaba acelerar de nuevo, pero el coche empezaba a caer vertiginosamente hacia atrás. Fue una sensación muy desagradable. «Hasta aquí he llegado», me dije. Busqué soluciones, pedí ayuda a Jacobo que me facilitó un contacto en Inglaterra. Cogí mi maleta y me fui a un centro especializado para que me ayudasen a ordenarme. Mi madre desconocía la situación, la avisé antes de partir.

—Mamá, estoy muy mal. Me voy a Inglaterra.

Reaccionó bien. Pero ella no era consciente de la realidad de la vida. Eugenia no se sorprendió. Vivía en las habitaciones cercanas a las mías y se daba cuenta de mis aventuras nocturnas, de lo que ocurría, de tantos desmanes. Creo que mi hermana sufrió mucho. No me lo ha dicho ella porque le cuesta abrirse conmigo, me lo contaron sus amigas. Lo sentí enormemente.

Estuve poco tiempo en Inglaterra. La prensa empezó a perseguirme. Regresé rápido. «Ya estás bien, ¿verdad?», me preguntó mi madre. Pensaba que el tratamiento de rehabilitación era como acudir al dentista, te quitan el mal y listo. Estaba convencida de que me había curado por completo. Pero lo pasé fatal. La estancia en Inglaterra había sido solo el comienzo de un proceso más largo en el que tuve que cortar con mis amigos de Madrid, recluirme, no beber alcohol.

Salí solo, leí libros. Intenté cambiar los modos de vida y hacer una relectura de mis comportamientos y de mí mismo. Nunca me he sentido el «niño bonito». Y el hecho de no creérmelo me ha servido para librarme de ser el más tonto de los tontos. Porque cuando profundizas en el mundo de la noche como yo hice, averiguas que todo lo que te rodea es falso. Vivía rodeado de aduladores, de modelos hermosas, actrices, mises... Entre Pocholo y yo manejábamos el cotarro. Él pegaba saltos. Yo no había nacido para brincar por los platós o las pistas de las discotecas. Fueron cinco años de vorágine, hasta que me planté y me hice una pregunta reiterativa: «¿Qué hago yo aquí?». No podía seguir viviendo así, no podía despertar cada día en un sitio de Madrid sin siquiera saber dónde me encontraba. Mi compañero de faena dormía hasta las dos de la tarde, pero yo me tenía que levantar pronto porque el sentido de la responsabilidad era más fuerte que el cansancio: debía montar mis caballos. No podía entrenar con tal desenfreno ni desarrollar una carrera deportiva profesional.

Seguía sin entender por qué continuaba cayendo en agujeros, por qué tenía ese desequilibrio emocional, por qué no era feliz. Por qué la mente emocional obstruía mi razón. Había sido un niño y un adolescente a la deriva, había crecido bajo una enorme presión y generaba una percepción de mí mismo totalmente opuesta a la realidad. Yo era un rebelde, pero no un cafre, era muy sensible, buscaba cariño y aceptación del entorno familiar con verdadera ansia. No es que tuviera falta de comunicación, es que nadie me preguntaba nada de nada desde que murió mi padre. Como si a nadie le importase mi estar en el mundo.

Para ser justo, he de reconocer la suerte de contar con el apoyo de Florián Cortijo, la persona que me enseñó a montar y que fue casi un padre, un hombre ejemplar y excepcional. Florián me acompañó en la etapa adolescente, hasta los dieciocho. Cuando se fue de Liria encontré refugio en el periodista y académico Luis María Anson, amigo de mi madre y de la familia que había pertenecido al primer patronato de la Fundación Casa de Alba. Fue y sigue siendo mi gran referente, y otro padre adoptivo.

No me gustan las frases lapidarias. Jamás digo «no me arrepiento de nada». Por supuesto que me arrepiento de cosas: si yo hubiera sido una persona estable y no hubiera tenido que desgastarme para salir de tantos agujeros emocionales, habría desarrollado una carrera deportiva brillante. Claro que me arrepiento, pero no fue solo culpa mía. Nací en un sitio de oro, parecía que disfrutaba de una infancia privilegiada, que tenía todo lo que la gente ansía para ser feliz: guapo, inteligente, rico... No tenía nada. Solo una tristeza infinita.

Únicamente destacaré una cosa positiva de los años vividos con tanta intensidad. Después de la fiesta, me iba a montar cinco caballos. Nunca abandoné mi responsabilidad diaria, aunque acudiera sin dormir. Esa fue mi única y gran virtud.

Durante cinco años fui parte de esa Movida. El entonces alcalde de Madrid, Enrique Tierno, sentenció el espacio, la vitalidad de Madrid, con un «Bendito sea el caos, porque es síntoma de libertad». Mi caos fue solo síntoma del desarraigo y la desesperanza. A mí me salvaron el deporte y mi fuerza de voluntad para seguir levantándome cada día. También la peste equina, que me obligó a salir de España.

7

ENTRE CABALLOS

Llegué a Holanda y me senté a mirar por la ventana. Replicaba inconscientemente la escena de *La ventana indiscreta*, y como el protagonista que interpreta James Stewart en la película de Hitchcock, miraba por mi ventana y me quedaba fascinado descubriendo los quehaceres cotidianos de mis vecinos. Porque yo no sabía lo que era tener vecinos. Fue un cambio radical: era la primera vez que vivía solo, que un ejército de servicio no hacía mis cosas cotidianas. Nunca había hecho la gestión de alquilarme una casa, ir a una agencia…, era fácil, pero era mi primera vez. Y llamaba a Nana para que me explicase cómo hacer un filete.

Había llegado hasta allí por dos motivos: el primero, la epidemia de peste equina que se propagó en España a finales de la década de los ochenta. El otro era mi firme decisión de dedicarme a la hípica de manera profesional y desarrollar una carrera deportiva.

Cuando se declaró la epidemia, saqué mis caballos a Biarritz. Las autoridades sanitarias detectaron varios focos en el territorio nacional y era urgente aislar a los animales. Mientras, vivía en San Sebastián. Y así estuve seis meses. Al formar parte del equipo nacional de hípica tuve que trasladarme a Bélgica para la preselección de la olimpiada que se iba a celebrar en Seúl. En Bélgica vivíamos en un colegio mayor y yo aún tenía en la cabeza la vorágine de la noche de Madrid: me había quitado ciertos hábitos, pero no tenía claros algunos conceptos. La diversión era uno de ellos. Mi vida privada seguía siendo confusa, venían a verme mujeres o yo hacía muchos kilómetros para encontrarme con alguna. Vivía de forma espartana para el deporte y seguía disparando fuegos artificiales en lo personal.

Los jinetes eliminados se volvieron España. Yo tampoco conseguí plaza para Seúl, pero agrupé mis bártulos para instalarme en Holanda. Había optado por invertir en mi futuro profesional. Compré a Elegast, que era un buen caballo, con él alcancé, entre otros, el segundo puesto en la Copa de Naciones de Aachen (Aquisgrán) en 1991. Me fui a vivir a Maastricht para entrenar con Henk Nooren. Soy un convencido de que para ganar a los mejores has de ir con ellos, actuar, pensar y trabajar igual que ellos. Me habían asegurado que Nooren era uno de los entrenadores más importantes del mundo. Entrenaba a Holanda, después lo hizo con España (para Barcelona92) y luego con Italia, Suecia y Francia. Los equipos que entrenaba Nooren obtenían medallas en diferentes campeonatos.

Como no tenía dinero para pagar su tarifa, me busqué la vida para que me saliera más económico: le conseguí dos alumnos españoles más, le conducía los camiones y montaba sus caballos. Así reduje la cuota. Aunque no siempre pude pagarle a tiempo. Pero la inversión valió la pena: al año y medio gané una de las pruebas del campeonato del Mundo. Cierto que era tremendamente disciplinado, el entrenador me daba un consejo y no dormía rumiando sus palabras, y al día siguiente me tenía que ordenar que bajara del caballo porque me lo cargaba de repetir tanto.

Quinientos años después de que el gran duque de Alba, Fernando Álvarez de Toledo y Pimentel, guerreara por media Europa y sometiera a los Países Bajos en nombre de los reyes Carlos I y Felipe II, andaba yo recorriendo Europa conduciendo un camión con caballos de otros para pagar el transporte de los propios, sorprendido de escuchar a los holandeses echar pestes del antepasado glorioso. Seguramente uno de los mejores generales españoles, de triste recuerdo en las tierras donde yo entrenaba. Al menos, el gran duque no se engañaba: «Los reyes usan a los hombres como si fuesen naranjas, primero exprimen el jugo y luego tiran la cáscara».

Mantenía buena relación con mis compañeros, pero vivía aislado. Entrenaba de lunes a jueves y el fin de semana competía. Tardé un par de años en hacer amigos, estaba muy cerrado y solitario. La hípica es un mundo muy individualista. Humanamente no tengo buena sensación sobre ese tiempo. Pero sí en cuanto a mi crecimiento deportivo. Uní dos valores profesionales: el rigor de la formación que recibía en Holanda con la creatividad y capacidad de improvisación latina. Una combinación ganadora, como quedó claro en Estocolmo un año más tarde. Lo había advertido la psicóloga del equipo, que tras los test destacó la inteligencia y mi objetivo: el estadio olímpico. Era un deportista en busca de grandes logros.

Cuando llevaba tres años en Holanda, vino mi madre a visitarme. Y durante esos pocos días fue la madre soñada. Dormíamos juntos en el apartamento, nos despertábamos juntos y poníamos la mesa juntos. Desconozco si para ella supuso la misma emoción que para mí la experiencia de interrelación madre/hijo, más bien creo que alucinó con un modo de vida que desconocía por completo. Fueron escasos días para que ella fuera consciente del significado de compartir los asuntos diarios con un hijo. Creo que le movió la curiosidad, esa convivencia le sirvió para comprobar que no perdía el tiempo, que no me dedicaba al mundo de los caballos como diversión. Le fascinó averiguar cómo vivía. En realidad, una estampa muy bucólica, pero al final la esperaba el chófer abajo. No obstante, por unos días convivió con un hijo en su casa, sin timbres, campanitas, sin criados. Íbamos a comer por ahí, le gustaba entrar en los bares, donde tomábamos cañas de barril, como a ella le gustaba, pero la dejé sola quince minutos comprando unas postales y la encontré llorando a mi vuelta, porque había estado sola y no sabía qué hacer si yo no volvía. Hablamos mucho en esos días. Fue muy bonito, pero breve.

Junto a los jinetes internacionales encontré una familia. Al principio no te miran, pero cuando ya ganas en un circuito importante, empiezan a considerarte y te abren la puerta. Para mí ha sido un hándicap haber salido de un palacio. Una cosa es practicar equitación a nivel *amateur* y otra llegar y mantenerse en la élite. Ante ellos era un perfecto desconocido labrándose el futuro, peleando igual que el resto. Nadie sabía quién era hasta que gané la prueba del campeonato del mundo en Estocolmo; en la rueda de prensa me preguntaron por mi familia y no supe bien qué responder.

—Mi padre murió hace muchos años, mi madre está bien.

—¿Quién es, quiénes son? ¿Qué tradición hípica existe en su familia? —preguntaban.

Me sentí desconcertado. Era la primera vez que me preguntaban por mí mismo. En aquella sala de la rueda de prensa sentí por fin que era Cayetano Martínez de Irujo, no el hijo de la duquesa. Pero esa fue mi respuesta:

—Mi madre es la duquesa de Alba.

Estábamos en Suecia y los periodistas europeos no sabían sobre la Casa de Alba.

—¿Y eso qué es?

Gran dosis de realidad. Pero los periodistas ingleses sabían muy bien quiénes eran los Fitz-James Stuart, Jacobo II Estuardo y mi madre, la duquesa de Alba.

—Pregunten a sus colegas ingleses —aconsejé.

Al día siguiente lo destacaron en los titulares junto a la noticia. «Irujo fue una de las grandes revelaciones en la Copa de Saltos de Estocolmo en 1990». Y mi entrenador, que me había visto trabajar duro durante el año, cambió su actitud: «Los palacios, te piensas que aquí estás...». Reproches sobre mi origen. Tuve que recordarle cómo conducía camiones por toda Europa para mover mis caballos y los de otros y así ahorrarme el traslado de los míos; que mantenía cuadras ajenas y que jamás dejé de trabajar un día para que ahora viniera a hablarme de palacios. Es solo una anécdota, la actitud de los jinetes importantes no cambió, al contrario, mi origen fue un valor añadido: nacido en un palacio y ha llegado donde estamos nosotros.

En esa ocasión, al volver a mi cuarto, me miré al espejo y le dije a la imagen que me devolvía: «Lo has conseguido, pensabas que ibas a ser un vago y un mantenido y has demostrado el esfuerzo, el trabajo y la valía». Al verme en el telediario, mi madre se percató de que yo no hacía hípica para divertirme un rato.

Con catorce años me impuse en casa para que me compraran un caballo para mí porque hasta ese momento montaba los heredados de mis hermanos. Al principio no me hacía con él. Lo iban a devolver, pero logré superarlo y hacerlo mío. Fui seleccionado para el equipo nacional junior y cuando mi madre me compró ese caballo fui al campeonato de Europa y quedé cuarto de juveniles; al llevar la bandera, sentí tal emoción que pensé: «Esto es lo mío». En esa etapa junior participé en once copas de Naciones; ganamos una y quedamos segundos en tres ocasiones; salté tres campeonatos de Europa y quedamos cuartos por equipos. Era un triunfo. Un triunfo en hípica, una de las pasiones de mi madre; sin embargo, nada cambió en palacio. Nadie fue consciente de la importancia de mi labor deportiva. En 1986 ya formaba parte del Equipo Nacional Absoluto de Hípica. No pude compartirlo, el resto de jinetes siempre andaban rodeados de sus familias. A veces, estaba montando en un concurso, incluso en una copa del mundo, debía parar e irme a una esquina a llorar un minuto para desahogarme. Me atenazaban los sentimientos encontrados. Ahora pienso si es posible imaginar a Nadal o a Gasol abandonando la pista en mitad de un partido para ir a llorar a una esquina.

Yo llevaba un deportista dentro. Pero había nacido en el sitio opuesto. Estaba educado para ser un espejo social, no sé muy bien de qué. No para la alta competición, para la que precisas una cabeza muy fuerte y gran estabilidad, porque la fortaleza mental es casi más importante que el entrenamiento físico. Me ayudé con técnicas de sofrología, que me permitían salir a la pista relajado y con enorme concentración. Mi gran maestro fue Mariano Espinosa, formo parte de su libro como uno de los deportistas ejemplares a los que entrenó.

Llegaba cargado de taras educacionales y una gran inestabilidad emocional. Fue muy difícil. Sentía que iba avanzando, pero me costaba mucho. Al principio fue terrible, rodeado de los mejores jinetes y tan diferente a ellos. Les veía actuar y me preguntaba cómo era posible que al abandonar una pista de concurso no se torturaran ni se flagelaran como hacía yo…

Había conocido en un concurso a Hans Günter Winkler, una leyenda entre los jinetes. Él sabía quién era yo porque cuando obtuvo sus grandes triunfos era la época en la que se conocían las familias importantes, cuando la hípica sí era un deporte muy de «señores». A pesar de que los jinetes no procedían de ese círculo social, se habían codeado con los señores ingleses y europeos. Winkler conocía a mi familia. Cuando coincidimos él estaba casado con una mujer venezolana y me invitaron a su casa en verano. No desaproveché la oportunidad y allí fui con mi camioncito y una bici. Él estaba convencido de que yo no llegaría a nada. Cuando nos encontramos veinte años después en un concurso en Stuttgart, me dijo: «Te felicito de verdad. Jamás pensé que naciendo donde has nacido, llegases donde has llegado, es más, que seas un jinete respetado por los *big boys*».

Fue de los halagos más grandes que me han hecho en mi vida deportiva. Debo sumar el del rey Juan Carlos años después en Seúl.

Había ido a la capital coreana a participar en un concurso de saltos y me llamaron de la embajada de España para asistir a una recepción. Los reyes Juan Carlos y Sofía estaban en el país de visita oficial. Tuve que ir, naturalmente, pero me escondí por el jardín porque no quería que me vieran. Al comenzar el besamanos me puse en la cola. «¡Qué haces aquí, quédate a cenar!». No pude rehusar la invitación de los reyes y nos quedamos unas ocho o diez personas con ellos. No olvidaré las palabras del rey durante esa cena:

—Este, este sí que tiene mérito. Nacer donde ha nacido y llegar hasta aquí. Nadie de su perfil ha logrado ser un deportista tan profesional. Es el único caso que conozco.

La hípica es una escuela. Precisa de una formación multidisciplinar en la que intervienen la psicología y valores como valentía, serenidad y honestidad. Es la relación de dos seres vivos, uno de ellos no habla y tú has de entenderlo. Hay que ser muy honesto con el caballo para lograr compenetración y sacarle el cien por cien de rendimiento en la alta competición. Es un deporte muy desconocido en España, donde se le ha tachado de elitista porque lo practica gente con dinero.

Creo que es más justo pensar cómo llegar a la cima en un deporte que también tiene una faceta artística. Solo sé que a mí personalmente me ha aportado un aprendizaje fundamental para dirigir la Casa de Alba. Me ha enseñado casi todo lo que sé, me ha permitido viajar, conocer gente, competir, formar parte de un equipo, convivir. Llevar a un animal a su máximo rendimiento requiere un proceso tremendamente riguroso y disciplinado. Si extrapolas ese conocimiento, sirve para dirigir cualquier empresa o equipo. Me sirvió, también, para descender de la élite social y palpar la vida real. Fue un enorme aprendizaje.

Con diecinueve años compré varios caballos con el dinero heredado de mi padre. Fue un arranque conflictivo, como son los comienzos por otra parte, y la vida empieza a enseñarte su verdadero rostro, muy distinto de la imagen color de rosa que ha teñido mi biografía en la prensa del corazón. Yo empecé como una persona normal con el gran hándicap de haber nacido y crecido en los palacios, donde no te preparan para batirte con la vida.

Lo cuento por una historia poco agradable que viví con el dueño de una discoteca de Madrid. Necesitaba un caballo importante y él se ofreció a prestarme el dinero que me faltaba para conseguirlo. Con su préstamo y el dinero obtenido de la venta del apartamento heredado, compré un buen caballo que me permitió demostrarme a mí mismo que yo valía para convertirme en jinete de saltos profesional. Con ese caballo logré entrar en el equipo senior y saltar un campeonato del mundo. Pero también aprendí que nadie te regala nada.

Tres años después fui a devolverle el dinero. Había logrado reunir la cantidad del préstamo y ahorrar algo más para comprar un pequeño terreno donde tener mis cuadras. Llegué con un talón por la cantidad prestada, quince millones de pesetas, y en ese momento me dijo que quería los intereses, por encima del 15 por ciento. ¡Yo no daba crédito, nunca habíamos hablado de devolución de intereses! No había ningún documento firmado e insistí en devolverle solo la cantidad prestada. A partir de ese momento, empezó una presión muy desagradable a través de la prensa del corazón. Pero lo que me asustó de verdad fue la última cita que mantuvimos en el Café de Oriente.

—Me pagas o me cargo el caballo.

Era un ultimátum. Me pareció un aprendiz de Vito Corleone, pero no podía arriesgar. No iba de farol, dos años antes me había ofrecido dos esbirros para solucionar un asunto en Holanda, donde me habían engañado en la compraventa de un caballo. Había vendido ya el animal que me ayudó a comprar y con un crédito bancario había comprado a Elegast con el que me preparaba para Barcelona92. Ese era el animal víctima de su amenaza.

Hasta ese momento le había mantenido el pulso. A pesar de que en el tiempo de negociación se había presentado en un campeonato de Europa para ejercer todo tipo de presiones. Pero esta última vez que nos vimos, me asustó. Por sus formas intuí que era verdad, que la amenaza podría hacerse real, que mataría a mi caballo.

Era fácil. La seguridad en las cuadras es relativa. Ahora están acotadas y con una persona de seguridad. Pero es muy sencillo contratar a cualquiera que ponga una inyección a un caballo.

Estaba luchando mucho para llegar a la olimpiada y no podía arriesgar. Devolví ocho millones más de lo prestado. Le devolví veintitrés millones de pesetas lo que suponía un 53 por ciento de interés. Le pagué con un cheque al portador. Esa fue una importante lección que me empezó a situar en la realidad: el episodio con el *gansterillo* me permitió darme cuenta de que este hombre me había dejado el dinero para cobrar del palacio.

En esa época ya ganaba dinero con los caballos, en los concursos, con el patrocinador y porque llegué a tener catorce caballos de propietarios. He ganado dinero, pero también he gastado mucho para seguir adelante. Un par de veces que lo he necesitado me ayudó mi hermana Eugenia, ella fue quien me compró el apartamento heredado de mi padre o quien me prestó dos millones de peseteas que le devolví mucho tiempo después. En otra ocasión mi madre me echó una mano: necesitaba 1.500 francos para sacar los caballos y me prestó 5.000. Esa fue su ayuda. Cierto que en el palacio mantenía la cuadra con los mozos.

Siempre me busqué la vida. Además de la venta del apartamento, tenía un sueldo de Polo Ralph Lauren, con los que había empezado a trabajar a los dieciocho años como imagen de la marca. Al parecer, reunía todos los requisitos para introducirla en España. Recuerdo que las madres me decían: «Todos nuestros hijos quieren llevar un polo como Cayetano». Sin falsa modestia, creo que fui la persona adecuada. Trabajé diez años con ellos, incluso fui en varias ocasiones a Estados Unidos para entrevistarme con el propio Ralph Lauren. Intenté abrir tiendas especializadas en España y fue imposible porque el precio era muy alto. Mantuve una relación magnífica con la familia Hinojosa, fundadores y gestores de Cortefiel. Creamos la línea joven Springfield y me convertí en su imagen. Aprendí mucho con ellos y me pagaban muy bien. Así pude arrancar mi carrera deportiva.

Barcelona92 es una de las experiencias más bonitas que he vivido. Eras un héroe, hasta los taxistas te llevaban gratis. Recuerdo una ocasión que venía de saltar en Alemania y conducía a Gerona donde estábamos concentrados. Paré a echar gasolina y el hombre de la estación de servicio me dijo:

—Usted es Martínez de Irujo, que viene a la olimpiada —comentó con una enorme sonrisa de complicidad.

Era la primera vez que en España me llamaban por mi apellido, la segunda vez que dejaba de ser hijo de la duquesa de Alba. Martínez de Irujo se había ganado su hueco en la olimpiada y la primera persona que se lo reconocía era un gasolinero. Soy yo, voy a la olimpiada y sin ayuda, con un caballo alquilado, porque Elegast se había lesionado meses antes.

Lo primero que hice el 25 de julio de 1992 al entrar en el estadio olímpico de Montjuic fue mirar hacia el cielo y decir: «Papá, estoy aquí, lo he conseguido, soy olímpico, sin ayuda, he cumplido contigo». Aún no puedo reprimir el llanto al rememorar la escena. «Papá, quiero que estés orgulloso de mí». Me hubiera encantado tener un padre que me dirigiera, que me dijera: «Tú estudias una carrera». Y habría sido el mejor ingeniero agrónomo. En las gradas de Montjuic se sentaba toda mi familia, su presencia fue agridulce. Era algo tarde.

Estaba concentrado con el equipo nacional en el centro de hípica del Montanyà, en la comarca de Osona, entre las poblaciones de Seva y el Brull, pero teníamos habitaciones en la villa olímpica. La hípica es el último deporte que compite y cierran la olimpiada las pruebas de salto. Cada día montábamos unas horas a las ocho de la mañana y a las ocho de la noche, por el calor; hay que sacar los caballos tres veces al día y montarlos dos. Pasaba el resto del día en la villa olímpica, siguiendo diferentes pruebas. Un par de días comí con el *dream team* del baloncesto integrado por Magic Johnson, Scottie Pippen, Michael Jordan…, estos jugadores de la NBA me causaron gran impacto.

La olimpiada no tiene nada que ver con cualquier otra competición deportiva. Formas parte de una gran familia donde no hay razas ni colores ni países. Es cierto que ese ambiente hay que saber crearlo, en Barcelona se vivió, en Atlanta no. A Sídney no fui. El recuerdo de Barcelona no se ha repetido. Marcó un antes y un después en el avance y la modernización de los juegos olímpicos. Esa experiencia es, sin duda, uno de los grandes hitos de mi vida. Recuerdo la medalla de oro de la selección de fútbol o la del equipo de hockey hierba femenino; a los tiradores de arco, los entrenamientos de boxeo y al equipo de vela. En ese ambiente, la hípica no estaba discriminada, era uno más de los deportes olímpicos. Todos los que estábamos allí éramos conscientes del esfuerzo y el trabajo que suponía formar parte de un equipo o acudir a nivel individual.

No he hablado con mis hijos de este episodio. Me frustró el resultado: el equipo del que formaba parte junto a Astolfi, Álvarez Cervera y Sarasola quedó en cuarto lugar y ganamos un diploma olímpico. Yo solo veía la botella medio vacía porque aspirábamos a una medalla. Era un fantástico resultado, pero creo que muchos años después es cuando he empezado a valorarlo.

Y entonces, tras la olimpiada, llegó la ayuda desde casa.

Yo había salido de Liria con un mensaje materno: «Os ayudo a hacer una carrera, si has decidido no hacerla es tu problema, yo no colaboro más. Te puse los caballos como parte de la educación, igual que al resto de tus hermanos, pero si eso para ti va a ser parte de una profesión es tu problema. Hasta aquí he llegado». Sin embargo, tras la olimpiada su actitud cambió radicalmente. Mi madre no dejaba de preguntarme: «¿Cómo has llegado hasta aquí?». Solo entonces conseguí ganarme su respeto. Al margen de que siempre nos habíamos querido mucho y, hasta su boda con Aguirre, habíamos mantenido una relación muy especial. Pero su marido logró anular y enturbiar nuestra convivencia al punto de que durante años estuve con un pie dentro y otro fuera de la casa. Desde los dieciséis a los veintitrés viví en Liria pero no con ellos.

Tras Barcelona92 mi madre se volcó. ¡Cómo iba a estar su hijo con un caballo alquilado! Vendió la tiara Rusa, con la que había posado para el fotógrafo Gyenes en uno de sus retratos emblemáticos. La joya de platino y brillantes era de línea *kokoshnik*, como el tocado oficial de las damas de la corte imperial rusa, y fue motivo de polémica con su exnuera María Hohenlohe, quien en un principio no quiso utilizarla en su boda con Alfonso. La última en lucirla fue Matilde Solís el día de su boda con mi hermano Carlos. Al final, gracias a la Rusa pude montar a Gigoló.

¡Qué complicado había sido todo! Recuerdo que al cumplir veinte años me ofrecieron un patrocinio para jóvenes promesas situadas en el entorno del equipo nacional. Era una especie de beca que me concedieron durante dos años. Hasta que cambió el presidente de la federación y el nuevo decidió que yo no la necesitaba. ¿Por qué si estaba solo sufragando mi carrera deportiva? Cuando protesté al presidente de la federación, este afirmó que era hijo de la duquesa de Alba y no la necesitaba. Fui a los periódicos a pedir ayuda y denunciar una injusticia. El diario *El País* defendía la posición del presidente de la federación y me presenté en la sede del periódico para preguntarles por qué yo no necesitaba esa ayuda… Creo que se reían de mí. Nadie me creía. ¿Quién soy, que nadie me ayuda y no tengo un duro para conseguir caballos? Empezaba a padecer el hándicap de haber nacido en la familia Alba.

En el fondo, durante años, no he creído en mi trayectoria deportiva y por ese motivo he perdido en muchas ocasiones. Lograba la victoria cuando no era consciente de lo que me jugaba. De lo contrario, me metía tal presión, que no lo conseguía. He vivido once años fuera de España —uno en Bélgica, cuatro en Holanda y seis en Francia—, he compartido escenario durante todo ese tiempo con los jinetes europeos, era uno de ellos, pero no era comparable a los alemanes, holandeses, belgas, suizos o ingleses. Estaba entre ellos, a pesar de proceder de un país de «segunda» categoría en el deporte ecuestre, porque trabajaba con intensidad y por eso me acogían. Solo estuvimos entre los mejores el año anterior a Barcelona92 gracias a que habíamos vivido, pensado y trabajado como ellos.

Con las circunstancias adversas en todos los sentidos, aún no sé cómo he logrado alcanzar tal palmarés. He saltado treinta y dos copas de naciones por España, he participado en cuatro Juegos Ecuestres Mundiales y ganado una prueba en Estocolmo, en tres campeonatos de Europa y he sido cuarto por equipos en los juegos olímpicos de Barcelona.

Estoy seguro de que si hubiera tenido estabilidad emocional habría sido un deportista muy importante en el mundo ecuestre. Lo soy, porque he sabido combinar el aspecto deportivo con el político: he estado a la cabeza de los jinetes como presidente de la Asociación Internacional de Jinetes (IJRC) en dos etapas: desde 1999 a 2007 y desde 2011 a 2013. ¿Un español va a dirigir a los jinetes del mundo?, ¿el príncipe este?, inquirían los grandes, que no daban dos duros por mí. Estuve diez años, me reeligieron tres veces. Con la gestión al frente de los jinetes he logrado un enorme prestigio internacional. Y tengo la medalla de oro de la Federación Ecuestre Internacional y la de plata de la Federación Hípica Española.

Para escribir este libro he debido bucear en el baúl de los recuerdos y también en algunos álbumes donde he guardado reseñas sobre triunfos deportivos, y me emociona sobremanera volver a leer algunos reconocimientos profesionales. Mi faceta desconocida casi a punto de sucumbir ante la imagen del *play boy* que nunca quise ser.

Martínez de Irujo ganó la medalla de oro

Cayetano Martínez de Irujo es el nuevo Campeón de España de Salto de Obstáculos. El jinete madrileño consiguió mantener con «Kesberoy St. Aubert» la ventaja con la que había llegado a la tercera y decisiva prueba puntuable, logrando así su primer título nacional absoluto. La medalla de plata fue para Latham y el bronce para Muñoz Escassi. La tercera y última prueba puntuable del Campeonato de España de Salto de Obstáculos en su categoría absoluta sirvió para ratificar al frente de la clasificación final a quien desde el pasado viernes era líder provisional: Cayetano Martínez de Irujo. En un final ajustado y emocionante, el jinete de «Kesberoy St. Aubert» consiguió mantener la ventaja que le daba el oro en la competición. *Ecuestre Online*, 30/09/2006.

O el reconocimiento del presidente del Comité Olímpico Español, Alejandro Blanco, en una biografía del canal BIO (Biographychannel.tv) sobre mi carrera y mi vida, emitido en 2011:

Cayetano es hoy día un deportista de reconocido prestigio internacional. Campeón de España de Salto en 2006 y jinete olímpico en los Juegos de 1992, acumula un largo palmarés de trofeos. Para Alejandro Blanco, Presidente del Comité Olímpico Español, «es uno de los grandes deportistas que tiene España, un deportista extraordinario que ha dedicado su vida a un deporte duro y sacrificado, haciendo una forma de vida que la gente no conoce». Un hombre, además, con gran prestigio entre sus compañeros, que le eligieron representante de los jinetes en la Federación Hípica Internacional.

Sé que he tenido una carrera deportiva con altibajos, pero para llegar y consolidarte en la élite, no solo precisas formación, entrenamiento y técnica, es fundamental equilibrio emocional y eso es lo que me faltaba. Aún me pregunto cómo me he mantenido en las competiciones internacionales, cómo he competido en la élite con tal maremágnum en mi cabeza. Por eso ganaba un campeonato del mundo y luego estaba de vacío durante seis meses y me torturaba por ello. Lo veo en mis fotos de esa época, en mi gesto de tristeza desde los veinte a los treinta y cinco años.

Recuerdo las palabras de una psiquiatra que me estuvo tratando al volver de Inglaterra, tras los años sumido en la locura de la noche: «Si tú no llegas a tener el deporte, habrías sido irrecuperable». Entras en esa vorágine en la que yo anduve y acabas en una cuneta. Solo podía escapar del inmenso hoyo en el que estaba sumido con una actividad tan importante y comprometida como es el deporte.

Y todo había empezado con tres años, a lomos de mi poni, Zabenda, que a los siete cambié por mi primera yegua, Baleare.

8

UN LEÓN EN MI CASA

Considero de justicia dedicar un capítulo a Jason, mi león, mi compañero de fatigas, mi amigo querido, durante dos años. Llegó a mi casa con tan solo dos semanas. Vivía entonces en Normandía. Me había instalado allí para seguir montando a Palestro II, el caballo propiedad de Jean Pierre Villault con el que había disputado la Olimpiada de Barcelona92, el campeonato del mundo de la Haya, la final de la Copa del Mundo en Gotemburgo en 1991 y con el que había logrado la medalla de plata en el Campeonato del Benelux celebrado en Lanaken (Bélgica).

En un principio me instalé en Lion d'Or, el Haras (yeguada) de Florence Meuniere, socia de Villault, y me ocupaba de mantener sus cuadras. Al final, cogí una casita en Cambremer, un pueblo precioso, en un alto, entre el Haras de Florence y el de Villault, y opté por entrenar en las cuadras de él. Mi objetivo era la alta competición, y Normandía es el centro neurálgico francés del mundo del caballo. Durante esos años entrenaba y trabajaba en otras cuadras o conducía caballos de un lugar a otro para sacar un extra con el que pagar el mantenimiento de mis caballos.

Montaba seis u ocho horas diarias bajo la lluvia, tenía que cambiarme dos o tres veces de ropa. Buscaba compañía, los gatos no me gustan porque no te permiten interactuar con ellos; convivir con un perro me parecía aburrido, porque en esa época yo era algo salvaje. Un buen día, apareció por la cuadra Cristoff —un hombre muy divertido dedicado a la compra y venta de caballos—, con un león de dos semanas y un biberón en la mano. Y me contó la historia del animal. Pertenecía al domador de un pequeño circo, que pensaba cambiar de negocio: desmantelar el circo y dedicarse al comercio de caballos, así que cada vez que le nacía un león o un tigre, debía sacarlo a hurtadillas.

—¿Me das el león? —Fue un arrebato, me parecía osado y divertido.

—No puedo —me dijo Cristoff—, tiene dueño.

—Me quedo con él.

—No se puede, no está en venta ¿Cuánto me das? —preguntó.

Tenía 5.000 francos en el bolsillo. Parte del sueldo de la moza de la cuadra, y sin mayor reflexión, se los ofrecí. Me parecía un precio razonable. Cristoff se marchó y me quedé en la cuadra con un león y un biberón.

Afortunadamente, los caballos estaban lesionados porque el primer mes tuve que dejar de montar. Es complicado vivir y moverse con un león en los brazos. Teníamos unas peleas tremendas. Cada dos horas pedía su toma de biberón, tuve que comprar otro más para llevar siempre uno de repuesto, porque se cabreaba cuando tenía hambre. Cuando lo acercaba a los caballos, daba saltos para cogerles de la barriga, se asustaban y salían corriendo.

Pedí consejo porque el asunto comenzó a complicarse. Visité a una señora que vivía con dos o tres tigres adultos. Luego acudí al dueño del circo y conocí a la madre de mi cachorro; también a otro individuo que vivía con un puma. Comprobé que no era el único enloquecido. Todos ellos coincidieron en avisarme de que el león era el animal más complicado por lo imprevisible de sus reacciones. Aprendí mucho sobre mamíferos carnívoros: el tigre castrado es bastante fiable, el leopardo es el único animal que no solo mata para comer y el león puede sorprenderte en cualquier momento, un buen día, sin saber por qué, se echa encima.

Tras el descontrol inicial, los caballos empezaron a aceptar su presencia y lo llevaba a los concursos como si fuera un perro. Conducía un Volvo porque en aquella época me esponsorizaba la firma y les pedí que colocasen una reja entre los dos espacios del coche: a mi león le gustaba ir en alto y si cruzaba a la zona delantera del coche me impedía conducir. Fue divertido. A veces, llegaba su hora de biberón y daba igual que estuviera en un atasco en el periférico de París: debía darle su biberón ante el asombro del resto de conductores. O debía conducir a velocidad prohibida por carreteras pequeñas porque reclamaba su toma. En aquel momento no existía legislación que impidiera andar con un león por la vida. Ahora sería imposible.

Al principio era una bolita. Pero creció enseguida. Le puse Jason por el novio de una exnovia inglesa. Una gran amiga, Anika, con la que intenté quedar tras seis meses de silencio —y con la que aún mantengo una magnífica relación—, me respondió que estaba saliendo con un tal Jason, hijo de Sean Connery. Su respuesta: «No te puedo ver porque estoy con Jason», me dejó tan desconcertado que bauticé con ese nombre a mi león.

Solía viajar en coche y si lo hacía en avión le metía en el camión de los caballos, hasta que un día se cabreó, atacó al mozo y ya no pude llevarlo más. Me acompañó por toda Europa, excepto a Inglaterra, donde estaba prohibidísimo. En un momento tuve que concursar en Londres y contacté con Cristoff para que me lo guardase durante cinco días. Era buena persona: respondió que sí. A mi regreso le encontré fumando —algo alterado— en la planta baja de su casa.

—¿Dónde está el león? —pregunté.

—Lo tienes arriba. Me he instalado aquí abajo desde hace dos días, no me deja subir. Le tuve que poner la carne en la escalera porque amenazaba con acercarse y si lo lograba, debía abandonar la casa.

Le había destrozado la cama, las almohadas, había abierto los armarios, esparcido las bolas de Navidad y el espumillón. Cristoff perdió el control de el león. Pero lo llevó deportivamente. «No sé cómo estás capacitado para vivir con un animal así», fue su comentario al despedirnos. Yo sí lo sé: en esa época Jason y yo éramos iguales.

Alguna vez me hizo frente. Me obedecía si le reñía, pero intenté ponerle un arnés o cadena y fue imposible. Lo llevaba suelto y él venía tras de mí a todos lados. Lo habitué a los caballos y a mi casa, vivía en el cuarto de al lado. Todo fue bien hasta que un día que había venido la asistenta a arreglar la casa y había cambiado las sábanas, entró en mi cama y se echó la gran meada. ¡Tremendo! La cantidad y el olor repugnante. Le castigué encerrándole en la habitación contigua. Al abrirle salió corriendo, cogió mi lámpara, se la llevó a su cuarto y se colocó sobre la pantalla. Ahí empezó un duelo a dos. Cada vez que intentaba recuperarla, se enfurruñaba. Me puse el despertador para que sonase cada hora y media, hasta que le pillé dormido y se la quité. Él no paró de golpear mi puerta para reclamarla. Así andaba por la vida, asilvestrado, más que Jason.

Cuando acababa de montar nos íbamos a la playa de Deauville para que corriese libremente, le gustaba. A mí también, estábamos solos contemplando las aguas revueltas del canal de La Mancha. De regreso, paraba en alguno de los cafés que encontraba en la ruta entre Deauville y Cambremer. Eran pueblos pequeños, ordenados, como los parajes de un cuento de hadas. Jason me esperaba en la parte de atrás del coche y al cabo de media hora estaba rodeado de gente.

A veces, desaparecía cuando yo estaba montando, siempre volvía. Hasta que un día no regresó. Lo peor es que debía salir a concursar en una prueba hípica. Acudí al puesto de la gendarmería del pueblo a pedir ayuda.

—Es la hora de comer, vuelva más tarde. —Fue la respuesta inicial.

—Tengo una urgencia, he de salir de viaje y se me ha perdido un animal.

—¿Qué animal?

—Un león.

—Señor, no estamos para bromas.

—No estoy de broma, soy jinete del equipo español, vivo aquí en Cambremer con un león, se me ha perdido y tengo que salir de viaje.

—¡Un momento!

Dejaron la comida, se pusieron los cascos, se colgaron las pistolas y las porras y salieron rumbo a la cuadra con dos coches de policía y otro de bomberos. Se me ocurrió bromear y comentarles que habían visto muchas películas. No se lo tomaron muy bien. Y Jason no aparecía. Pedí ayuda a una amiga que vivía en Caen, a unos 20 kilómetros, y conocía a mi mascota. De hecho, habíamos tenido un altercado por ese motivo: cuando la vio por primera vez, Jason se sentó encima de mi maleta y me mordió en la mano, le fui abriendo la boca poco a poco, pero me hizo un buen agujero. Estaba celoso, era la primera vez que debía compartir mi atención. Allí quedó mi pobre amiga Patricia con los gendarmes, a pesar de la advertencia del capitán: «Usted no se puede ir». En cuanto se dio la vuelta, hui. Se llevaron a mi amiga a la gendarmería de Deauville donde la interrogaron durante seis horas.

Jason apareció. Se había ido a una granja cercana al olor de las ovejas. Lo averiguamos al aparecer los granjeros protestando. No las atacó, solo quería jugar, pero las ovejas no lo entendieron así, rompieron la cerca y huyeron despavoridas. Al anochecer, mi león regresó a la cuadra. Como cuando estaba conmigo y desde allí volvíamos a casa. Solía quedar fuera y yo le vigilaba a través de los ventanales, él paseaba, le perdía la pista en algunos momentos, pero al anochecer regresaba, llamaba a la puerta y le abría.

En la declaración ante la policía, me advirtieron de que estaba prohibido moverse con un león por la vida. «¿Dónde está escrito?», les preguntaba yo. Estaban convencidos de que me iban a quitar el león. No lo consiguieron porque no había legislación que lo especificara. Pertenecía al segundo grupo de animales de CITES (The Convention on International Trade in Endangered Species of Wild Fauna and Flora) que regula la protección de especies amenazadas de extinción o del comercio indiscriminado. Me advirtieron de que el animal debía estar controlado y siempre en un sitio fijo, donde ellos pudieran visitarlo.

El episodio lo recogieron en el periódico de la zona y en la radio. Corrió la voz de que había un sujeto español que vivía en Cambremer con un león. Se escapó en alguna otra ocasión, pero yo recibía muy bien a la policía, que venía periódicamente a interesarse por su estado. Les servía un café y, si no le veían, les contaba que lo habían llevado a vacunar. Finalmente, desistieron de quitarme a Jason.

Para mantenerlo a mi lado, había montado toda una historia en torno a él. Jason había nacido en un safari español. La madre había muerto al nacer y yo lo había recogido para criarlo. Habíamos cruzado la frontera en coche sin problema ni ocultación alguna, con naturalidad. Presenté un certificado de un pequeño safari de Valladolid que verificaba mi historia; según ese contrato debía devolver a Jason al safari en un tiempo determinado. Funcionó. El relato me sirvió para librarme de un juicio y me permitió vivir con Jason. Le quería, le quería mucho.

Después del año la situación en Francia se complicó. La pregunta insistente era cómo cruzaba las fronteras, y mi respuesta, siempre la misma: «Con mi león recostado en la parte trasera del coche». Habíamos estado en hoteles importantes, donde siempre me advertían: «No permitimos perros».

—No es un perro, es un cachorro de león.

Creo que la sorpresa ante la respuesta impedía la reacción de mis interlocutores. En el hotel María Cristina de San Sebastián aún se acuerdan, Jason se hizo famoso recorriendo sus moquetas. Por las noches paseábamos por los alrededores, él siempre detrás de mí. En una ocasión una señora me advirtió sobre la ferocidad de su perro: «Oye, ten cuidado con mi perro, que es un doberman». Se acercó Jason a un metro del perro y el doberman huyó despavorido.

—Pero ¿qué animal es? Si mi perro es muy valiente —explicaba pasmada la mujer.

Me lo llevé a Marbella. Lo subí en un barco y se alteró con las olas, le puse una gorra de marinero... Parecía el león de la Metro. Caminábamos por la zona de Cabopino, entraba en los restaurantes y él detrás de mí. La gente espantada, claro. A veces, si había mucha bulla en un local, me esperaba fuera. Lo pienso con la perspectiva del tiempo y me sorprendo. Era una auténtica locura, pero entonces no era consciente de lo que hacía.

Cuando regresé a España tenía casi un año. Pedí autorización a mi madre para tenerlo en casa, «como a ti te gustan tanto los animales...», argumenté. Sin embargo, no pareció muy partidaria de los leones y se negó en rotundo. En Liria solo había una reina y esa era ella. De nada me sirvió recordarle su amor por la fauna. Ella, que había tenido perros, monos, pájaros exóticos...: «No se puede tener un león aquí», me advirtió.

Yo vivía en el palacio pero alquilaba un ático con un amigo en la plaza de los Carros, en el centro de Madrid. Allí llevé a Jason, pero resultó muy incómodo. Le sacaba a pasear y la gente se asustaba de él y él de la gente, un número de circo. Durante un viaje junto a una amiga italiana, tuvimos un accidente en la carretera de Marbella a Málaga porque diluviaba y dimos una vuelta de campana, Jason salió despedido y quedó sobre la autopista. Llovía a mares, yo paraba los coches, lo pude sujetar y me mordió porque tenía una fractura parcial de la mano derecha. En aquel caos, con el león fracturado, las maletas tiradas, mi pareja con heridas, la lluvia torrencial, paró un taxista. Le pedí que nos llevase al aeropuerto de Málaga.

—No *ze* preocupe, le llevo, le llevo, metemos el animal aquí. —Y de repente se dio cuenta—. Pero ¿esto qué es, esto qué es...?

—Un león —le aclaré.

—¿Un león? ¡Cómo vamos a meter un león en el taxi!

Lo hicimos, metimos las maletas y a Jason, que de vez en cuando estiraba el cuello y el taxista no dejaba de vigilarle a través del espejo. Llegamos al aeropuerto con una pinta infame: empapados y mi amiga Terry sangrando. Le pedí al taxista que aguardase mientras solucionaba el asunto de los billetes. Tardamos hora y media. A nuestro regreso estaba desesperado.

—¡No tengo cuello mirando *pa* tras, con ese animal aquí dentro en el taxi! —Estaba indignado—. Me dice que espere un rato y me tiene aquí *metío* en el aeropuerto, dentro de mi coche con un león, hombre, hombre…

Lo peor es que el intento de viajar en avión se había frustrado. En el mostrador habíamos tenido otra aventura a costa de Jason:

—Perdón señorita, tengo un problema, hemos sufrido un accidente de coche y debo ir a Madrid, y viajo con un león.

—¿Perdón? —La pregunta llevaba implícitas importantes dosis de incredulidad.

—Sí, que viaja conmigo un león.

Una azafata llamaba a otra y esa a otra, a otra nueva y la sorpresa aumentaba de unos labios a otros.

—¿Dónde está el león? —inquirían—. Vamos a llamar a las «chaquetas rojas».

Al final salieron catorce azafatas a conocer a Jason. A mi amiga le dieron varios puntos, mientras llamaba a Liria para conseguir una jaula, que allí había muchas, para que pudiese viajar Jason. Todo fue un fracaso. Solo se me ocurrió una solución:

—¡A Madrid! —le dije al taxista.

—No, hombre, no. Soy un taxista de Mijas, cómo voy a ir a Madrid con usted y con un león.

Parece que le estoy viendo, a medias asustado, sorprendido, fascinado por lo que le estaba pasando.

Logré convencerle. Llegamos a Madrid a la una y media de la madrugada, encontramos hasta nieve en la carretera.

—Yo me vuelvo —insistía el taxista.

Y yo también lo hacía:

—¡No, que debemos llegar a Madrid!

Había avisado a los veterinarios de mi madre que nos esperaban en la clínica. Intentaron coger a Jason y les atacó. Le pusieron una inyección muy fuerte pero se despertó a los cinco minutos. Tiempo suficiente para colocarle un bozal y hacerle una radiografía. Como tenía un crecimiento tan rápido no se le podía escayolar, había que dejar que se curara de manera natural y evitar que la pata dañada se quedase raquítica.

—Y ¿dónde vamos ahora? —preguntó el taxista.

—No se preocupe que usted va a dormir en mi casa.

—¿Seguro? Porque yo tengo que dormir en algún lado.

Cruzamos la verja y llegamos a las puertas del palacio.

—¿Esto qué es? ¿Dónde estamos? —preguntó sin salir del asombro.

—Es mi casa, no se preocupe.

—¿Cómo su casa? Esto es un palacio.

El hombre hablaba consigo mismo, era tal la incredulidad que le embargaba ante los sucesos de las últimas horas…

—Un palacio, voy a dormir en un palacio, esta es su casa… —repetía una vez y otra la cantinela—. Voy a llamar a mi mujer porque esto ya no *ze* lo cree nadie.

Eso hizo, no pude resistir la tentación de escuchar su relato:

—Juani, te juro que te hablo en serio, te lo juro Juani. Te doy mi palabra de honor. Yo sé que no me vas a creer, pero te lo cuento: estoy en Madrid, hemos *tardao* doce horas en llegar, hemos ido a la clínica, he venido con un *zeñor*, el *zeñor* ha traído un león y ahora me ha traído a dormir a un palacio. Yo sé que esto no te lo crees, Juani, pero te lo juro por mi alma. Y estoy en Madrid. Te juro que es verdad Juani, te lo juro. Mañana te lo explicaré mejor, *zé* que no me crees, pero estoy en Madrid y voy a dormir en el palacio.

El hombre me invitó a las fiestas de Mijas durante muchos años.

Aproveché el episodio para presionar a mi madre. Le conté que el león no podía seguir en la plaza de los Carros porque se había caído por la escalera y se había fisurado la mano. Me autorizó con la condición de instalarle en la cuadra.

El mozo que yo tenía en Madrid era un hombre con gran *feeling* para los animales y fue el único que supo tratarle. Jason estuvo una semana sobre un cojín sin moverse. Comenzó a caminar despacio, al principio cojeaba, pero en un mes recuperó su andar natural. En ese tiempo de recuperación se movía poco por el palacio, aunque enseguida reconoció el terreno y se escondía tras los árboles o salía a saludar cuando llegaba alguien. Fue un problema. Huían los mensajeros que traían paquetes porque salía tras ellos. A mi madre le daba miedo, le vio de lejos pero no le cogió cariño. Eso me dolió, ella que era la mujer de los animales. Hubo demasiadas protestas, la gente no quería entrar en el palacio. Preguntaban antes: «¿Está el león?». La situación se complicaba por días. Hasta que ocurrió lo de Jesús.

La cuadra estaba en la zona de las habitaciones de Jesús Aguirre. Pusimos una valla, pero saltaba sin problema. Un día saltó, subió las escaleras y encontró la sala abierta de par en par al jardín; Jason entró con naturalidad. Él estaba en su escritorio, le invadió un ataque de pánico y solo se le ocurrió encerrarse en el cuarto de baño, que era antiguo y no funcionaba el timbre para llamar al servicio, que aún era de los de tirar colgado de la pared. Allí quedó varias horas. Jason, mientras, tomó posesión de la *chaise longue* donde descansaba el duque habitualmente. Ángel, su mayordomo, se acercó por sus habitaciones preguntándose dónde estaría el señor. Tardaron hora y media en averiguarlo, porque cada vez que hacía un intento de salir del baño, Jason emitía un gruñido de esos que indican quién es el dueño de la situación y Jesús regresaba a su encierro.

Cuando Ángel se percató de la realidad solo hallaron una solución: llamar al mozo de cuadra que estaba en el Club de Campo. Fue el único que logró convencerle para que abandonase la cómoda y señorial *chaise longue* del duque de Alba consorte.

Jesús se cabreó. Y mi madre me dijo la última palabra:

—No podemos seguir así, la gente huye, ha llegado un paquete de El Corte Inglés y lo han soltado en la puerta; el bibliotecario no quiere entrar, el restaurador tampoco. Y encima ha tenido a Jesús toda la mañana en el cuarto de baño.

Días después, el episodio de Jesús salió publicado en el diario *El Mundo*: «En Liria hay un león, el león de palacio». Jesús debió de llamar a un amigo suyo: «El niño este, que su madre se lo aguanta todo, que nos ha traído un león…».

Era el final. Me costó volver a meter a Jason en el coche, había cogido miedo tras el accidente. Se rebeló muy en serio, me obligó a sacar un palo. El domador me había advertido de que a esa edad —dos años— debía demostrarle que yo era quien mandaba.

Había consultado con Griñón la posibilidad de llevarle al safari El Rincón, que era de su propiedad. Y allá fuimos Jason y yo. Vino un coche especial a recogerle. Yo le seguía en el mío. Fue muy duro, se me partía el alma al verle, se colocó en la zona trasera del furgón y me llamaba chocando sus patas contra el cristal. ¡Cuánto lloré aquel día!

Iba a verle a menudo y me reconocía; excepto en una ocasión que llevaba una chupa de moto con un olor raro y casi me ataca. Le conseguí una leona de una camada, pero era muy agresiva. A Jason empezaba a crecerle la melena. Me avisaron de que si ella me agredía, el instinto de él sería defenderla y atacarme. Me salvé por los pelos en una ocasión. Al final, ya no entraba en su recinto. Cuando tenía tres años y medio, fui a verle después del verano y le encontré muy mal. Me di cuenta de que no se ocupaban de él y yo pagaba por su estancia y cuidados. Me explicaron que no le habían desparasitado, pero trabajo con animales y sé percibir cuándo están mal. No les creí. Al mes murió. Ni siquiera le habían puesto las últimas vacunas. Había comprado su espacio, la leona, todo. ¡Cuánta tristeza! Recogí su cadáver y lo llevé a la Facultad de Veterinaria para que le hicieran la autopsia. Me confirmaron que había muerto por un virus transmitido por la leona debido a la falta de vacunas.

Me sentía furioso y así se lo transmití a los gestores del safari. Pero Jason ya estaba muerto y había hecho un rasguño más en mi alma. Fuimos dos solitarios fuera de contexto.

9

AMIGOS QUE SON COMO HERMANOS

He citado ya a Florián Cortijo en estas páginas, pero sin explicar lo que supuso ese hombre en mi existencia. Uno de mis pilares, uno de mis refugios. Llegó a mi vida por imperativo ducal, como Nana. Mi abuelo mantenía la cuadra de Liria con caballos de polo para el equipo que financiaba y para engarzar en los coches de caballos. Mi madre montaba con los militares, que eran los únicos que practicaban equitación entonces. Cuando quiso ampliar la cuadra del palacio, les pidió una persona para que se ocupara de ella: «Quiero alguien para mis caballos. ¿Quién es el mejor, el más honesto, más servicial…?». La orden fue tajante: «¡Florián, con la duquesa de Alba!».

Él quería ser profesional del ejército. «Yo no discutí, no habría servido de nada», me contaba. Al incorporarse al equipo del palacio aún estaba soltero, estado civil que mi madre no solía ver adecuado para el servicio, según he escuchado decir a varias personas que trabajaron en Liria, incluido el propio Florián. Les aconsejaba casarse; les aplicaba su propia receta contra la soledad del palacio. No podían estar solos, debían buscar pareja: «Usted

¿cómo va a estar solo aquí? Tiene que casarse ya, busque una mujer». Florián se casó, claro. Su mujer se ocupó de la portería del edificio de la calle Princesa anexo al palacio: «Encontré a la más limpia, nunca he estado enamorado, pero era limpia como los chorros. Había otra que me gustaba más, pero no era muy pulcra», me confesó en una de las ocasiones en las que hacíamos un receso y descubríamos nuestros secretos el uno al otro.

Siempre recordaré a mi querido Florián, un hombre discreto y tan importante en mi vida. Me ayudó a nivel personal y profesional con sus enseñanzas y tantos consejos conciliadores que quizá no siempre seguí. Mi otro padre. Murió en 2002. La revista profesional sobre el deporte de la hípica, *Ecuestre*, le recordaba así:

> **Nos dejó Florián Cortijo**
>
> *EcuestreOnline* - 14/09/2002. Nos ha dejado uno de los veteranos de nuestra hípica, relacionado con esta actividad durante más de cincuenta años. Este entrañable preparador, vinculado a la Casa de Alba, dedicó gran parte de su vida a la enseñanza. A mediados de septiembre, durante la celebración de los Juegos Ecuestres Mundiales, falleció en Madrid Florián Cortijo, el hombre que durante casi medio siglo de su vida se encargó de los caballos en la Casa de Alba y que por lo tanto tuteló y dirigió durante años los pasos de Cayetano Martínez de Irujo como jinete. Figura entrañable de nuestro deporte, en el que también se encargó de dirigir a otros jinetes, Florián fue un hombre bueno, siempre fiel a sus principios y al deporte del caballo. «Ha sido mi padre», comentó a *Ecuestre* un apenado Cayetano Martínez de Irujo, quien se trasladó desde Jerez a Madrid para asistir al último adiós a Florián. Descanse en paz.

Así fue, Florián había sido el padre que no tuve.

Tras el fracaso del acercamiento a mis hermanos mayores al morir mi padre, solo conseguí aproximarme a Jacobo. Éramos muy distintos, pero en aquella etapa logramos mantener cierta complicidad. La relación finalizó de manera drástica y rozando casi la agresividad a partir del documento que nos mostró mi madre para que me ocupase del campo. Reconozco que me ha herido la lejanía entre hermanos y lo que ha ocurrido en los últimos años, siento que me castigan por cumplir los deseos de mi madre y trabajar en la gestión del patrimonio. Pero como la relación nunca fue estrictamente familiar, he sabido superarlo.

Como es evidente, he dedicado la vida a buscar una familia. Al fracasar con la propia, elegí a quienes quería como hermanos: hermanos que me quieren y a los que quiero, que están ahí para ayudar y yo a su lado cuando también me necesitan. Con los que compartir una comida especial o una charla entrañable; hermanos a los que pedir un consejo y un abrazo, sin sentir vergüenza, sin encontrar rechazo.

Conocí a Emilio Butragueño hace muchos años, creo que fue en el verano de 1989. Yo vivía en Maastricht y volaba a Madrid desde Ámsterdam. En la sala de embarque coincidí con todo el equipo del Real Madrid que entrenaba por entonces el holandés Leo Beenhakker y andaban de pretemporada por Europa. Allí estaban Pirri y la «Quinta del Buitre»: Martín Vázquez, Emilio, Sanchís, Pardeza y Michel. Tras los saludos habituales entre deportistas, Emilio Butragueño me propuso: «¿Nos sentamos juntos?». Fue el comienzo de una bonita amistad porque estuvimos charlando todo el viaje. Emilio quedó muy sorprendido cuando le comenté que los jinetes no hacíamos preparación física, ni estiramientos ni calentamiento ni nada. Por eso a partir de los cuarenta años estamos destrozados, con la espalda machacada. Yo me sorprendí con su pregunta porque hasta entonces no me lo había planteado. Los jinetes actuales sí hacen preparatorio.

A partir de aquel encuentro, siempre que estaba en Madrid iba a verle a los partidos del Bernabéu junto con Sonia González, su mujer. Yo era muy exaltado. Cuando le hacían una entrada fuerte, insultaba al autor de la agresión y ella me decía: «Tranquilo. Ahora Emilio estará diciendo al defensa, "eso no se hace, eso no se hace"». Por algo le llamaban en México «el caballero de la cancha», siempre correcto tanto dentro como fuera de los terrenos de juego. Emilio jamás recibió una tarjeta roja en toda su carrera.

Desde aquel encuentro fortuito, nuestra amistad se consolidó a pesar del pronóstico negativo de Katia Cañedo, mi novia de entonces: «Butragueño no tiene nada que ver contigo». Erró. Emilio ha sido y es como un hermano para mí. Creo que también a la inversa. Nos vemos varias veces al año, siempre salimos a cenar en Navidad. Emilio ha estado ahí cuando le he necesitado, en todos los momentos difíciles en los que le he pedido ayuda. Todas las navidades desde hace veinte años me manda una tarjeta con una imagen recurrente: una foto familiar. La coloco en un lugar visible de mi despacho. Le admiro. No siento envidia sana, porque la envidia es envidia, y ninguna salubre. Él sabe que me gusta esa imagen, que disfruto junto a su familia: me produce emoción verlos unidos, junto a sus tres hijos, siempre tan cariñosos, y la relación impecable que mantiene con su mujer. Su evolución es un ejemplo, ha sido la de una persona prudente, discreta. En alguna ocasión que se ha encontrado solo, como cuando Florentino Pérez perdió las elecciones de 2006 y Emilio hubo de pelear y afrontar situaciones de riesgo, actuó con criterio porque es inteligente y está bien preparado.

Ciertas críticas sobre él coincidían en destacar «que le faltaba algo, que era un poco parado». Inexacto. A Emilio no le falta nada. Tuvo que romper barreras para superarse. Sonia siempre me contaba: «Si hubiera nacido en Vallecas habría sido un jugador mucho mejor de lo que fue». Pero Emilio Butragueño nació en el barrio de Salamanca, en una familia acomodada. Los padres le proporcionaron un entorno muy estable y acogedor. Él ha tenido mucha suerte con ellos. Me apuntaba muchas veces a cenar en su casa porque me generaba sosiego contemplar una estampa tan desconocida e inusual en mi vida. La comida de Nochebuena también solía celebrarla con ellos. Acudían también parientes de Sonia. Por unas horas vivía el espejismo de formar parte de una familia.

Cuando sufría momentos muy angustiosos de soledad o me sentía caer en el fondo de un pozo, la casa de Emilio siempre estaba abierta, plácida, serena, en armonía. Llegaba con mi mochila llena de problemas y allí cualquier asunto se minimizaba: «Qué pasa, compañero, cuéntame». Emilio tiene la habilidad de quitar importancia a problemas que yo veía inabordables. A eso añadía el cariño de su mujer y de sus hijos. Me acogían como a un tío, un hermano de Emilio, alguien de su familia. He cenado allí muchos fines de semana, la madre guisaba muy bien, era una mujer muy tierna, una señora entrañable. Una vez le di una sorpresa totalmente inesperada porque aparecí con la infanta Elena. El padre es un fenómeno, ahora vive solo con más de noventa años. Emilio ha continuado el ejemplo de sus padres con su propia familia y los ha mantenido al margen de un mundo tan complicado como es el del fútbol.

Por aquel tiempo, era seguidor del Real Madrid. Viví en directo las tres derrotas históricas del equipo en las copas de Europa ante el PSV, el Bayern y el Milan. Como vivía en Maastricht me iba en el coche a las ciudades donde jugaban. Emilio me dejaba una entrada en el hotel donde se concentraban. Así, fui testigo de la noche trágica de abril de 1989 en la que el Madrid perdió 5-0 frente al Milan. También asistí al encuentro contra el Bayern en Múnich. Nevaba mucho en la ciudad y el hotel estaba a trasmano, llegué en el último momento, cuando salía el autobús hacia el campo. Emilio no había olvidado dejarme la entrada en la recepción del hotel. Allí estuve en el estadio del Bayern, rodeado de alemanes, fui de los pocos que acudió a animar a los blancos.

Ya no soy seguidor del equipo de mi amigo. Hace unos diez o doce años, una tarde en el estadio Calderón, mirando al entorno empecé a comprender que esa era mi afición. El sentimiento colectivo que brotaba de la gente que animaba al Atlético de Madrid desde las gradas se asemejaba a mi sensibilidad y experiencia vital. Pensé en Emilio Butragueño y en su familia acomodada, en el ambiente ordenado y estable en el que había crecido, Emilio siempre fue un chico adaptado al entorno y muy educado. Eso es el Real Madrid, el éxito y el orden estético, el ganador en la vida, con lo que supone de distancia emocional y cierta superioridad moral; para ese equipo perder es casi un accidente.

Mi vida ha sido la antítesis. Entiendo el alma atlética. La he asimilado con la mía propia: yo también anduve por el filo y cuando parecía que iba a desaparecer lograba un triunfo magnífico que me ayudaba a seguir adelante. ¡Cuánto me ha costado obtener una victoria! Como al Atlético, que nunca ha logrado vestir el traje de triunfador de la mañana a la noche. Las sensaciones que emanan del graderío atlético son similares a las que yo sentía en las pistas de competición: cuando llegaba a un sitio en el que notaba calor y afecto, ahí me recogía y me sentía bien. Y así me siento en el palco del Atlético de Madrid. Junto a una afición que entiende también la derrota. Si te meten un gol no es un drama. Ni un trauma colectivo. Cada minuto de un partido es un sobresalto, son noventa minutos de lucha y esfuerzo contra otro equipo y el propio destino cenizo. Cuando pierde el Madrid el drama se extiende a toda la familia. Cuando pierde el Atlético caminas junto al resto de los atléticos. Me siento absolutamente identificado. Enseguida sentí cariño por ese equipo, son como una familia. Ahora, los últimos años estamos de maravilla. La leyenda del «pupas» parece desterrada.

Me hice atlético y Emilio lo vivió en *shock*.

—Lo siento Emilio, pero me gusta el Atlético —le anuncié.

—Eso, sin duda, es un delirio transitorio —me respondió con gesto de incredulidad absoluta.

No lo fue. Soy socio del Atlético de Madrid. No voy demasiado al palco, ¡tienes que llevar corbata! Era un palco bastante dejado pero hemos entrado a formar parte de los ocho equipos más grandes de Europa y hay que ponerse corbata. Aunque alguno no lo cumple. Ya tenemos una entidad y un estadio maravilloso.

Mi amigo Emilio es director de Relaciones Institucionales del Real Madrid. Cuando voy a ver al Atlético al Bernabéu nos acompaña Luis María Anson. En el descanso, Emilio analiza y valora el primer tiempo con nosotros y nos avanza las previsiones para el segundo. Acierta casi siempre. Mi amigo nos regala una apasionante clase teórica de fútbol.

Ludger Beerbaum es el padrino de mi hija Amina. Tan importante es Ludger en mi vida, el mejor jinete de salto de todos los tiempos, con un palmarés soberbio: cuatro oros olímpicos (Seúl, Atlanta y Sídney por equipos y Barcelona en salto individual) y dos mundiales y seis europeos. Ha superado a Hans Günter Winkler, una leyenda en la hípica mundial, el jinete que más campeonatos y medallas de oro ha ganado en la historia ecuestre: siete medallas, cinco de ellas de oro, en seis juegos olímpicos. Winkler, que murió en julio de 2018, fue mi maestro en mi primera experiencia en el extranjero, pasé dos veranos formándome con él al separarme de Florián y emprender mi andadura en solitario.

Ludger es un líder nato, de gran personalidad, fuerza e inteligencia. Nació en 1963, como Michael Jordan, el mejor baloncestista de todos los tiempos, Gary Kasparov, el mejor ajedrecista de todos los tiempos, la infanta Elena y yo mismo, a pesar del empeño de algunos en tacharme como la oveja negra de los Alba. Craso error. A Emilio Butragueño —también de 1963— le faltó nacer en Usera para ser el mejor futbolista de todos los tiempos, como decía su mujer. Si Emilio hubiera pasado necesidad y su carácter se hubiera forjado de otra manera, habría sido aún mejor. Seguro que habría capitaneado al equipo en los partidos de las copas de Europa que yo presencié. Como hace ahora Sergio Ramos en el Real Madrid o hizo Carles Puyol en el Barcelona. En la competición hípica también se necesitan deportistas con virtudes de liderazgo: en la Copa de Naciones siempre debes tener un cabecilla que aporte fuerza y motivación al equipo; ese es el empujón definitivo para vencer en una final. Además de técnica, formación y talento un deportista de élite necesita un punto más para lograr la victoria, ese punto radica en la personalidad. Yo he intentado ejercer de líder en alguna ocasión, pero para eso antes debía estar bien conmigo mismo.

Ludger tiene muy pocos amigos porque los alemanes son muy herméticos y, a veces, su forma de actuar amilana a la gente. Como ocurre conmigo: me amas o me odias. He compartido con Ludger dos situaciones en las que se sintió perdido. En ambas acudí en su ayuda y le hice entender el panorama algo mejor. La primera fue cuando le dejó su primera mujer, que era diez años mayor. Habían sido padres de un hijo y ella aportó al matrimonio una hija de una relación anterior. Ludger, como ocurre con los deportistas de élite, vivía mucho tiempo fuera de casa, eso finalmente le pasó factura. Cuando su mujer cumplió los cincuenta se empezó a deprimir. Acudió a un psicólogo y el resultado fue que comenzó con él una relación sentimental. Esa situación era el absurdo para la mente analítica de mi amigo, que siempre había logrado que su vida personal y la deportiva estuviesen perfectamente estructuradas.

Ludger Beerbaum era el mejor, sin duda. No existía otra cuadra en el mundo como la suya: ha llegado a tener tres jinetes y él mismo en la alta competición. Aunque manteníamos buena sintonía, nos hicimos amigos tras acceder a la presidencia de la Asociación Internacional de Jinetes de Saltos —International Jumping Riders Club (IJRC)— en la asamblea general celebrada en Aquisgrán en junio de 1999. Ludger era vicepresidente, junto con el brasileño Rodrigo Pessoa. Formé un comité muy fuerte con jinetes de Holanda, Suiza e Italia. Pronto observé que había algunos con muchísimo carácter, lo que no es sorprendente porque en el mundo de los caballos te vuelves muy independiente: la relación gira en torno a los animales, tú y tus caballos, tú y tu cuadra; el jinete se convierte en el director del equipo y actúa sobre el mozo, el veterinario, el fisioterapeuta... Al principio fue complicado, pero me respetaban lo suficiente como para moderar la situación. Sin embargo, cuando Ludger intervenía era como el oráculo, infundía tal respeto debido a su personalidad y trayectoria que desarticulaba los argumentos del resto de la junta directiva. Al final, siempre se imponía su opinión, ante el descontento del resto. Debía atajar esa situación. Celebrábamos una reunión para analizar un problema que afectaba de manera importante a nuestro colectivo. Antes de comenzar había recopilado la opinión de todos de manera individual y la adjunté a mi propio criterio. Al intervenir Ludger, yo ya tenía todos los argumentos y me enfrenté a él. Ludger no estaba acostumbrado a ser rebatido. Al final, reuniendo la opinión de todos, obtuvimos una solución aceptable. Creo que fue un momento clave en mi mandato de la IJRC, cargo que mantuve hasta el año 2013, un periodo en el que la asociación recobró fuerza y yo aumenté el respeto y el prestigio dentro del colectivo.

A las dos horas de la reunión en la que Ludger se vio cuestionado, se celebraba la Copa del Mundo de Suiza, ganó él. Yo estaba preocupado porque me había enfrentado a un titán y me había quedado algo dubitativo. Tras su victoria, cuando aún estaba sobre el caballo, entré en la pista de ensayo a felicitarle. Me lo agradeció con sinceridad, le pedí disculpas por la discusión previa: «No te preocupes, has estado perfecto y, además, me he quedado muy equilibrado para montar, más tranquilo».

A partir de ahí nos hicimos muy amigos, una amistad para toda la vida. Él fue quien me dio el empujón de ánimo antes de que nacieran mis hijos. Estábamos en la Copa del Mundo de Londres cuando me llamó Genoveva para comunicarme que esperábamos dos hijos. Lo comenté con Ludger y recuerdo su consejo: «Mira Cayetano, en las relaciones uno va agachado, otros más agachados, pero derecho no va nadie. La relación es lo de menos, lo importante es que vas a ser padre de dos hijos y eso es una maravilla».

Manteníamos buena sintonía. Incluso me ayudó en algunos momentos de mi carrera. Su excelente visión sobre los caballos sirve para que sus consejos y correcciones resulten fundamentales, porque cuando te mueves en la élite solo los que están contigo te pueden ayudar a subsanar las dudas. Es tremendamente didáctico; igual que Emilio, Ludger tampoco exagera las situaciones. Solo en dos ocasiones le he visto bloqueado, la de la ruptura con su primera mujer y con un pequeño asunto de dopaje en el momento álgido de su carrera deportiva. El gran mito de Alemania se tambaleaba. La presión llegó al punto de que en un campeonato de Alemania se equivocó en un obstáculo y cayeron el caballo y él. Estaba desconcertado y aún tenía que continuar con otro caballo, acudí a la cuadra a darle ánimos para que recuperase la estabilidad, algo que nadie se atrevía a hacer: «Monta, tranquilo, estás bien». Era un momento de gran tensión, por primera vez le sobrepasaba la situación. Lo que vivía mi amigo era muy grave, era el sustituto de Winkler, el otro mito ecuestre de Alemania, el país con los mejores jinetes del mundo, las dudas sobre el dopaje de sus caballos suponían un tiro en la línea de flotación. En ese momento necesitaba ayuda y yo le brindé todo mi apoyo en una situación complicada.

Hace años, sentí que mi espalda sufría el desgaste propio de tantos años de esfuerzo y acudí a un fisioterapeuta del Real Madrid. Me recomendaron preparación física y ejercicio en un centro de alto rendimiento. Llegué al gimnasio y no supe qué hacer. Pensé que podría ayudarme la práctica del boxeo porque era un deporte muy completo que fortalecía los reflejos, la coordinación y flexibilidad. En el primer entrenamiento me crucé con chavales jóvenes de dieciocho o veinte años a los que ya les doblaba la edad, y además permanecía muy rígido, acostumbrado en la hípica a mantener siempre esa posición estática. Así conocí a Manel Berdonces, otro hermano.

Manel, el «Tigre de Tetuán», fue durante nueve años seguidos campeón de España de pesos superligeros y campeón del Mundo Hispano. Había disputado el campeonato de Europa y del mundo como número uno y, después de dieciséis años en activo, se acababa de retirar porque se había roto cinco veces la mano. Era segundo entrenador de la Selección Nacional de Boxeo. El día de mi llegada, en el primer ejercicio, empecé a correr y casi me muero. Manel no dudó: me sacó de la fila y me dijo: «Chico, pareces un Madelman». Era cierto. Desde ese día comenzamos entrenamientos individuales que propiciaron nuestra amistad. Manel es un alma gemela.

Siempre dice con orgullo de barrio: «Soy de Tetuán, de la calle Aguilafuente». Con nueve años presenció un asesinato en su calle; más tarde vio caer a sus mejores amigos víctimas de las drogas. Nunca se habrían cruzado nuestras vidas, porque no es fácil salir del lugar donde uno ha nacido, pero el destino decidió que Manel y yo nos encontrásemos. Desde el primer día conectamos muy bien. Él tiene corazón de león, un fondo noble y peleón contra los abusos. Como yo. Compartimos alma y corazón. Es evidente lo que nos separa pero siempre insiste en contar que «Cayetano es de las personas más parecidas a mí que he visto en mi vida y él me ha dicho lo mismo. Hemos vivido momentos increíbles y hasta nos ponemos enfermos al tiempo». Manel es el amigo, el hermano, que acude a mi casa, sin necesidad de pedírselo, para averiguar cómo evoluciona mi salud tras una operación, por ejemplo.

Creció en una familia muy humilde. Se casó muy joven y tiene tres hijos. El último, el chico, siempre dice que se lo debe al Cristo de los Gitanos: se lo pidió una *madrugá* sevillana, venía detrás de mí vestido de nazareno. Los padrinos de bautizo de su hijo somos mi madre y yo. Cuando acudimos a la iglesia de Tetuán, tan pequeña y humilde, mi madre preguntó:

—Pero ¿esto qué es, dónde estamos bautizando al niño?

—Esto es una iglesia mamá.

—¡No me lo puedo creer!

Entonces, Nuestra Señora de Altagracia era una iglesia pequeña en los bajos de un edificio tan humilde como el templo. Era como una caja de cerillas. Mi amigo quiso que yo fuera el padrino de ese niño y me comentó que le encantaría que también tuviese una madrina de categoría. Mi madre aceptó encantada. Ella bordaba esas situaciones atípicas y provocadoras, se integró y lo pasó estupendamente. Recuerdo que al salir de la iglesia, Manel le ofreció su brazo:

—¿Qué pasa, no se va a agarrar usted de un chavalito guapo? Va a perder la oportunidad y no la tiene cualquiera… —le dijo.

Y ella no dudo en cogerse del brazo que le brindaba. Celebraron el bautizo en un bar del barrio. Cayetana disfrutó de la fiesta hablando con todo el mundo, comiendo y bebiendo. Y atenta a los detalles: preguntó a la mujer de Manel dónde le habían puesto el *piercing* que adornaba su nariz, que ella también quería ponerse uno. ¡Tenía ochenta años! Todo el mundo actuó con discreción, amabilidad y respeto, allí no se coló un solo fotógrafo y nadie hizo un gesto que pudiera incomodarla.

«Soy un tipo duro, estoy por encima del bien y del mal. Pero quiero a Cayetano porque para mí es un hermano de corazón. Agradezco a la vida que me haya brindado la oportunidad de conocerles, siempre me trataron como a uno más y mostraron el máximo respeto hacia mi familia. Él es una persona de categoría. Es todo corazón, es un guerrero». Cuando Manel dice estas cosas sobre mí, no puedo evitar que un nudo de emoción me aprisione la garganta.

Hemos compartido hazañas y aventuras propias de una película del Bronx. En Holanda, Majadahonda o México. Como hermanos de sangre. Desde el mundo sórdido del hampa madrileño a las cuitas amorosas para defender a mis hijos. Manel y yo somos socios en la dirección de un gimnasio y gracias a él conocí al campeón mundial argentino Sergio «Maravilla» Martínez. Juntos, asistimos en el Madison Square Garden de Nueva York al último combate de «Maravilla», que cayó perdiendo, aunque no noqueado, contra Miguel Cotto.

Berdonces y Martínez de Irujo sabemos lo que significa pertenecer al club de deportes discriminados en el ámbito español. Por conceptos opuestos, que coinciden en un lugar común, la crítica fácil hacia la actividad deportiva que practicamos. El boxeo, en general, no es un deporte valorado en la sociedad española, forma parte de un estereotipo que lo vincula a los chicos de los bajos fondos. La hípica está considerada un deporte de señoritos y señoritas. Algo que no ocurre en el resto de Europa.

Crecí en un palacio. Manel en un ambiente duro del barrio de Tetuán. Emilio en el corazón acomodado de Madrid. Ludger en Alemania. Y han conformado tres pilares básicos en mi vida. Había un cuarto, el exmarido de mi hermana Eugenia, pero ha abandonado ese lugar en mi vida y en mis afectos.

Conocí a Fran Rivera cuando empezó a salir con Eugenia. Me parecía un chico con vivencias y circunstancias parecidas a las mías: una madre complicada (aunque ambas fueran tan diferentes) y huérfano de padre desde muy joven. Francisco tuvo que ejercer de padre, no solo de su hermano Cayetano, que ha logrado ser una persona muy estable, sino también de los que nacieron después, el hijo de Isabel Pantoja y el de Julián Contreras. Les quería mucho a todos y ejercía de hermano mayor, una actitud que consideraba muy loable. Pero, en el fondo, le encontraba muy solo. Francisco vivía la carencia del padre y la inestabilidad de la madre; arrastraba la leyenda de la saga torera y le acompañaba el séquito materno de la noche, el faralaes y los flamencos, y la habitual corte del diestro.

Creo que poca gente le hablaba de verdad y le daba un consejo imparcial. Le ofrecí el apoyo que nunca había tenido. A pesar de mi confusión emocional, siempre he gozado de gran sentido común y he sido capaz de asesorar mejor a los de fuera que a mí mismo. Mantuvimos una relación tan estrecha, que al morir su madre creo que yo fui la primera persona a la que llamó y con la que rompió a llorar. Tuve el honor de acompañarles al altar, cuando se casó con mi hermana. Por otro lado, observaba que mi familia apoyaba a Eugenia y tengo la impresión de que no fue demasiado bien aceptado por ellos. Recuerdo que uno de mis hermanos comentó: «Es intolerable esta boda con este chico, porque si no te gusta el mundo de los toros no es nadie». A sus ojos sustituía al Pepe Luis Vázquez de mi madre, que mi abuelo arrancó de su entorno. En ocasiones, he pensado que mi madre proyectó ese primer amor frustrado a través de su hija y cumplió su gran anhelo de unir nobleza y arte. Ella nunca soñó casarla con un personaje de la aristocracia europea. Al contrario, fantaseó con la posibilidad de casarme a mí con un miembro de alguna familia real y alentó la boda de Eugenia con Francisco Rivera.

Fran fue como un hijo para ella. En uno de sus libros confesó que una de las decepciones de su vida se llama Fran Rivera. De hecho, mi madre le pidió que no hiciera lo que hizo —solicitar la custodia de mi sobrina Cayetana— y él la ignoró. Su respuesta fue que lo sentía mucho pero que seguía adelante. Confieso que yo le tenía sublimado, le había adoptado, protegido, me emocionaba verle pagar los estudios a sus hermanos, lidiar con la situación de la madre; reconozco que me excedí al valorarle. Le apoyé sin fisuras. Me costó que mi hermana no me hablara durante dos años porque tomé partido por él. Y Eugenia tenía razón. Se lo he reconocido con vehemencia y le pediré perdón una y mil veces si es preciso.

Porque con mi hermana, con mi madre y con su hija Cayetana, Fran Rivera no actuó bien. Ser el padre de la niña no le daba derecho a pedir que le quitaran la custodia a una madre sin motivo, arrancarla de su entorno y llevarla a Sevilla. No lo considero justo. De hecho, perdió en primera instancia y el recurso que interpuso posteriormente.

Estoy a favor de la custodia compartida, pero si un padre pretende quitar a la madre la custodia de una hija basándose en la voluntad de la menor, me parece un irresponsable. «Es la voluntad de la niña», me llegó a explicar. Un argumento baldío al tratarse de una niña de catorce años quejándose de su madre porque la obligaba a estudiar. Perdió las dos sentencias, y nos puso a toda la familia en una situación muy incómoda. Tuvimos que acudir al juzgado, estuvimos cuatro horas en un pasillo con los testigos: mis hermanos Carlos y Fernando, personal del ser-

El álbum de
Cayetano Martínez de Irujo

El palacio de Liria (EFE).

Así quedó Liria después de la guerra (EFE).

Entrada del palacio.

El escudo de los Alba flanqueado por los años de construcción y reinauguración de Liria.

La biblioteca de Liria presidida por el retrato del duque Jacobo, padre de Cayetana.

El salón Italiano donde se recibe antes de los almuerzos y donde estaba colgado *La Virgen de la granada*, de Fra Angelico.

El salón con el retrato de la duquesa María Teresa pintado por Goya.

Los perros que mi madre tuvo a lo largo de su vida están enterrados en el jardín de Liria.

El alcalde de Madrid, conde de Mayalde, junto a mi madre durante la colocación de una placa conmemorativa en Liria el 26 de noviembre de 1959 (EFE).

Mi abuelo Jacobo Fitz-James Stuart, junto a mis padres durante el anuncio de su compromiso en el palacio de Las Dueñas (EFE).

Mis padres en su banquete de boda.

La reina Victoria Eugenia y la emperatriz Eugenia de Montijo en los jardines de Las Dueñas en 1919 (EFE).

Mi madre y Jackie Kennedy en Sevilla.

La reina Victoria Eugenia llega a Madrid en 1968 para asistir como madrina al bautizo del príncipe Felipe. Mi padre, en lo alto de la escalerilla, la acompañó durante su viaje (EFE).

La reina y mi madre durante la audiencia que se celebró en Liria (EFE).

Mis padres.

En brazos de mi madre rodeados por Fernando, mi padre, Jacobo, Carlos y Alfonso.

Dos adolescentes Carlos y Alfonso.

Jacobo.

Fernando.

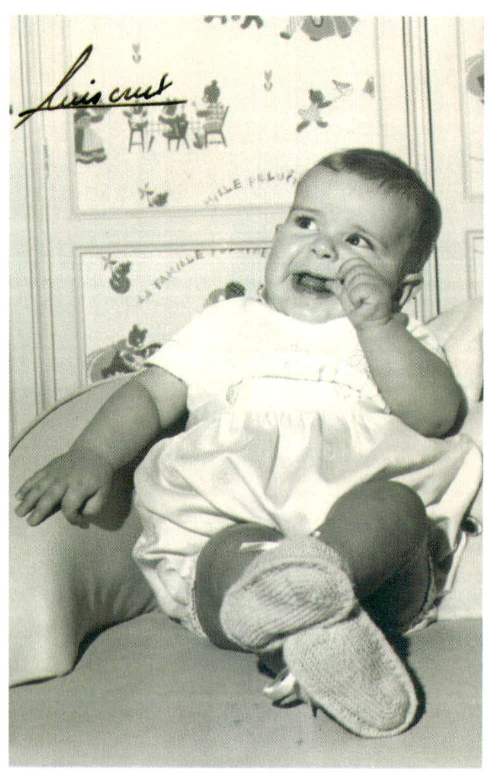

Fui un bebé muy alegre.

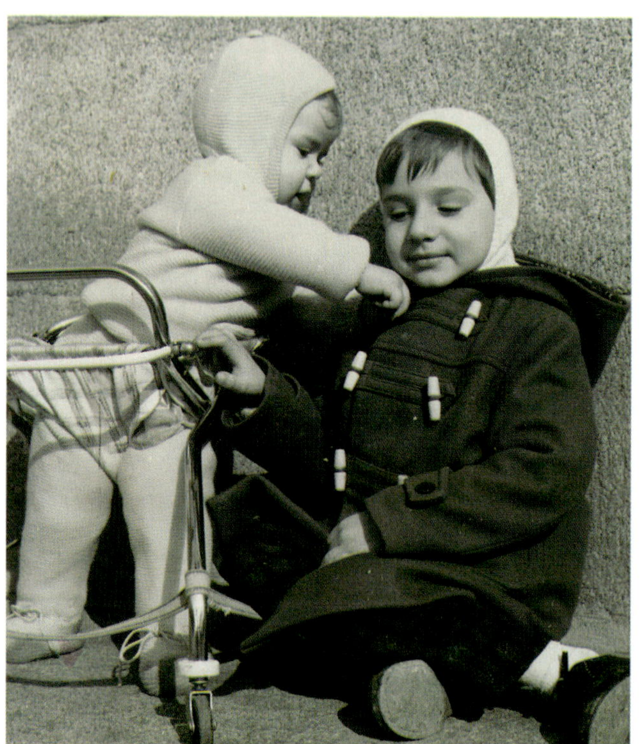

Con Fernando, mi hermano del alma.

Paseo con Nana y su hija Margaret, Fernando y Jesús,
el chófer de mi madre.

Haciendo guiñol en Liria.

¿Regalos de Navidad?

Días felices con mi padre, su amigo Santiago Muguiro, Joaquín y Jesús.

Jugando con mi madre y mis hermanos: Jacobo, Carlos, Fernando y Alfonso. A veces parecíamos una familia normal.

Con Fernando y las infantas Elena y Cristina en el jardín de Liria.

Con el príncipe Felipe.

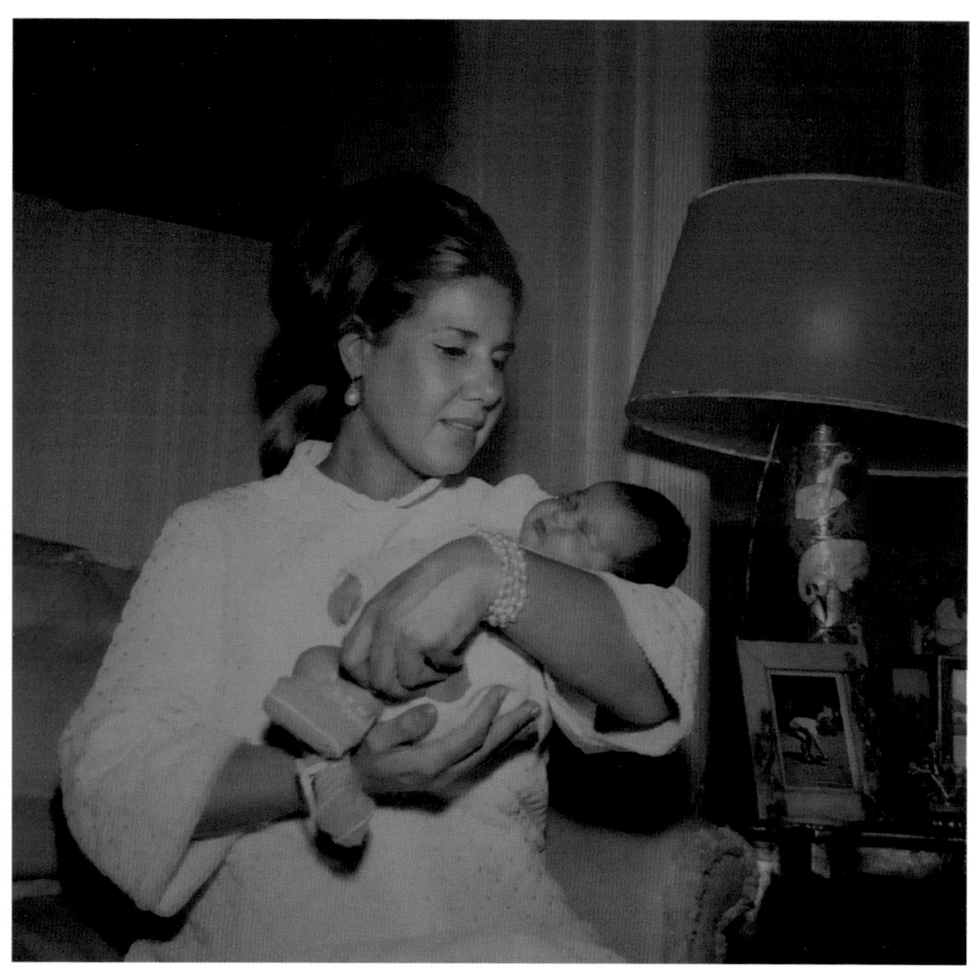

Por fin llegó la ansiada niña esperada por mi madre.

La familia al completo: Carlos, yo, mi padre, mi madre con Eugenia, Fernando, Jacobo y Alfonso.

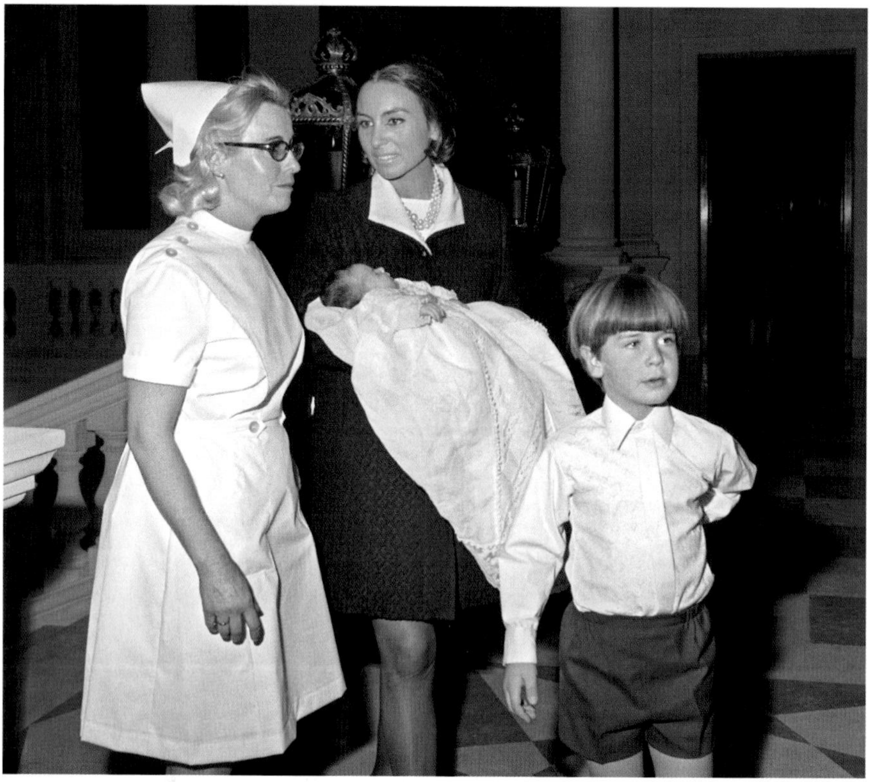

En el bautizo de Eugenia, en brazos de su madrina, Mencía, marquesa del Valle de la Paloma, con Nana (EFE).

Mi padre, poco antes de morir, con mis dos hermanos mayores (EFE).

Hasta pasados unos días, nadie nos dijo a Fernando y a mí que mi padre había muerto. Semanas después, el 5 de octubre de 1972, acudimos todos (menos Eugenia que era muy pequeña) al funeral organizado por el Consejo del Reino en la iglesia de los Jerónimos (EFE).

Navidad en Liria con mi madre y Eugenia.

Dibujando aplicadamente.

Escribí un diario en inglés y en la portada pegué la foto
de una familia que no era la mía.

En una capea.

Mi madre y Jesús Aguirre de vacaciones en Arbaizenea, en San Sebastián (EFE).

Los sombreros de mi madre colgados en Arbaizenea.

El salón de Arbaizenea.

Mantengo el palacio de San Sebastián tal como lo dejó mi madre.

Eugenia y yo en Liria, durante la boda de Jacobo, rodeados por Vicenta, Florián, su hijo Javier y Nana (EFE).

Mi habitación en Liria.

Con mi uniforme
de la mili.

Empecé muy joven a saltar.

Pronto competí en diversos campeonatos.

Gané la prueba de velocidad en el Campeonato del Mundo de Estocolmo.

Campeonato de Europa de Donaueschingen (Alemania), donde quedé entre los diez primeros

Me ha costado valorar todo lo que he conseguido con la hípica.

La infanta Elena y yo compartíamos nuestra pasión por los caballos.

La puesta de largo de Eugenia en Las Dueñas con Alfonso, mi madre, Jesús Aguirre y Carlos (EFE).

Mi madre obligó a Eugenia a abrir su baile de puesta de largo con Jesús Aguirre, pero enseguida la saqué yo (EFE).

Jason llegó a mí siendo solo un cachorro.

Pero mi león creció enseguida.

Me llevaba a Jason a todas partes.

24 heures en Calvados

Un lionceau s'échappe près de Cambremer

Agé de 4 mois et pesant 20 kilos, un lionceau s'est échappé, mercredi midi, d'un haras de la région de Cambremer. Son maître, un sujet espagnol qui réside à Cambremer, avait l'habitude de l'emmener. Pendant qu'il faisait du cheval, le lionceau s'amusait avec les chiens du haras. Les gendarmes ont fouillé, avec l'aide de sapeurs pompiers, les nombreux bâtiments du domaine. A la tombée de la nuit, ils ont arrêté les recherches. Et c'est là que le lionceau est venu gratter à la porte de la maison du haras. Il avait dû se couler dans une balle de paille pour faire une bonne sieste. Quant à son propriétaire, ne pouvant produire de certificat d'origine, il sera poursuivi, par le service des douanes, pour introduction illégale d'animal sauvage...

La prensa francesa se hizo eco de una de las escapadas de Jason.

Jason era un animal precioso.

Tuve el honor de ser el padrino de mi hermana Eugenia (EFE).

Margarita Cayarga, Nana,
mi segunda madre.

Flanqueado por Nana y su hija Margaret.

Con mi amigo Emilio Butragueño (EFE).

Ludger Beerbaum me ha dado grandes consejos profesionales y personales a lo largo de mi vida (EFE).

Con Eugenia y su entonces marido, Francisco Rivera, y con Luis María Anson, un segundo padre para mí (EFE).

Mi madre y yo fuimos los padrinos del hijo
de mi gran amigo Manel Berdonces.

A mi madre le encantó amadrinar al hijo de Manel.

Con Fina Calderón y Katia Cañedo.

Con Margaret, de quien hoy en día soy su tutor, Bárbara y Roberto, mi compadre de Sevilla.

Mi compadre
Fernando Ramírez.

En la celebración del veinticinco aniversario de Barcelona92 con mis compañeros del equipo olímpico de hípica: Luis Álvarez Cervera, Enrique Sarasola y Luis Astolfi.

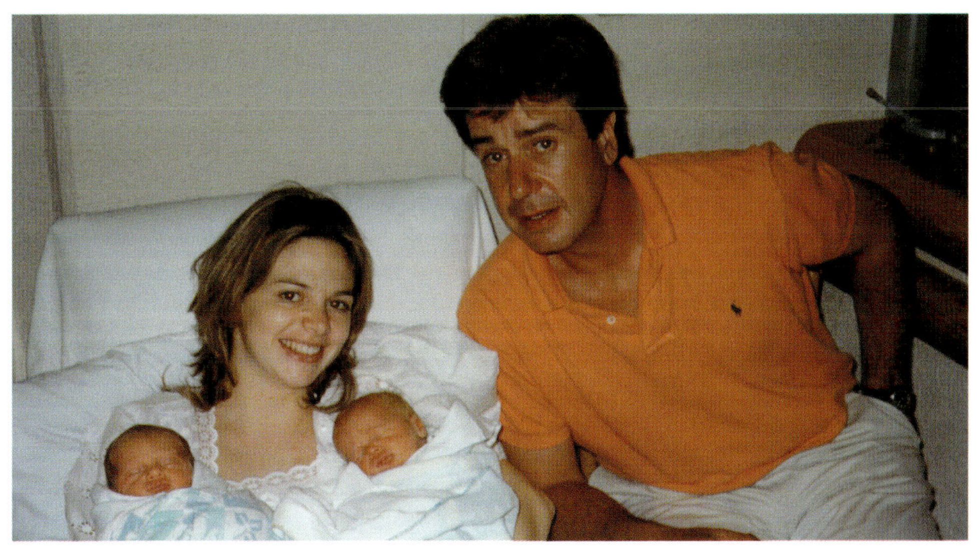

El 25 de julio de 2001 Genoveva dio a luz a nuestros hijos en México.

Amina y Luis son nuestras grandes alegrías.

Viaje de familia a Disneyland con Margaret y Nana.

En una Feria de Abril.

Genoveva y yo nos casamos el 15 de octubre de 2005.

Les he dado a mis hijos el cariño que yo no tuve.

Hoy en día, Amina y Luis son dos grandes personas.

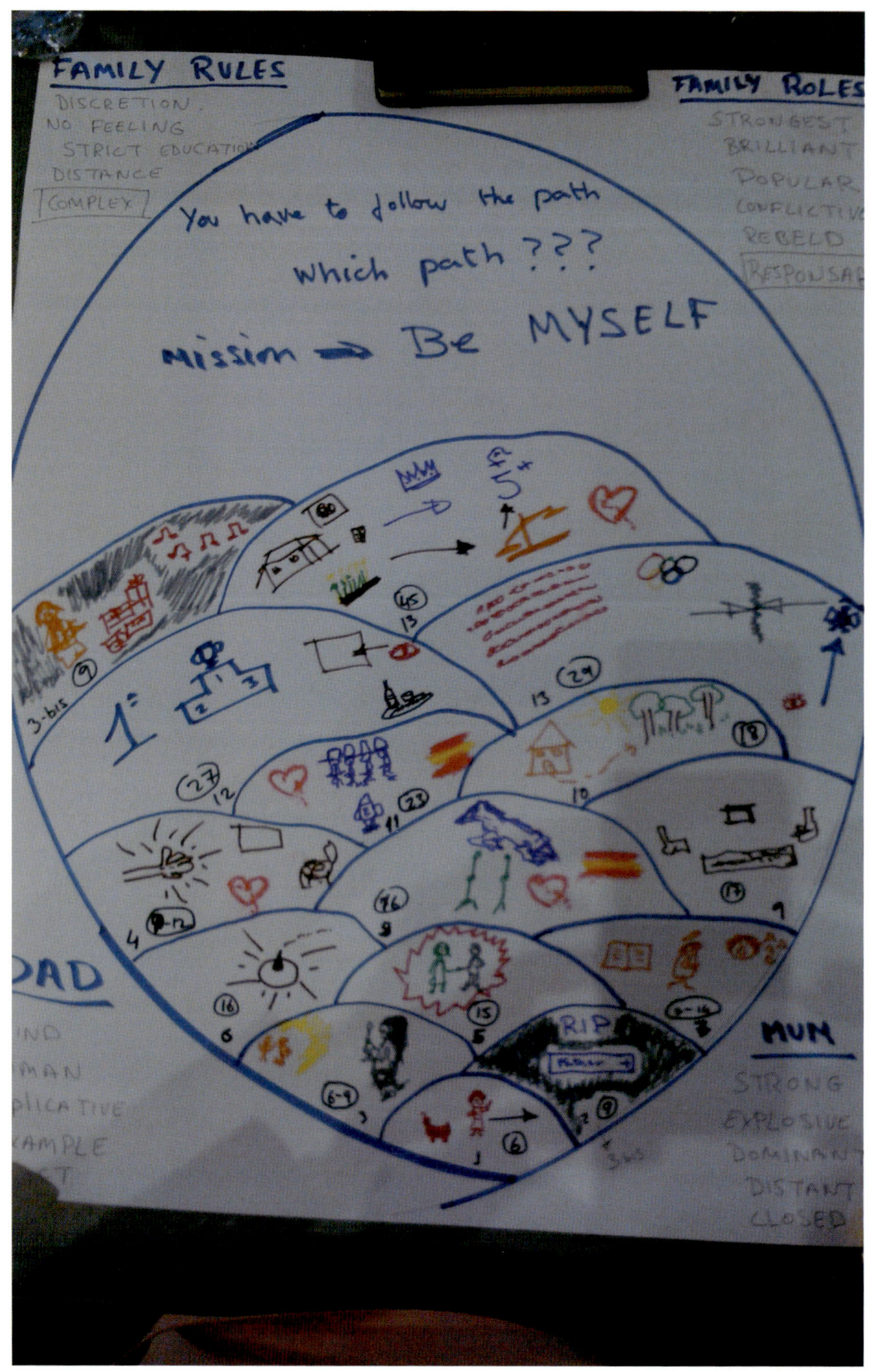

El «huevo» de mi vida que dibujé durante mi terapia en Estados Unidos.

En mi casa de Las Arroyuelas, en Sevilla.

Kenia es mi lugar en el mundo.

En África soy verdaderamente feliz.

Con Bárbara en África.

Con Bárbara, Isaac y sus hijos en Kenia.

A Cayetano luchador que no se rinde reencarnación de héroe guerrero gran duque generosidad infinita siempre mejorando hombría síntesis superación valentía en el sufrimiento buen hijo buen
padre buen amigo deportista de élite que empezó
sin nada y acabó con todo espíritu jóven travieso
divertido un padre desde el cielo que afianza los
buenos pasos que inspira sentido de la justicia
siempre velando intuición y sabiduría de una
madre que vió la inmensidad de talento primero
el campo después la casa...faltó tiempo la nana
monumental y salvadora amina y luis belleza
interior devoción filial liria arte goyas primeros
pasos san sebastián dueñas la mayonesa casera
la tortilla de patatas de monterey el arroz con
huevos el amor a francia kenia paraíso los paseos
el atardecer de las arroyuelas sotogrande los caballos salvación el romero las amapolas la
pasión siria Cayetano esencia de medio oriente

Dedicatoria de Bárbara.

De: Excma. Sra. Duquesa de Alba

A: Mis hijos: - Excmo. Sr. Duque de Huescar. Excmo. Sr. Duque de Aliaga, Excmo. Sr. Conde de Siruela, Excmo. Sr. Marqués de San Vicente del Barco y Excma. Sra. Duquesa de Montoro.

Madrid, 24 de Diciembre de 2009

Queridos Carlos, Alfonso, Jacobo, Fernando y Eugenia:

Escribo estas líneas para encomendar encarecidamente, mientras que el Patrimonio de la Casa de Alba me pertenezca a mí por completo, mi deseo que mi hijo Cayetano Martinez de Irujo Stuart, se responsabilice y lleve todas mis fincas (Cordoba, Sevilla y Salamanca). Despachará conmigo todos los asuntos relacionados con las fincas y yo decidiré.

Vosotros tenéis mucho trabajo y no necesitáis más cargas. Cayetano cuando deje de montar, tendrá más tiempo, le gusta el campo y se asesora con gente del campo, entendida que conocemos en Andalucía.

He puesto toda mi confianza en este asunto en Cayetano. No quiero discusiones, la decisión la he tomado por que es mi deseo.

Muchas gracias por ayudarme, una beso para todos

En 2009 mi madre escribió esta carta para comunicarles a mis hermanos que yo iba a gestionar las fincas de la familia.

ACTA DE MANIFESTACIONES A INSTANCIA DE LA EXCELENTISIMA SEÑORA DOÑA MARIA-ROSARIO-CAYETANA STUART FITZ-JAMES Y DE SILVA, DUQUESA DE ALBA.=

En MADRID, mi residencia, constituido en el Palacio de Liria, a veintisiete de febrero de dos mil doce.---

Ante mi,

COMPARECE :

LA EXCELENTISIMA SEÑORA DOÑA MARIA-ROSARIO-CAYETANA STUART FITZ-JAMES Y DE SILVA, DUQUESA DE ALBA, mayor de edad, casada, empresaria, vecina de Madrid, Palacio de Liria, sito en la calle Princesa, número 20, con D.N.I. número 476.842-Y.---

INTERVIENE :

En su propio nombre y derecho.---------------

Le juzgo con capacidad legal e interés legítimo para este acta de manifestaciones, y al efecto,

MANIFIESTA :

Que es también su deseo que su hijo primogénito Don Carlos mantenga a su hermano Don Cayetano en la gestión de la "Casa de Alba" y en la "Fundación Casa de Alba".-----------------------------

De acuerdo con la L.O. 15/1999, la compareciente acepta la incorporación de sus datos al protocolo notarial y a los ficheros de la Notaría.---

Y no habiendo nada más que hacer constar, doy por terminada este acta que leo a la compareciente, advertida de su derecho, declara haberla leído íntegramente por sí, y enterado de su contenido, consiente, otorga y firma conmigo el Notario, que doy fe de haberle identificado por medio de su reseñado documento de identidad y de todo lo contenido en este instrumento público, que signo, firmo, rubrico y sello quedando extendido en el presente y único folio de Papel Exclusivo Notarial.-

Mi madre quiso que yo gestionara la Casa de Alba junto a mi hermano Carlos.

Durante mi gestión presenté en Liria la marca Casa de Alba de productos gourmet (EFE).

Algunos de los productos Casa de Alba.

A mi madre le concedieron en 2010 la Medalla de Oro de la ciudad de Madrid y sus hijos la acompañamos al acto de entrega (EFE).

El 5 de octubre de 2011 mi madre se casó por tercera vez con Alfonso Díez (EFE).

Todos estábamos desolados en el entierro de mi madre
el 21 de noviembre de 2014 (EFE).

vicio, amigas de Eugenia. Tana lo pasó fatal, negó los argumentos de su padre y estuvo enferma varios días tras el juicio. Fran Rivera fue la gran decepción de mi madre. Y mía. Porque ya hemos hablado todo lo que había pendiente. No confluimos en el mismo puerto.

Así las cosas, ese cuarto pilar que dejó vacante Rivera, lo ocupan, con mayor intensidad si cabe, mis hermanos Fernando y Eugenia.

Amigos que son como hermanos. A los que sumo compadres y compañeros del alma como Roberto González Conde y Fernando Ramírez. A Roberto le conocí en una Feria de Abril cuando yo tenía catorce años y él alguno más. Es un hombre de campo, pegado a las tradiciones del sur, muy auténtico y enormemente leal. Tanto, que fue un andaluz en la Movida de Madrid, junto a mí en las noches de copas y fiesta. Hemos compartido citas flamencas junto a los gitanos de Sevilla o Jerez. Roberto es mi anclaje al sur, a la Sevilla tradicional con emociones a flor de piel. Pero, ante todo, Roberto es un amigo fiel.

Fernando Ramírez es donostiarra, constructor, empresario, fue director del puerto de Getxo. Un hombre inteligente, capaz, conciliador y sensible. Me ha aportado la serenidad y el equilibrio que he necesitado. Su voz emana tranquilidad y reposo frente a mis arrebatos y la fuerza de mi carácter. No me parezco a Roberto ni a Fernando, pero ambos son mis compadres de corazón, no concibo la vida sin su presencia.

10

LINAJE

Mis hijos bromeaban a menudo con la presencia de la abuela Cayetana en el *Guiness Book of Records*. La aristócrata con más títulos nobiliarios: XVIII duquesa de Alba y XI de Berwick, XVII duquesa de Híjar, XIV condesa-duquesa de Olivares, así hasta un total de cuarenta y seis, quince de ellos con Grandeza de España. Con tal pedigrí de nobleza y varios palacios en propiedad, además de otros múltiples bienes, es complicado aceptar que no hemos vivido como la gente piensa, que no hemos tenido lujos y que no hemos podido estar a la altura económica de la gente de nuestro rango social de otros países.

Nos han convocado en numerosas ocasiones, sin embargo con diecisiete años no podía responder a las invitaciones que me llegaban de nobles europeos, franceses, italianos, alemanes, austriacos, ingleses... Al menos durante diez años, esas invitaciones eran habituales, pero creo que habré acudido solo a un par de ellas. A decir verdad, no me sentía cómodo en ese ambiente, son muy ricos y no es fácil moverte en sus fiestas maravillosas: debes alojarte en un hotel de cinco estrellas y viajar en *grand class*, además, hay que asistir a muchos otros actos y cuesta un dineral, porque solo estás invitado a una comida. Con el presupuesto de cualquiera de esos viajes, yo vivía cuatro meses en España. Excepto mi hermano Fernando, que está muy bien relacionado y acude a veces a gastos pagados, el resto apenas hemos atendido a las invitaciones. En mi caso porque económicamente no podía moverme según el estatus que aparentaba nuestra Casa y rango aristocrático.

Lejos quedaban aquellos tiempos en los que mi padre pagaba las facturas de miembros de las familias reales europeas. Cuando mi hermana Eugenia tenía poco más de tres meses fuimos todos a Lausana para acompañar a la reina Victoria Eugenia de Battenberg, ya muy enferma. Allí se habían reunido varias familias reales preocupadas por el desenlace fatal, que sucedió el 15 de abril de 1969. Nos instalamos en el Royal Hotel. A Fernando y a mí nos encerraron en un cuarto, solo nos sacaban para ver a la niña o para ir a saludar a la reina a la que recuerdo perfectamente. El aspecto de Victoria Eugenia denotaba su gravedad pero sostenía en sus brazos a mi hermana pequeña, que le debe su nombre a ella y a la emperatriz de los franceses, Eugenia de Montijo. Excepto esos momentos de comunicación con el exterior, el resto del tiempo permanecíamos encerrados y aburridos.

El hartazgo lo solucionamos una buena mañana al descubrir una bandeja de huevos decorados, que resultaron ser de verdad. No se nos ocurrió otra cosa mejor que tirarlos sobre la realeza que estaba reunida saboreando el desayuno. Los huevos se estrellaron contra las sombrillas de las señoras o el suelo encerado del salón. El cisco fue de órdago. Vino Nana enfadadísima. Nos castigó bien. A nosotros nos habían servido un suculento desayuno en unas mesitas, y ¡zassss!, Nana tiró del mantel blanco: «Ahora no desayunáis». No tomamos nada hasta el almuerzo.

Los gastos de unas cien personas de la realeza fueron asumidos íntegramente por mi padre que, durante años, fue el jefe de la Casa de Su Majestad la reina doña Victoria Eugenia de España, hasta su muerte, días después de nuestra visita, y miembro del Consejo Privado de don Juan de Borbón.

Habíamos visto a la reina un año antes. Cuando viajó a España para amadrinar a su bisnieto, el actual rey Felipe VI, el 7 de febrero de 1968. Llevaba treinta y siete años ausente de nuestro país. Viajaba acompañada de mi padre desde Niza. Franco no quiso ir a recibirla al aeropuerto ni brindarle los honores propios de la última reina de España. Pero para arreglar la desatención estaba mi madre, que no defraudó a su madrina de bautizo ni a sus arraigados principios monárquicos. De Liria colgaron seis tapices de la bandera de España e izaron el pendón de Castilla. Las puertas se abrieron de par en par a Victoria Eugenia, que se hospedó al lado del salón Zuloaga, en el cuarto que había sido de la emperatriz Eugenia de Montijo y que más tarde ocupó Jesús Aguirre. Mi madre modificó la decoración para que se sintiera como en su casa suiza, donde todo era de color blanco con alguna nota amarilla: paredes, suelo, cortinajes. Ella cambió la decoración de influencia inglesa de la zona en la que viviría por unos días su madrina y engalanó de blanco sus aposentos. Aunque algo caprichosa, lo cierto es que la viuda de Alfonso XIII explicaba que los tonos blancos le producían descanso. Durante aquellos días, hasta el servicio desempolvó los antiguos uniformes de gala.

Mi madre se saltó las normas políticas imperantes en España y organizó un besamanos en el *hall* del palacio para que cualquier madrileño que lo deseara acudiese a cumplimentar a la reina. Poco le importaba el riesgo de un altercado con los falangistas que merodeaban por esos días en el entorno de Liria. Se sentó junto a su madrina y durante nueve horas saludaron a todos los que se acercaron al palacio, muchos más de los que le hubiera gustado al régimen. A pesar de su edad, Victoria Eugenia consiguió permanecer en la audiencia varias horas. El mayordomo Ángel Esteso, siempre recuerda su foto ofreciendo un vaso de agua a la entonces última reina de España.

Como digo, mis relaciones con otros aristócratas han sido escasas pero alguna incursión he hecho entre ellos. Unas veces por requerimiento y otras por voluntad propia. Fui un invitado del príncipe Rainiero en Mónaco. Eran los años en los que su hija Estefanía había comenzado la vida enloquecida tras la muerte de su madre. El príncipe monegasco pidió a Ira de Fürstenberg, actriz casada con Alfonso de Hohenlohe, que reuniese un grupo de aristócratas europeos para pasar unos días en el Principado con el objetivo de entablar amistad con su hija pequeña. Total, que me incluyeron en el grupo junto con mi prima, Victoria Carvajal, hija de los marqueses de Isasi, muy amiga de la infanta Cristina y del rey Felipe. En el grupo también incorporaron a Hubertus, hijo de Ira; un príncipe alemán, acompañado por una entonces desconocida rubia de nombre Corinna y apellido Larsen (que más tarde fue Adkins y después Zu Sayn-Wittgenstein-Sayn) de la que recuerdo su espíritu de observación: nunca bajaba la guardia, nos examinaba a cada uno de nosotros y al entorno con sumo interés.

En ese momento, Estefanía ya acaparaba portadas de las revistas internacionales, aunque aún vivía en Montecarlo y no había comenzado el romance con el *play boy* y empresario Mario Oliver, un personaje turbio, de pelo teñido de amarillo y diecisiete años mayor que la princesa. La primera noche nos llevaron a cenar a un restaurante italiano, nos presentaron a Estefanía, que se ocupó poco de nosotros y bastante más de los jóvenes que conformaban su séquito, la mayoría fotógrafos de moda. La historia subió de decibelios en la discoteca: según pasaban los minutos, la princesa iba alterándose. Estefanía era como una vedete, saltaba o se sentaba encima de todos, también sobre mí, que estaba con Victoria. Me mordió, me la quité de encima y se dio cuenta de que no era tan manipulable. Como diversión decidió cambiar los números del guardarropa. Hubertus y el príncipe alemán intentaron la conquista de la princesa, creo que con escaso éxito.

La invitación duró tres o cuatro días. Jornadas de intensas actividades: visitamos el palacio, hicimos deporte, fuimos de discotecas. Estefanía, que era el motivo principal de nuestra visita, aparecía y desaparecía. O la veíamos en la piscina besándose con alguien. Ella no existía por la mañana hasta la hora de comer.

Almorzamos en el palacio con Stefano Casiraghi, un hombre elegante, impecable, educado; Carolina, guapísima, y el príncipe Rainiero, que andaba tras los pasos de Ira de Fürstenberg. Jugué al tenis con el príncipe Alberto. Y subí con Estefanía a su descapotable deportivo, conducía como una enloquecida, saltándose los semáforos mientras los guardias la saludaban. La amenacé con tirarme en marcha del coche.

El último día de nuestra estancia en el Principado se celebrabó el Baile de la Rosa. Tras abrir el baile con Rainiero, Estefanía me sacó a la pista. Al final nos hicimos amigos, nos dimos los teléfonos y la llamé una vez, tiempo después, al pasar por París desde Holanda camino de Madrid.

En una ocasión, me ganó la curiosidad y decidí aceptar una invitación de los Bismarck en Hamburgo. Les conocía a través de Claudia Bismarck, una buena amiga que ahora está casada con un norteamericano y tiene varios hijos, que me invitó a una cacería en los dominios familiares. Yo no soy cazador, llegué vestido de calle, traje, camisa, abrigo y zapatos normales, pensaron que era el ojeador al verme de tal guisa. Iban ataviados con capas, pantalones cortos del Tirol, medias gordas hasta la rodilla y sombreros adornados con plumas. Muy propios todos ellos para la matanza del jabalí. Allí estaba la aristocracia europea en pleno, incluso una princesa de Luxemburgo, de la que no recuerdo el nombre. Me anunciaron en alemán por mi título: «¡Conde de Salvatierra!» y yo no me enteraba de nada, hablo francés, inglés e italiano, pero no alemán. No respondía, pero el resto adivinaba que debía tratarse de ese señor tan mal vestido para la ocasión. Repitieron mi título varias veces, hasta que alguno tuvo la brillante idea de citarme por mi apellido: «*Martinesss…*».

Cuando se enteraron durante la comida de que era hijo de la duquesa de Alba, todo cambió y empezaron a tratarme con alguna deferencia. La verdad es que me gustó vivir la experiencia, pero me siento extraño en esas situaciones. Solo recuerdo que mataron ciento cuarenta jabalíes, la escena fue una visión: parecía el final de una batalla.

A través de la hípica he coincidido con otros aristócratas vinculados a diferentes casas reales. Como Marta Luisa de Noruega, hermana del príncipe Haakon. Ella competía en la Copa del Mundo de Oslo y nos hicimos amigos. Era una chica muy simpática, estuvimos merendando en un anexo del palacio, que no me impresionó, es un edificio muy sencillo. Yo he crecido en Liria y la austeridad noruega no me causó ningún asombro.

Con quien tuve más trato fue con Haya de Jordania, hija del difunto rey Hussein y hermana del actual rey Abdalá II. Es una de las tres mujeres del jeque Mohamed bin Rashid Al Maktum, vicepresidente de los Emiratos Árabes y gobernador de Dubái, con el que mantiene un duro litigio actualmente. Haya fue presidenta de la Federación Ecuestre Internacional (FEI) y anduvo ocho años saltando por Europa para hacer realidad su gran ilusión: ser olímpica y llevar la bandera de su país. Consiguió su objetivo, quizá de un modo no muy ortodoxo, pero Haya de Jordania fue olímpica en Sídney2000. En ese momento yo presidía la Asociación Internacional de Jinetes de Saltos y hube de calmar una sublevación. La clasificación olímpica otorgaba dos plazas a la zona de Oriente Medio y las habían ganado un egipcio y un saudí. Ella intentó comprarles, les ofreció medio millón de dólares a cada uno pero no aceptaron. Quedó a la espera de una vacante, algo habitual, y en este caso aún más por las dificultades de viajar con la cuadra y el equipo hasta Sídney. Al parecer se descolgó un jinete sudamericano y la FEI otorgó esa plaza a la princesa jordana. No era posible comprobar si realmente no había otro jinete de Sudamérica dispuesto para viajar a Australia. Ella tenía todo perfectamente organizado para salir hacia Sídney en cualquier momento. Los rumores que circularon insistían en que había pagado a la FEI para obtener esa plaza.

Logré parar la revuelta entre los jinetes. Haya llevaba ocho años entre nosotros haciendo grandes esfuerzos para lograr una convivencia normal, incluso había conseguido deshacerse de los guardaespaldas en su afán de ser considerada una más. Lo que seguía manteniendo era un Boeing 727 para sus desplazamientos personales. Incidí en que su presencia no cambiaría los resultados olímpicos, no perjudicaba a nadie. Después, me mandó una tarjeta agradeciéndome el apoyo. Posteriormente, y como presidente de la IJRC, nos invitó varias veces a Dubái y nos alojaron en un fantástico hotel: nos movíamos por los canales que cruzábamos en carritos de golf por el entramado de puentes o llegábamos hasta la habitación en barca; cada uno de los miembros de la delegación teníamos un bungaló de dos pisos, cuatro habitaciones y gran despliegue de dátiles, chocolates y toallas.

Despachábamos con ella a diario. En una ocasión apareció Al Maktum. Creo que fue a observar los movimientos de su mujer, llevaba uniforme militar y se movía sin escolta. Haya confesó que la gente está tan controlada allí que no precisan guardia personal. El jeque es un apasionado de las carreras de caballos y dueño de las mejores cuadras y los caballos más costosos del mundo. Había decidido rivalizar con las carreras que se celebran cada año en el hipódromo de Ascot y convertir Dubái en la capital del caballo. El Meydan es el hipódromo más lujoso del mundo, un lugar espectacular, allí organizan el premio con mayor dotación económica de las competiciones internacionales. Debieron comentar que yo era casi de familia real y eso es sagrado en la península arábiga. Me dieron un pase que me permitía moverme entre los príncipes. Impresionaba verlos a todos vestidos con las *dishdash* sin cuello y de blanco impoluto, yo paseaba por allí con mi trajecillo y me hacían reverencias. No me perdí un detalle: cuando come Al Maktum, todos comen; cuando para, todos paran; cuando se levanta, todos se levantan. ¡Impresionante! Lo que él hace lo repiten treinta hombres sentados en torno a su mesa.

En Marruecos he estado varias veces por asuntos ecuestres. Una de ellas como invitado de la fallecida princesa Lalla Amina, a la que le encantaban los caballos. La princesa era hermana de Hassan II, tía del actual rey alauita y presidió la Real Federación Marroquí de Deportes Ecuestres. Fui dos veces a saltar, una vez con dieciocho años, aún en el equipo junior. En otra ocasión pude entrar en las impresionantes cuadras de Lalla Amina, que nos prestaba sus caballos. La última, acudí a una asamblea de la FEI, que entonces presidía doña Pilar de Borbón, y yo asistí en representación de los jinetes de la IJRC. Recuerdo un episodio singular: durante el almuerzo, sirvieron en primer lugar a Lalla Amina, pero cuando llegó la comida a nuestra mesa, la princesa había terminado. Nos acababan de servir un fantástico plato de cordero, cuando llegó el camarero y nos retiró el plato: «¡Pero ¿qué hace, qué hace?, devuélvame mi plato!». Yo forcejeaba con él. Otro de los comensales, que era ministro del reino, me lo explicó: «Cuando la princesa acaba de comer, apartan el plato a todo el mundo».

—Pero ¿cómo puede pasar esto? No he comido, que nos traigan algo, llevamos dos horas esperando. Me parece que es un despilfarro de comida.

—No se preocupe —me calmaba el ministro entre risas.

A las doce de la mañana del día siguiente se presentó en el hotel un caballero vestido de punta en blanco con una fuente gigante y un cordero de parte del ministro. Era para mí.

Con mi madre y mi hermana Eugenia asistí a uno de mis últimos encuentros regios. Fue una fiesta organizada por la empresa Porcelanosa. Mamá estaba mayor, no tenía demasiadas ganas de viajar, pero le divertía regresar a Buckingham Palace. Volver a visitar el palacio que recorrió de pequeña junto a la princesa Margarita y su hermana, la futura reina Isabel, cuando mi abuelo fue embajador en Londres. Aceptó la invitación pero impuso que Eugenia y yo la acompañásemos. Nos instalaron en un hotel diferente al del resto de españoles invitados por la firma. La Casa Real británica indicó a los organizadores que nos recibirían a nosotros y posteriormente a los otros invitados. Al llegar a Buckingham nos comunicaron la orden del príncipe Carlos: «La duquesa de Alba y su familia estarán en una sala y el resto del grupo en otra».

Esperamos un buen rato hasta que aparecieron el príncipe de Gales y su mujer, la duquesa de Cornualles. Les habían preparado un *gin tonic* a cada uno, pero el del príncipe Carlos era fantástico. Me quedé atrapado mirando los dedos de sus manos: ni un tractorista ni un pescador ni un africano, jamás había visto unos dedos de ese grosor, eran maromas, con un dedo removía la copa y salían olas... Al margen de la anécdota, comprobé que Carlos de Inglaterra es más simpático y agradable de lo que aparenta. Camilla permaneció en silencio la mayor parte del tiempo. No sé si es una mujer tímida o le aburríamos.

De los techos de Buckingham cuelgan grandes arañas de cristal de las que tanto gustaban a mi madre. Estaba impresionada admirándolas, en Liria no hay demasiadas porque la mayoría desaparecieron: «¡Qué suerte, esas lámparas, las nuestras se perdieron en la guerra!», comentaba.

—Este palacio está lleno de lámparas, el nuestro de porcelanas, tenemos tantas que llenaríamos otro palacio. Podríamos cambiar porcelanas por alguna lámpara —propuse bromeando.

—No es mala idea, pero habrá que consultar con la reina —comentó Carlos riendo.

Ahí me percaté de la similitud entre nuestras madres: en Buckingham no se hacía nada sin autorización de la reina. En Liria tampoco. Se caía un alfiler y mi madre lo advertía.

Al despedirnos, le pregunté:

—Tengo una curiosidad, ¿quién era más dura, la abuela o la madre?

Me miró a los ojos antes de responder divertido:

—¡Uf, mira como me han dejado!

Evidenció con su sonrisa que entre las dos casi le aniquilan. Me pareció un hombre simpático y gracioso. Me cayó muy bien.

Mi madre estaba horrorizada.

—Eres imprevisible… —me riñó después.

Y es que ella ante las familias reales perdía el sentido del humor.

Un buen día, una persona cercana a la familia, me citó en su despacho para convencerme de que tenía que acercarme a la infanta Elena. Por puro patriotismo y responsabilidad histórica. Eran los años en los que el príncipe aún no mostraba intención de formar una familia, con la preocupación que suscitaba esa actitud en algunos sectores sociales. El heredero viajaba habitualmente a la toma de posesión de presidentes sudamericanos; en el caso de que ocurriese una desgracia, le sucedería en el trono la infanta Elena, a la que se habían acercado hasta ese momento pretendientes que no estaban a la altura de la posición que ella podría llegar a ocupar. La infanta necesitaba una persona fuerte a su lado.

Al parecer yo era el elegido.

Según me hicieron ver, la infanta necesitaba a su lado una persona con conciencia del significado de una dinastía y de la importancia para España de la Casa Real. ¿Quién mejor que un miembro de la Casa de Alba podía estar al lado de la infanta de España? Además, según mis interlocutores, ella sentía gran aprecio por mí, más que su hermana Cristina, que me quería algo menos.

Yo conocía a Elena desde niña, me caía muy bien, sentía por ella un gran cariño, casi filial. Teníamos afinidad personal y cierta atracción. Coincidíamos en muchos concursos hípicos. Cuando gané en el Campeonato del Mundo de Estocolmo ella estaba presente y lo celebramos juntos.

La relación duró tres meses. El tiempo en el que pudimos justificar ante la prensa que nos unía la amistad de la infancia y coincidíamos en concursos hípicos internacionales. Por supuesto, en mi casa estaban al tanto. Mis hermanos, emocionados. Solo Nana, que me conocía bien, me comentaba: «Tú no has nacido para ser un segundón, hijo mío». Y mi hermana Eugenia insistía en el mismo sentido: «Yo no te veo Caye…». Mi madre, al contrario, estaba loca de felicidad ante la posibilidad de afianzar esa relación; era la ilusión de su vida. Hasta el rey Juan Carlos comentó con ella en un acto público: «¡Vamos a ser familia…!». Llegaba a Zarzuela y la reina me recibía con grandes abrazos… «Entra por aquí», decía, indicándome el acceso familiar; yo siempre respondía igual: «No, no…». Prefería entrar por la puerta oficial.

Todo esto ocurría meses antes de la Olimpiada de Barcelona92, con el estrés que genera la concentración olímpica y con mi propio desequilibrio emocional, que resolvía como mejor podía. Eran años en los que viví de manera muy introspectiva y con vaivenes anímicos difíciles de gestionar. Tras esos meses, entendí que no podía continuar. No estaba preparado para mantener una relación seria con una mujer, ni con la infanta de España ni con ninguna otra.

Tampoco quería pasar a la historia como un mujeriego sin criterio que la hiciera daño, pero sin duda era un mal momento en mi vida. Me exigían que diese una explicación, pero era complicado. Elena no es la culpable de nacer donde ha nacido, pero yo estaba luchando ferozmente para salir de jaulas de oro, de mi propia jaula de oro. Llevaba toda la vida peleando como un león para escapar de mi celda particular, no podía entrar en otra muchísimo mayor. Buscaba la normalidad, alcanzar un entorno cotidiano sin sobresaltos, como el del resto de la gente, no pertenecer a mundos exclusivos, que tanto daño me habían hecho. Necesitaba desesperadamente reafirmar mi personalidad al margen de la familia en la que había nacido. Continuar con Elena era destruir el esfuerzo titánico que mantenía para asentar mi propia identidad. Quería salir de mi palacio, no entrar en otro.

El resultado del equipo de hípica español en Barcelona92 me dio la puntilla. Íbamos preparados y convencidos de que ganaríamos una medalla. Y quedamos a tres cuartos de puntos de lograrla. El equipo —Luis Astolfi, Luis Álvarez Cervera, Enrique Sarasola y yo— quedó cuarto por equipos y diploma olímpico. Un buen resultado, sin duda, pero no era ese el objetivo. Sufrí una decepción tremenda. Me dio tal bajón emocional que desaparecí durante veinte días.

Ahí acabó todo. Ahora, Elena y yo mantenemos una bonita amistad. Eso sí, no fui invitado a ninguna de las tres bodas reales: ni a la de la propia Elena —a la que sí invitaron a compañeros del mundo de la hípica— ni a la de Cristina ni a la de Felipe. Sí convocaron a otras personas de mi familia.

El 1 de noviembre de 2003 la televisión adelantaba la noticia del compromiso del príncipe Felipe con la periodista Letizia Ortiz Rocasolano. Supuso una sorpresa mayúscula en el país y a nivel internacional. Cierto que en otras monarquías europeas ya se habían infringido la normas matrimoniales que regían tradicionalmente las bodas reales. Los herederos no se habían casado con princesas, habían elegido una compañera de vida. La novia del príncipe fue bien aceptada por la sociedad española. Pero no en todos los estamentos. Los círculos monárquicos más acérrimos y la nobleza tradicional no acababan de entender la elección de esposa del heredero.

Ante ese desconcierto, desde la Casa Real solicitaron el apoyo de mi madre, la aristócrata de mayor influencia y siempre fiel al rey y a la Corona. La reina la llamó para pedirle que organizase una cena familiar y presentarle a la futura princesa de Asturias. En los días previos a la Navidad de ese año, se organizó una cena de ambas familias a la que también acudieron amigos muy íntimos, el jefe de la Casa del Rey y otros cargos vinculados a la institución. En total, alrededor de veinte personas. En Liria los asuntos oficiales son muy oficiales.

Mi madre indicó que debíamos recibir en la puerta del palacio. Ella, mi hermano Carlos y yo y el servicio formado, configurando una especie de U, que permitía libre acceso a la escalinata por donde habían de subir hasta la planta principal. Allí esperaban el resto de mis hermanos y los otros invitados. Cuando avisaron desde Zarzuela que la comitiva estaba a punto de llegar, se abrió la verja y los coches atravesaron el camino a través del jardín iluminado. Uno a uno, fueron parando en la puerta. Del primero bajaron el rey Juan Carlos, la infanta Elena y Jaime de Marichalar. En el segundo llegaron la reina Sofía con la infanta Cristina e Iñaki Urdangarin. Las mujeres de la familia real me fueron saludando sin protocolo alguno, de manera muy coloquial, con dos besos.

En el último coche venían el príncipe Felipe y Letizia. Al presentarnos, ella me ofreció su mano que, por supuesto, besé con un gesto comedido, como de reverencia. Algo que no estoy acostumbrado a hacer, soy mucho más coloquial y cercano. Mi madre siempre hace una reverencia, lo lleva en la sangre.

La cena se había montado en varias mesas. En la principal se sentaron los reyes, el príncipe y su novia, mi madre y mis hermanos Carlos y Alfonso. El resto nos repartimos entre las otras dos: en una, la infanta Elena y en la otra Cristina. Mis hermanos Jacobo y Fernando junto a una de las infantas y Eugenia y yo con la otra. Fue una velada muy cordial. Al finalizar, mi madre me pidió que acompañase a la reina en el ascensor.

—Majestad gracias por venir, hacía muchos años que no visitaban Liria, a ver si se repite con más frecuencia... —Ignoro el motivo, pero en vida de Jesús Aguirre, apenas hubo relación con la familia real.

—Sí, sí, seguro que sí, gracias a vosotros —se despidió con todo cariño la reina Sofía.

La opinión de mi madre sobre la futura princesa de Asturias se fue con ella a la tumba. Y Cayetana Alba, una vez más, cumplió fielmente el encargo real y apoyó a muerte el noviazgo del heredero. Con la monarquía no dudaba jamás.

—Cayetano, de la monarquía no te quiero oír hablar ni regular, nunca —me decía.

—Mamá, soy monárquico lo justo, no tengo que ser como tú, una monárquica acérrima por tradición y obligación. Yo, depende de quién sea el rey, me definiré a favor o en contra —le comentaba bromeando.

—Eso no lo digas ni en broma —respondía, con una mezcla de dolor, pena y cierto desconcierto.

Quizá mi madre, la duquesa Cayetana, aprendió recorriendo el palacio de la mano de su padre, la recomendación del primer duque de Berwick a su primogénito Jacobo al heredar los títulos y propiedades que le habían concedido en España por sus servicios a la causa borbónica en la guerra de Sucesión: «Recuerda [...] recuerda siempre que yo soy francés y tú español. Ocurra lo que ocurra, recuerda que eres español, obligado por el honor y la conciencia a ser fiel al rey de España».

Recomendación que mi madre, trescientos años más tarde, seguía cumpliendo a rajatabla.

A mis hermanos mayores les hablaron del significado de pertenencia a la Casa de Alba. Deberes, obligaciones y el honor que conlleva. Por eso conocen muy bien la historia de la familia. A los pequeños nadie nos la explicó, por eso la conocemos lo justo. Yo no buceaba entre legajos, condecoraciones y escudos nobiliarios, me limitaba a observar el entorno. Y la visión que me devolvía la realidad no me gustaba en absoluto. Quería una madre, no una emperatriz, quería reuniones familiares, no comer con una señora que me pegaba. Me negaba a aceptar que era un orgullo haber nacido ahí. Porque no lo sentía. Me rebelaba ante el árbol genealógico ¿Para qué me sirve si soy una persona triste y confundida? Hasta que no he curado mi aspecto humano, no me he preocupado por los ancestros y los cuarenta y seis títulos nobiliarios que colgaban de la biografía de mi madre. Desde hace años les digo a todos que al final del siglo XX y en el XXI los títulos nobiliarios tienen únicamente el valor que cada uno les otorgue por sí mismo, por la labor que haya realizado. Nuestra generación debe cumplir una función en la sociedad actual para que esos títulos tengan alguna valía y reconocimiento y salgan del gueto aristocrático o de las reuniones de la diputación de la nobleza.

Hasta la muerte de mi madre, teníamos un título cada uno: Carlos, duque de Huéscar; Alfonso, duque de Aliaga; Jacobo, conde de Siruela; Fernando, marqués de San Vicente del Barco y Eugenia, duquesa de Montoro. Yo era el conde de Salvatierra, pero un año antes de morir, mi madre me dio también el ducado de Arjona en reconocimiento por el trabajo de gestión que había realizado en la Casa. En principio, quiso regalarme el de conde-duque de Olivares, pero se levantaron en armas Carlos y Alfonso, porque era un título muy valioso para arrancarlo de los Alba. «Le he sugerido que te diera el ducado de Arjona, que es una maravilla y el que yo le iba a dar a mi segundo hijo», me comentó Carlos.

En realidad, me daba igual y no iba a crear un conflicto a mi madre por esta causa. Además, me encanta la historia que le rodea: el primer duque de Arjona fue Fadrique Enríquez de Castilla, a quien Juan II de Castilla concedió el título en 1423; el segundo fue mi abuelo Jacobo, quinientos años más tarde, que logró rehabilitar el título en el reinado de Alfonso XIII; la tercera, mi madre y yo soy el cuarto duque de Arjona. El título más antiguo de Castilla para algunos; mientras que otros defienden que el más antiguo es el ducado de Medina-Sidonia, hereditario sin interrupción desde 1445. Sin embargo, en primera creación el ducado de Medina-Sidonia fue concedido en 1380 por el primer rey Trastámara a un hijo ilegítimo nacido de sus amores con una cordobesa.

Al margen de la anécdota histórica, poco importa, me siento muy orgulloso de ese título porque a mí me lo dio mi madre y lo hizo en agradecimiento a mi trabajo. Eso es lo que valoro.

Como valoro enormemente los vínculos familiares, tan deteriorados. Esa es una labor importante para esta nueva generación de los Alba: restablecer los lazos de familia que nunca han existido. Nuestros hijos están liberados de las experiencias negativas que hemos vivido. No han sufrido la implicación y responsabilidad que conllevaban el palacio y las situaciones adversas que hemos padecido los hijos de la duquesa. Los avances sociales les han librado de recibir una educación confusa y traumática. Han conocido a la duquesa Cayetana, pero han disfrutado lo mejor de ella, son herederos de una abuela histórica de la que han de sentir orgullo. Generar un tiempo nuevo que permita curar las heridas abiertas.

Escribo estos deseos desde la emoción. No quiero volver a ver lágrimas en los ojos de mi hija Amina, como las que le saltaron la noche en que su tío Alfonso no la reconcoció al cruzarse con ella en La Pizana, en la celebración de la puesta de largo de la prima Cayetana. Querría evitar, de una vez por todas, el gesto de incredulidad y pena en la cara de mi hija. No quiero que mi hijo Luis me cuente que en esa misma fiesta su tío Alfonso le preguntó:

«¿Quién eres, qué haces aquí? Al interior de la casa solo tiene acceso la familia». Confío en la labor de mi sobrino Fernando, actual duque de Huéscar, para recuperar los lazos familiares.

Y lamento contradecir de nuevo una afirmación de mi hermano mayor: «La Casa de Alba soy yo y mis hijos». No es verdad. Es un gran error hacer esa lectura. Hasta hoy, al menos, la Casa de Alba es mucho más grande que un duque de Alba, más grande que una generación de Albas. En el caso de mi madre ocurrió así porque era la única heredera, que creció pegada al sentir de la Casa y a su padre el duque. Las circunstancias históricas y familiares la convirtieron en la duquesa matriarca.

La defensa a ultranza del patrimonio familiar afectó a sus seis hijos, no solo al mayor y nos obligó a un comportamiento y a unas obligaciones comunes. Hemos pagado un alto precio por ello. Aunque el primogénito de la duquesa de Alba sea el heredero oficial no se pueden olvidar las vivencias, la trayectoria y las aportaciones de cada uno de los seis hermanos al proyecto ducal. Que uno sea el heredero, no el elegido, no puede implicar la desaparición del resto de los hermanos de la faz de la tierra ni de la Casa. La ley del mayorazgo, con más de seiscientos años y dictada en un momento histórico concreto, como fue la Reconquista, prima al primogénito. Este no hereda por ser el más capaz ni el más inteligente, ni ha sido elegido por sufragio familiar, la única razón es haber nacido antes que el resto, algo difícil de entender en el siglo XXI. Sin embargo, aceptando que el mayorazgo es la ley que rige nuestra Casa, es de esperar que el heredero haga honor a la nobleza de tantos títulos. Nobleza implica generosidad y agradecimiento al resto de quienes hemos aportado esfuerzo o renuncias para mantener unido el patrimonio. Por eso, sería deseable que la Fundación Casa de Alba diera cabida a los demás, para que entre todos aportemos experiencia y apoyo al progreso de la Casa.

Porque no quiero pensar que por la cabeza de alguien de mi familia haya pasado la idea de «hacer caja» con mi madre, sus recuerdos, sus imágenes y su vida.

11

LA NATURALEZA IMPONE SUS LEYES

Yo también tengo una granja en África, aunque la mía no está al pie de las colinas de Ngong, como la de Karen Blixen, la autora danesa que escribió *Memorias de África* bajo el pseudónimo de Isak Dinesen. Mi cabaña, mi casa africana, está en Kenia junto al mar, en la bahía de Malindi, frente a las aguas verdes del océano Índico, a unas dos horas de Mombasa.

Llegué hasta allí huyendo del acoso que vivía en España por parte de un sector de la prensa. No era posible encontrar un lugar en la península para descansar en paz y compartir mi tiempo de ocio con mi gente. Entonces mantenía una relación con una persona bastante popular y, sorprendentemente, los fotógrafos llegaban antes que nosotros a cualquier lugar al que nos desplazásemos. Vivía una situación asfixiante.

Un buen amigo, instalado en África tiempo atrás, me invitó a conocer Malindi. Llegué sin expectativas y caí rendido ante ese pedacito de África. Tan lejos de los ambientes de Ibiza, Marbella o las frías aguas de la costa norte que, además, me llevaban a un tiempo oscuro, a una etapa demasiado triste de mi vida. Sin pensar en exceso, compré un terreno para construir una cabaña. Fue el comienzo de mi romance con el continente. África se convirtió en la inyección de vitalidad que buscaba y sentó las bases de mi recuperación anímica. En aquel paraje solitario, rodeado de naturaleza sin domesticar, incluso sobrecogedora, percibía la paz que andaba buscando. En ese espacio limpio y apartado podía conectar, por fin, con lo más profundo de mi ser. En África la fuerza proviene de la naturaleza; viví una comunión espiritual con los fenómenos naturales: las estrellas que parecen tocarse entre ellas hasta formar un tejido de plata; la vida animal de la sabana, que solo en la noche altera el silencio del cosmos, o el choque de las palmeras, cuando los vientos se apropian del espacio. Los rayos de luz que emanan de la luna con una intensidad reparadora. Todo ello me llenaba de fuerza para seguir afrontando mi vida de achaques y altibajos.

En el complejo de la bahía de Malindi se levantaba un restaurante de mimbre y seis u ocho cabañas. Con los nativos vivía también Johnie, el cazador blanco, que se instaló en la zona treinta años atrás. Todo un personaje que, en ocasiones, me traía a la memoria al Vic Marswell que interpretó Clark Gable en la película *Mogambo*, solo le faltaban Grace Kelly y Ava Gardner cogidas de sus brazos. El que sí se agarró del brazo de Johnie fue el legendario jinete alemán Hans Günter Winkler. Johnie contaba a menudo que durante un safari, el jinete que había alcanzado el olimpo, se quedó bloqueado y fue incapaz de disparar al búfalo que arremetía contra ellos. Fue Johnie el que disparó su fusil.

Y fue él quien me enseñó las claves para moverme en el terreno. En el bullicio de la ciudad de Malindi, donde recaló en el siglo XV el explorador portugués Vasco de Gama, camino de la ruta de la India. Recorrimos juntos largas travesías subidos al viejo Land Rover. Johnie fue mi maestro para caminar por África, bella pero no dócil. El viejo cazador ya murió hace algunos años, pero sus andanzas siguen ocupando mi memoria.

Construimos una cabaña en mi trozo de tierra. Y allí, en el interior de esa cabaña africana, comenzó mi recuperación anímica. La soledad del entorno me ayudó a conectar con mi yo más auténtico. Pude analizar movimientos que había dado en falso, la insistente huida hacia delante, que había configurado una forma de moverme y actuar; la lucha titánica para encontrar mi verdad e indagar en mi verdadero yo, al margen del lugar en el que había nacido, de lo que me rodeaba y de la educación sin sentido que recibí. La búsqueda permanente de respuestas. Todo volvía una vez y otra más a mi mente mientras contemplaba la belleza de las puestas de sol o los cambios de color —a ratos púrpura, otros dorada— de la arena de la playa desértica de la bahía.

En Malindi la vida es tranquila. Las aguas del océano Índico son cálidas y placenteras, qué fácil mecerse entre las olas y olvidar el frío. Un frío que tenía metido hasta el tuétano: el que había pasado de niño en las incursiones en el Cantábrico o el del agua que me caía de los cielos normandos y bretones durante horas, hasta empaparme los huesos, mientras ejercitaba una y otra vez con mis caballos.

En los parajes mágicos de África olvidaba el palacio, la presión por lograr triunfos deportivos y la espiral en la que cada día me exigía más. Y más. Los trofeos conseguidos ya ni siquiera tenían sabor a triunfo porque solo me movía el deseo irracional de sumar uno nuevo. Sin embargo, en mi cabaña el mundo era sencillo, allí hallaba a Cayetano, el de verdad, sin condicionantes, a ratos frágil, otros templado, siempre resistente y tenaz. Me regeneraba. A veces llegaba tan cansado, que tardaba algunos días en entonarme. Sin embargo, al regresar a Madrid en poco más de un día perdía los efectos positivos de la «medicina africana».

África es la quintaesencia de la naturaleza y un mundo de sorpresas. ¡Allí me casé! Naturalmente, se trató de un juego. Durante una de las estancias organizamos una boda por el rito *giriama*, propio de la tribu local de los *giriama*, que son mis vecinos. Todo fue idea de Johnie, que había convenido la ceremonia con el jefe tribal Kaindi Goma. Lo tomé a broma, pero no así el resto de los actores.

Porque las cosas se pusieron serias. Tuve que ir a un poblado a 15 kilómetros de Malindi para comprar una tela blanca que se transformaría en el vestido de la novia. El rito de preparación fue intenso. A ella la vistieron entre varias mujeres y le prendieron una flor roja en el cabello. Llegado un momento, empecé a preocuparme, ¿y si aquello iba en serio? De repente sentí que me llevaban hasta el patíbulo ataviado con un polo, pantalón corto y chancletas. Era una caricatura del hijo de Popeye y ella, la novia más guapa que he visto en mi vida. Total, nos sentaron a cada uno en una silla, mientras los guerreros *giriamas*, con sus tambores colgando y adornados con sus mejores plumas, nos rodeaban y el jefe de la tribu interpretaba unos cantos indescifrables. El punto álgido de la ceremonia consistía en elevar las sillas hacia el cielo mientras nos acercaban con lentitud hacia el fuego. Por poco me dio un ataque de pánico. Pero la cosa no fue a mayores, nos devolvieron a la tierra tras el ritual, y ya al atardecer danzaron un rato dando vueltas en torno a los novios. Johnie se partía de risa. Yo me reía menos. Estaba horrorizado. ¿Y si esta boda iba en serio y tenía consecuencias? Tan solo pensaba: ¿dónde me estoy metiendo? Aquello empezaba a superarme, como si estuviera adquiriendo un compromiso nupcial ante el altar mayor de la catedral de Sevilla. Kaindi Goma representó muy en serio su papel de aquella tarde. Pero se parte de risa cada vez que nos vemos y recuerda el episodio.

Había apostado definitivamente por el territorio y decidí levantar mi propia casa, pequeña, con dos habitaciones. Fue la primera construcción de cemento del entorno. Ahora la he ampliado con una nueva habitación para invitados junto a la casa. Allí mantengo un matrimonio que acude cada día a limpiar el terreno, porque enseguida se llena de vegetación y, en la noche, un guardia con arco y flechas vigila para que todo permanezca en orden. Quizá por sentimentalismo he querido mantener mi primera cabaña, cuando vivíamos aislados y la vida en ese pedacito de la playa de Malindi era aún más romántica.

En esa cabaña, solo, bajo la luna y las estrellas, lloraba durante horas para sacar toda la tristeza que tenía dentro: me veía abandonado y lloraba más y más. Cuando ya no me quedaban lágrimas, el viento, el mar y la vegetación me inyectaban la sabiduría precisa para avanzar en la búsqueda de mí mismo.

He arrancado este capítulo recordando los parajes de África porque ese trozo del continente, las tierras de Malindi, está directamente vinculado al nacimiento de mis hijos. Allí fue donde tomé la decisión más importante de mi vida: apostar por la existencia de otros. Era imposible tomar una determinación diferente en ese escenario. ¿Cómo no optar en ese sentido en un pedazo de tierra que es el reflejo de la vida al desnudo, sin adornos melifluos? El ciclo de la naturaleza parecía indicarme que había llegado mi momento.

Todo había empezado en el año 2000. Tiempo atrás había impartido un cursillo de hípica en el club ecuestre México en el Distrito Federal. Allí daban clases Mariana González y sus dos hijas, Denise y Genoveva. Mantenía relación con la familia porque mi novia de aquel momento era amiga de Mariana. Cuando años después, las chicas se instalaron en Sevilla para estudiar, Mariana recurrió a los amigos españoles por si sus hijas se veían apuradas en algún momento. En uno de sus viajes a España me llamó: «Estoy aquí con mis dos hijas». Se celebraba en Jerez el concurso de Yeguadas e invité a las tres a presenciar la competición. Gané el concurso montando a Davinci y quisieron felicitarme personalmente. Yo había dado el cursillo a Denise, era ella la que me esperaba junto a su madre. Al ir a su encuentro, me crucé con una chica rubia, la saludé, le sonreí y me caí de la bicicleta a una zanja. Era Genoveva Casanova. Quedé a cenar con las tres en Sevilla.

Yo vivía aún en Bretaña, en Dol-de-Bretagne, con un amigo al que cuidaba los caballos. Eran años muy difíciles, pero el escenario me aportaba el coraje necesario para seguir peleando por mi carrera deportiva e indagar en mi propio yo. Los parajes rocosos de Bretaña me insuflaban fuerza. Imaginaba a los corsarios en el puerto y a los caballeros medievales guerreando ante las puertas de la ciudad. La lluvia fina y perenne, el viento y el frío eran los retos que debía sortear a diario. Los momentos límite y de dificultad extrema me hacen reaccionar. Si los elementos o las situaciones me colocan contra las cuerdas peleo con más ahínco. También en las competiciones deportivas. Me crezco frente a la adversidad, cuando me enfrentaba al peor de los escenarios, mejor era mi rendimiento.

Eran años de enorme soledad. Algunas noches me acercaba hasta Mont Saint-Michel, a media hora de mi casa. Subía a lo alto de la fortaleza, contemplaba el horizonte, el viento me sacudía en la cara y palpaba mi soledad ante el vacío y el brutal espectáculo de la naturaleza. Me alojaba en un hotel desocupado, no sentía miedo, al contrario, el desamparo, la fuerza del viento y el sonido de las olas me ayudaban a seguir peleando.

Me sentía bien en ese espacio duro y difícil. Me generaba sensaciones similares a las que me invadieron al llegar a África por primera vez; aunque en África no había de pelear contra los elementos, al contrario, el entorno configuraba un remanso de paz para un espíritu atormentado. En Bretaña, sin embargo, todo suponía un reto continuo. Desde allí, algunas veces, hablaba por teléfono con Genoveva. Un día me avisó de que estaba con una amiga en París. Me acerqué a visitarla y volvimos a Bretaña para la fiesta de cumpleaños organizada por mi compañero. Visitamos Mont Saint-Michel y tiempo después me confesó que fue ahí cuando se enamoró de mí, al observarme con la mirada fija en el horizonte. Perdido en la contemplación del más allá.

Continué mi periplo, tenía pendiente un buen número de competiciones, pero antes la sorprendí acudiendo a su fiesta de cumpleaños en el mes de noviembre. Ya no nos separamos. Genoveva me acompañó en las siguientes copas del mundo: Berlín, Ámsterdam, Ginebra. Estuvimos juntos unas tres semanas. A la vuelta de Ginebra comenzó la angustia. Nadie me había seguido jamás en las competiciones deportivas. Vivía un torbellino de emociones. Soy un hombre solitario y era difícil que Genoveva, con solo veintitrés años, entendiera mi necesidad de aislamiento, el rechazo al amor y a las muestras de cariño. Percibía que le trasladaba mi desazón, que se aburría compartiendo esa vida disciplinada y dura; aunque, en realidad, su malestar, como supimos después, se debía a otras causas.

Ya de vuelta, en el avión rumbo a Madrid, hablamos de nosotros. Una charla no demasiado agradable. Al final, Genoveva se había sentido incómoda. Pero no podía ofrecerle lo que ella necesitaba. No me pedía un anillo de boda, pero sí una relación formal, algo imposible para mí en ese momento de mi vida. Tampoco quería herirla. Era una situación dolorosa y complicada. Además, la notaba intranquila. «No sé qué ocurre, no me encuentro bien», me explicó. En ese vuelo le comuniqué mi intención de finalizar la relación.

Al llegar a Madrid fue al médico. Tenía algunas sospechas sobre el motivo de su malestar. Le confirmaron el embarazo. El desconcierto nos abrumó a ambos. Dos días antes le anunciaba que quería acabar con nuestro romance y de repente me encontraba con una situación muy complicada.

Se me cayó el mundo encima: no sabía qué hacer ni dónde meterme, la noticia me descabalaba la vida por completo y aún debía competir en Londres. Obtuve unos resultados nefastos, actuaba como un zombi, sin rumbo. En el fondo, era consciente de que se trataba de una situación irreversible. Esta vez no se iba a resolver como en ocasiones anteriores. Me había encontrado en una tesitura similar dos veces en el pasado, una de ellas con una chica alemana y otra con una francesa y en ambos casos se solucionó. Por tercera vez en mi vida me hallaba ante el dilema. Creo que Dios o el destino decidieron por mí: la solución a mis problemas de infancia no iba a ser tener un hijo, sino dos.

Tenía pavor a convertirme en padre. Genoveva me informó de que iba a seguir adelante al margen de mi decisión. En Sevilla mantuvimos una conversación dura y triste, aunque, en principio, no me pronuncié, solo planteé que debíamos reflexionar sobre el futuro. Aparcamos el asunto momentáneamente: yo debía viajar a Londres y ella regresaría a México. Nos emplazamos a reunirnos en Kenia tras la Navidad.

En ese intermedio es cuando le confirmaron que estaba embarazada de dos niños. Yo no sabía si reír o llorar al conocer la noticia. En la Copa del Mundo de Londres estaba fuera de juego. Hasta el mozo de cuadra se sorprendía de mi desconcierto. No pude evitar confesarme con mi amigo Ludger Beerbaum. Tenía la confirmación de que sería padre de dos hijos. Aunque estuviera muerto de miedo y me revelase contra una situación impuesta, sabía interiormente que no había vuelta atrás.

—Tú eres una buena persona —me dijo.

—Pero si no estoy preparado para mantener una relación afectiva con una mujer, cómo voy a estar preparado para ser padre de dos hijos.

—No pasa nada —me tranquilizó Ludger—, los chicos son una maravilla.

Sus consejos me sirvieron para comenzar un periodo de reflexión personal. Venían de un hombre por el que sentía una profunda admiración personal y profesional.

—La relación no importa —insistía Ludger—, los hijos sí, y si son dos, mucho mejor. Y no olvides una cosa Cayetano, la mayoría de las relaciones van mal, otras un poquito mejor, pero derecha no la lleva nadie.

Su consejo me sirvió para seguir hacia delante.

Volví a Madrid por Nochebuena y, tras la comida de Navidad, el 25 de diciembre por la tarde, partí hacia África junto con mi hermana Eugenia y su marido Francisco. En el autobús del avión les comuniqué la noticia:

—Os tengo que contar una cosa, va a venir una amiga mía.

—¿Quién es? —preguntó Francisco.

—Una chica mexicana —respondí escueto.

Cara de sorpresa de ambos.

—Sí, una chica mexicana que conocí hace un par de meses y se ha quedado embarazada. —Lo conté como si al verbalizarlo con naturalidad el asunto fuese menos grave.

Se quedaron perplejos. Nunca olvidaré los gestos de sorpresa, incredulidad, pavor y no sé cuántas sensaciones más que se reflejaron en la cara de mi hermana Eugenia.

—Poco más os puedo contar. La conozco desde hace poco tiempo y hemos pasado juntos tres semanas, le he pedido que sea discreta y que decidamos en los próximos días.

Genoveva hizo varios vuelos hasta aterrizar en Malindi desde México. Llegó destrozada, vomitando y sin maleta. En ese viaje estrenábamos la casa. No había luz ni generador. Fallaban los paneles solares. Nos iluminábamos con velas. Tampoco teníamos agua corriente. De repente, todo estaba estropeado, así se complicaba un poco más el ambiente. Como remate, tuve la brillante idea de organizar un safari para el día siguiente. Montamos en el Land Rover y Genoveva se puso malísima. En el campamento se oía todo, Johnie escuchaba su ir y venir para vomitar.

—Esta chica tiene mala cara —comentó.

Silencio.

—Esta chica no está bien —insistió él.

Y Genoveva se levantaba para vomitar una vez más. Johnie estaba convencido de que había enfermado de malaria.

—Hay que ir al hospital enseguida.

—No, no es nada, se encuentra bien —intenté quitar hierro al asunto, pero él debió de pensar que yo era un torturador.

Eugenia y Francisco decidieron huir. Contrataron un coche, cambiaron el billete y se largaron de Kenia. «Vosotros tenéis que hablar, nosotros nos vamos». No esperaron ni a que les llevase al aeropuerto. Fui con Genoveva a una clínica en Malindi, le inyectaron un líquido desconocido y le aconsejaron la ingesta de piña. Yo iba al pueblo cada dos o tres días y llenaba el Land Rover de piñas, lo único que comió en esas semanas.

Solos, casi aislados, durante casi un mes aprendimos a conocernos algo más. En la soledad de la playa de Malindi nos enfrentamos el uno al otro y desnudamos nuestras almas. Descargamos tensiones, peleábamos o paseábamos de la mano por la playa. Fueron muchas horas de conversación. Ocurrieron cosas bonitas y otras muy tristes. Brotaron emociones, discutimos, nos quisimos, pasó de todo. Nubes y claros; sol y tormenta. Me despertaba a las tres o las cuatro de la mañana, me sentaba en el porche y lloraba, lloraba con un desconsuelo infinito. Me perseguían los viejos fantasmas, la muerte de mi padre, la infancia dura y triste. Una mañana Genoveva me dijo: «Te oigo llorar todas las noches, no creo que tus hijos quieran ser lo peor que te ha pasado».

Tenía un lío grandioso y verdadero pánico al compromiso, a unirme a una mujer que apenas conocía y asumir la enorme responsabilidad de ser padre de dos niños. En mi interior sabía que mi decisión estaba tomada, que iríamos hacia delante, pero no quería sentirme forzado por los acontecimientos, no quería ser padre por obligación. En cualquier aspecto de la vida, necesito comprobar que mis decisiones son libres, que haga lo que haga es fruto de mi determinación. No era el caso, obvio. Después dc veinte días tan intensos, le dije a Genoveva: «Sí, vamos hacia delante».

La vida me ofrecía la oportunidad de volver a vivir la infancia y la adolescencia a través de ellos y ofrecerles experiencias opuestas a las mías. La decisión de convertirme en padre llevaba implícita la de formar una pareja con Genoveva. Aunque luego he tardado veinte años en aprender, estábamos decidiendo formar una familia, intentar vivir juntos. En ningún momento nos planteamos ser padres y vivir cada uno por su lado.

Ante la realidad africana, en el continente de la vida real y del ecosistema equilibrado, de la realidad simple y sin artificios ni prejuicios sociales, Genoveva y yo asumimos una enorme responsabilidad y la decisión más importante de nuestras vidas: la llegada al mundo de Amina y Luis.

África fue el inicio del viaje interior y de mi recuperación emocional. África es verdad y por tanto solo cabía una decisión: apostar por el ciclo de la naturaleza. África es un símbolo, mi esencia, mi fortaleza, la perpetuidad de mi estirpe, la de Cayetano Martínez de Irujo Fitz-James Stuart.

Había quedado pendiente organizar la intendencia. Genoveva no se sentía con fuerzas para afrontar el asunto con su familia y además estaba muy débil físicamente. Yo había llamado a Madrid y me informaron de que Jesús estaba muy enfermo. Pedí ayuda a mi amigo Luis García Cerezo, entonces embajador de España en Kenia, para ver la posibilidad de que Genoveva se alojara con ellos hasta que se recuperase. Así fue. Él y su mujer, Teresa, la acogieron como a una hija durante veinte días. Luis, de hecho, fue el padrino de mi hijo Luis.

Seguía sin dar la noticia a mi madre. Pasé por Madrid y volví a Francia. Una vez recuperada, Genoveva regresó a Sevilla e informó a su hermana de la buena nueva. Al día siguiente me llamó el director de la revista *¡Hola!*, sabía que iba a ser padre:

«Tenemos que publicar esta noticia, lo entiendes, ¿verdad?», me explicó Eduardo Sánchez Junco. Solo le pedí unos días, el tiempo suficiente para evitar que mi madre se enterase a través de la revista.

—Jesús que está mal… —fue lo primero que comentó mi madre.

—Mamá, he de darte una noticia. Me gustaría contártelo personalmente pero no puedo coger un avión e ir a Madrid porque he de concursar el fin de semana —le expliqué.

—¡Ah!, bueno, ¿qué ocurre?

—Voy a ser padre.

—¿Cómo?

—Que voy a ser padre, mamá.

—¿Padre de quién? —me preguntó.

—Pues no sé. —Tampoco se me ocurrió mejor respuesta.

—¿Cómo padre, con quién?

—Con una chica mexicana.

—¡Qué barbaridad! —me dijo—. ¿Y quién es?

—Pues es difícil contártelo por teléfono, mamá. Es una chica que conocí en un concurso.

—¡Ah!, bueno, vale, qué le vamos a hacer. Pues está bien.

Y eso fue todo. Mi madre siempre fue abierta y comprensiva en ese sentido. Tras la charla con ella, *¡Hola!* publicó la noticia y se formó un gran cisco. Los *paparazzi* me perseguían por los concursos. Fue muy desagradable, tuve que ir a Canadá a saltar. Mientras, Genoveva vivía su propia película. Su madre se lo tomó bien, en el fondo creo que soñaba con la posibilidad de que su hija se casara con un español y si era yo, mejor. El padre también lo tomó bien. Quien lo llevó peor fue su tío, que ejercía de padre adoptivo. De hecho, cuando le conocí en el hospital, horas antes de que nacieran los niños, provocó una situación algo tensa.

Permanecimos separados durante los meses de embarazo. Yo no quería que Genoveva estuviese en España con una cuadrilla de fotógrafos persiguiéndola cada vez que se asomara a la calle. Viajé a México en un par de ocasiones, fue impresionante: ¡era una barriga pegada a una mujer! Y compartimos el instante mágico en el que el médico nos enseñó la ecografía de nuestros hijos y nos explicó que seríamos padres de un niño y de una niña. Lloramos juntos; fue un momento increíble, de los más felices de nuestra vida. Solo podía pensar que todo aquello era un regalo de Dios.

Incluso en México, ella no vivió unos meses fáciles, fotógrafos de algunas agencias montaron un sistema de escuchas para conocer el mínimo detalle del embarazo. Genoveva vivía con su madre y su hermana y hubo de cambiar de vivienda ante el acoso de los gráficos. Escapó escondida en el maletero del coche.

12

LA VIDA Y LA MUERTE

El comienzo del siglo XXI estuvo marcado en mi vida por dos hechos antagónicos. El 11 de mayo de 2001 murió Jesús Aguirre, el marido de mi madre, la persona que más sufrimiento me había provocado en mi adolescencia, el hombre que vivió en Liria durante veintitrés años y cuya personalidad estaba plagada de claroscuros. Un par de meses más tarde, el 25 de julio, nacieron mis hijos Amina y Luis. Su llegada a este mundo es lo mejor que me ha ocurrido, con ellos empezó a brillar la luz en mi interior.

El final del marido de mi madre fue muy triste. Una fuerte depresión minó su carácter unos siete años antes del fallecimiento. Los últimos cinco fueron terroríficos. Había abandonado cualquier actividad intelectual y sus compromisos con la Academia de Bellas Artes y la Real Academia Española y el consejo de administración de PRISA. El cáncer de laringe avanzaba, pero se negó a acudir a la clínica de Navarra. Se sometió a los tratamientos en la Clínica la Luz en Madrid, donde recibió quimioterapia y radioterapia. No sé si iba solo o le acompañaba alguien del servicio. A pesar de la gravedad, en el palacio todo parecía transcurrir según el orden establecido: es un búnker en el que no te enteras de lo que sucede. Cayetana había decidido hacer su vida de manera independiente, ya no hacían planes juntos, podía pasar hasta un mes sin verle. Desconozco el verdadero motivo. Ella escribió en sus memorias que Jesús no quería compartir la enfermedad para evitar que ella asistiera a su deterioro físico y mental.

Jesús salía al jardín en bata, prenda que convirtió en su uniforme, deambulaba entre los parterres y luego volvía a sus habitaciones. Vivía completamente dejado, había que obligarle a vestirse y asearse. Y fumaba, seguía fumando desesperadamente a pesar de la enfermedad y de la orden tajante de mi madre de que nadie le comprase tabaco. Su depresión era más fuerte que el cáncer y el desgaste anímico humanizó al personaje. Jesús lloraba, lloraba a menudo, quizá porque aventuraba el final, quizá porque no podía admitir su presente y tal vez porque no logró superar su pasado.

¡Daba tanta pena! Solo mantenía relación con Ángel, el mayordomo, su confidente y apoyo en esos últimos años. Ángel le cuidaba, le lavaba y le daba de comer lo poco que podía tragar. Era la única persona con la que hablaba. Aunque había humillado a los criados, Ángel es tan buena persona que estuvo por encima, haciendo gala de gran humanidad.

No soy rencoroso. Y al verle desvalido, deprimido y deambulando por el palacio, le tendí la mano. Él ya me había mostrado también algún gesto de cariño. La tarde antes de su muerte estuve junto a él. Necesitaba solucionar nuestros desencuentros antes del desenlace final. Jesús me pidió perdón. Me cogió la mano: «Perdona por todo lo que te he hecho», me decía. «Cayetano perdóname, los primeros años yo no entendía, no supe interpretar a la familia, y a ti al que menos, te pido que me perdones». Lloró. Lloré, le abracé tímidamente y le perdoné por completo.

Murió solo en Liria, a las cinco y cuarto de la tarde. La causa oficial fue una embolia pulmonar. De nada sirvieron los servicios de la ambulancia que llegó para trasladarle a la clínica. Intentaron reanimarle sin éxito.

Mi madre estaba en Sevilla, esa tarde asistía a un homenaje a su amigo Curro Romero. Durante la noche se organizó el velatorio en Liria. A la mañana siguiente sonó Mozart, llegaron amigos, familiares y notables. Incluso la reina Sofía acudió a dar su apoyo a mi madre en un momento tan difícil.

En su entierro me sentí aturdido ante tantos fotógrafos. Abrumado por todo lo que ocurría, mis sensaciones se atropellaban. Necesitaba despedirme de Jesús en la intimidad, estaba desconcertado, no sé si en el fondo me invadía un sentimiento de liberación o similar pero, sin duda, me embargaba la pena, una pena enorme: por el sufrimiento que había causado y pena por él mismo, por su propia desgracia.

Tras el entierro oficial, al día siguiente fui al panteón de Loeches para despedirme de él y rezar ante su lápida. Quería agradecerle las disculpas que me había pedido horas antes del adiós definitivo. Debía sellar la paz con él. Necesitaba hacerlo a solas, sin la algarabía de las ceremonias oficiales. Antes había roto la agenda en la que había ido anotando sus agravios. Jesús Aguirre había sido una persona clave en los periodos convulsos de mi existencia, había usurpado el lugar de mi padre pero también había sido el hombre elegido por mi madre para compartir su vida. Fue otro satélite perdido en el cosmos de Liria.

Fui a Loeches, ese lugar tan frío y austero, con tan mala fortuna que me sacaron fotos. La interpretación de mis hermanos fue una y triste: buscaba protagonismo. Fueron incapaces de entender la confusión de sentimientos que me invadió tras su muerte. Quizá siento las cosas de otra manera, ni más ni menos que nadie, pero de forma distinta. Y con la desaparición de Jesús debía compaginar la pena infinita por un final tan triste como el suyo y, en contrapartida, alivio, personal y para la Casa, que llevaba años sin dirección, navegando sin rumbo.

Tras rezar por su alma, fui a la tumba de mi padre.

Un suceso nada anecdótico marcó el punto de inflexión en la bajada a los infiernos de Aguirre. Fue cuando el entonces alcalde andalucista de Sevilla, Alejandro Rojas Marcos, le destituyó como comisario de la Expo92: «¿Quién es el responsable del comunicado difundido por la comisaría de la ciudad para 1992 que me acusaba de una lamentable falta de conocimientos culturales?», preguntó el regidor. Con sus galones de duque de Alba, Berwick y el resto de títulos nobiliarios que tanto le emocionaban, le respondió: «Yo, de la cruz a la fecha». Naturalmente supuso la destitución inmediata. La soberbia y la petulancia habían sido algunas de sus señas de identidad, e insistió en demostrarlas en este episodio, por lo que apostilló: «Me permito una licencia académica: no me siento cesado, porque cesar es un verbo intransitivo, pero sí destituido. El alcalde está en su derecho…». Y después le invitó a cenar junto a su mujer al palacio de Las Dueñas como si nada hubiera pasado.

Mi madre había peleado con ahínco para que su marido formase parte del proyecto de la Exposición Universal y no entendió su expulsión. Cuando Jesús comunicó que le habían echado, con lo que había costado que estuviera ahí, supuso un golpe duro para ella. A eso se añadió un episodio ocurrido en Sevilla: se extendieron habladurías por la ciudad sobre la homosexualidad de su marido, refrendadas por un sector de la prensa. Él se desvió en algún momento y mi madre fue consciente. Desconozco el asunto y desde luego no voy a profundizar en el tema, solo sé que hasta ese momento estaba muy feliz en su matrimonio.

Después de esos dos episodios comenzó a apartarle de su lado, aunque jamás se divorciaría de él, no cabía en su esquema mental. Tampoco reconoció nunca las críticas de sus hijos hacia su marido. Vivió un proceso sorprendente: al principio le amparaba de todo y todos; luego, tuvo algunas dudas; al final, nos protegía pero impedía cualquier acusación contra él. Le encubrió y defendió hasta el último día de su vida. Quizás ella también era víctima de su propia historia. Quizá la felicidad que le atribuyen fue uno de los mitos que adornan su biografía. Han escrito hasta la saciedad que fue una mujer libre. Pero yo me pregunto si mi madre fue realmente una mujer tan libre.

Cayetana se había volcado con Jesús: consiguió que siguiera siendo director general de Música y Danza un segundo mandato. Intentó con toda su energía que le nombrasen ministro, y para todo ello invitaron a Liria a mucha gente: almuerzos, cenas, copas… No había límite, fueron los años de mayor actividad social del palacio, mi madre echó el resto para lograr su proyección personal al margen de los títulos que compartía como consorte. Mientras, los hijos vivíamos una etapa de gran turbulencia; años duros en los que sus acciones cayeron en la mezquindad en más de una ocasión. Jesús Aguirre había desarrollado su propia estrategia: someter a los que vivíamos dentro y aliarse con el mayor.

A estas alturas, tras el paso de los años, los asuntos matizados y en orden, me pregunto si Jesús estuvo enamorado de mi madre. En ocasiones he pensado que se casó con un título, no con una mujer. Era un hombre excesivamente atormentado. Con gran sufrimiento interior, que forjó un carácter insoportable. Quizá nunca aceptó su origen, el hecho de ser hijo natural no reconocido por su padre. Jesús insistía sobre él, y no se refería a su madre, a quien vimos solo el día de la boda. La figura del padre desconocido le torturaba, aunque no lo verbalizase. En su gabinete, había colocado las fotos de un hombre de gafas y algo calvo al que otorgaba su paternidad. El mismo hombre que les había abandonado y, por su inacción o su mentira, marcó la vida de su madre y la propia: su carácter malvado, el deseo de venganza hacia una sociedad que le maltrató por llevar solo los apellidos maternos. Creo que en su interior jamás logró sobreponerse al poso de amargura que desde niño comenzó a anidar en su alma.

Según avanzaba el cáncer, más hablaba de ese padre desconocido. Insistía en recordar al padre ausente, con el que posiblemente tan solo cruzó un par de conversaciones a lo largo de la vida. Sin embargo, la imagen del militar seductor que había prometido amor eterno a Carmen Aguirre Ortiz de Zárate, ocultándole que tenía otra familia en Cataluña, ocupó de forma obsesiva todos sus pensamientos. A Ángel le contaba muchas cosas. Revivía una infancia y adolescencia muy duras como hijo natural. Le confesó que cuando enfermaba de niño su madre le pegaba y le obligaba a ir al colegio, en vez de cuidarle y curarle. Ella, repudiada por ser una madre soltera, volcó su frustración contra el hijo, que no entendió su sufrimiento. Jesús odiaba a su madre, no fue a su entierro. Esas vivencias tan duras reflejan sus carencias afectivas. Un hombre angustiado por su origen, que destilaba odio hacia una sociedad que le había marcado. La inteligencia y los hábitos sagrados lograron la hazaña de desclasarle para alcanzar la cúspide social más alta convirtiéndose en duque de Alba.

No se le puede negar una vasta cultura. Incluso yo mismo sentía interés por escucharle por sus conocimientos sobre temas diversos. Pero llenaba sus lecciones de citas y, en ocasiones, resultaba tan farragoso como sus libros. Me impactaban su gran memoria y tanta documentación literaria e histórica. Le encantaba perorar sobre temas sociales, quizá por su propia carencia; insistía en analizar la sociedad, hacer de sí mismo un personaje, y hablar de los demás como si fueran plebeyos. Con el paso de los años, la ironía hiriente y los sarcasmos se fueron suavizando y espaciando en el tiempo.

Había volcado la envidia y el resentimiento hacia cualquiera que gozase de cierta relevancia social. Nadie que tuviese un puesto destacado se libraba de la acidez y crueldad de sus críticas. Hacía llorar a las amigas de mamá. Incluso a Carmen Tello. Luego mi madre le obligaba a disculparse en su presencia. Y Jesús obedecía. Detestaba a muchos periodistas. A algunos de ellos les cambiaba el nombre, como ocurrió con Jaime Peñafiel, al que convirtió en «peñainfiel».

Al final, yo logré entablar un trato cordial con Jesús Aguirre tras años de enfrentamientos. Volvimos a mantener algún que otro escarceo cuando me erigieron en portavoz de la familia para exigirle que cambiase de actitud ante los invitados al palacio: venía gente a cenar y monopolizaba las conversaciones, les trataba como si fueran sus criados. Con la prensa también empezó a comportarse sin tino y desempeñaba un papel ridículo.

—Si alguien tiene que destacar en esta familia es mamá —le advertí.

—¿Quién eres tú para decirme a mi cómo comportarme?

—Pues adjudícame el papel que consideres, el representante de la familia, de los hermanos o lo que prefieras, pero deja de hacer el ridículo en la televisión.

En la puesta de largo de Eugenia mi madre les obligó a abrir el baile. Mi hermana quería bailar ese primer vals conmigo, pero no pudo ser. Cayetana siempre siguió la misma política: le defenestró internamente y lo defendió a muerte ante el mundo. Jesús se pudrió en soledad, enfermedad y depresión y a nosotros no nos permitió emitir el mínimo juicio contra su persona.

«La moral la llevamos la clase media a cuestas como una cruz. La aristocracia y la clase baja no la tienen. Están dentro de sus peceras y respiran por las branquias como lo hacen los peces. El que llega de fuera tiene que aprender a respirar igual. Él lo trató y casi lo consiguió, pero al no poder entró en una locura que le aisló y de la que no se salvó», escribió Manuel Vicent en su libro sobre Jesús, *Aguirre, el magnífico*.

Cierto que realizó algunas acciones positivas para la Casa y en nuestras vidas. Por ejemplo, fue Jesús Aguirre quien descubrió dos cuadros de Ribera que estaban ocultos en el piso del servicio de la cocina del palacio de Monterrey. Su discurso de ingreso en la Academia de Bellas Artes de San Fernando versó sobre los cuadros hallados. También encontró en el sótano de Liria correspondencia de Goya y documentos relativos a su admirado conde de Aranda, personaje sobre el que impartió el discurso de ingreso en la Real Academia Española. Desde el punto de vista intelectual era un hombre muy valioso.

He de agradecerle que fuera la persona que echó a Olga, la *nanny* pérfida, a la calle. Descubrí que se aprovechaba emocionalmente de mi hermano Fernando, contándole falsas historias acerca de su origen. Olga lo hacía por dinero y porque era muy mala persona. Cuando supe sus actividades no dudé en hablar con Jesús; él tomó la rápida y buena decisión de echarla del palacio. Jesús había vivido en carne propia el acoso y el dolor que suponen un origen incierto. En este caso, no dudó un minuto en actuar con contundencia contra los personajes que acosaban a nuestra familia. Una vez hechas las gestiones exteriores, mi madre explicó a su hijo todo lo que necesitaba saber para desentrañar cualquier duda que le hubiera inculcado la mujer. Incluso hicieron pruebas y certificaciones científicas para demostrar la falsedad del asunto. Fernando lo ha olvidado. Lo que yo no olvidaré es la buena predisposición que tuvo Jesús para hacer justicia en este caso.

Siempre fui de frente con él y le reconozco el esfuerzo por mantener buena sintonía conmigo. Eso sí, en nuestra relación marcó una raya clara: él era el duque de Alba y el hombre culto. Ganó mi aceptación, que no mi simpatía. Me contaba anécdotas suyas, de su infancia, de la etapa que vivió en Alemania, y era interesante escucharle. Les visitaba a menudo en San Sebastián o Salamanca y logramos establecer una relación correcta y afable. Reconozco que me gustaba escucharle contar historias de mi familia, del gran duque, de los Alba desconocidos… El árbol genealógico me preocupaba poco, quería arreglar mi vida, pero sería injusto no reconocer que sus intervenciones más coloquiales resultaban interesantes.

Lo que es menos probable es que mi madre mantuviera el enamoramiento hasta su muerte, porque mucho antes ya le había repudiado. Le defendía porque era una forma de defender la Casa y su posición. De lo contrario, hubiera tenido que divorciarse y eso era impensable. Repudiarle fue la puntilla para Jesús, a partir de ese momento se acentuó su depresión. Incluso le prohibió la entrada a la oficina de la Casa, donde se le veía siempre con un cigarro entre los dedos. Ella tomó los mandos, llamaba al administrador y le advertía:

—¿Está este ahí? Dígale que se vaya a su cuarto inmediatamente —ordenaba tajante a Gerardo Herranz.

Era una situación muy dura.

Le expulsó del paraíso. Sin embargo, siempre nos ha sorprendido su insistencia en recalcar en público que fue el gran amor de su vida. Una afirmación que mantuvo hasta el final de sus días. Pasaba por alto que en los últimos años de matrimonio no existía relación entre ellos, Jesús era ya un muerto viviente. De ahí que sus palabras supongan un enigma para todos, al menos para mí, que la he escuchado defenderle incluso tras su muerte.

Fue la gran contradicción que mi madre se llevó con ella. No sé decir si sus decisiones y sus palabras provenían del amor, la educación religiosa, el ego de duquesa o la soberbia le impedía admitir su error. No había necesidad ni de destrozarle ni de subirle al olimpo de los dioses. Si fue un misterio para todos nosotros el enamoramiento inicial, no lo fue menos la defensa a ultranza de su marido hasta el último día, cuando en realidad no estuvo a su lado el día de su muerte. Otra incongruencia fue que mantuvo la casa de San Sebastián, que había llegado a través del primer marido, invadida por retratos del segundo, Jesús Aguirre.

Y no solo eso: en alguna ocasión le oí llamar Jesús a Alfonso, el tercero de sus maridos…

Años antes de diagnosticarle el cáncer y convertirse en un desterrado dentro de Liria, Jesús Aguirre había escrito:

… y es que recuerdo todos tus recuerdos.
Sé ahora que he vivido de ellos antes
de conocerte y que, después de muerto, solo su tierra arropará mi cuerpo.
Quizá incluso recuerdes que te quiero, puede que hasta no olvides que me amas.

Dos meses después de enterrar a Jesús, la vida me hizo un regalo enorme: asistir al nacimiento de mis dos hijos. Fue el 25 de julio en un hospital mexicano. Me había instalado en el DF un mes antes del nacimiento de los niños. Quería estar presente cuando ocurriera y, además, proteger la intimidad de Genoveva y de mis hijos. Ya en el hospital tuvimos que poner una persona de seguridad en la zona de las cunas para evitar que les hicieran una foto. Sabía que la primera imagen de mis hijos empezaba a cotizarse a cifras escandalosas. Y no estaba dispuesto a que eso ocurriera y encima nos acusasen de haber participado en el negocio.

Cuando llegó el momento de ir al hospital, a mí me dejaron en la puerta del paritorio. No pregunté a nadie, cogí la bata azul, me la puse y entré en la zona de quirófanos, hasta que en uno de ellos encontré a Genoveva. Me sentaron detrás. Para evitar complicaciones le practicaron una cesárea con anestesia epidural, así podría presenciar el nacimiento de los niños. Sacaron a Amina primero y me salpicó la sangre. ¡Qué emoción tan enorme! Luego sacaron a Luis. Les escuché llorar, fue un momento mágico, increíble. Miraba a Genoveva y me parecía una princesa.

Aún me estremezco al revivir el momento en el que pusieron a la niña en mis brazos. Tener a ambos llorando en el regazo es una de las sensaciones más hermosas de mi existencia. Incluso el tono de voz de la enfermera al ordenarme: «¡Cójala!».

La sostuve entre los brazos con torpeza y miedo para no hacerle ningún daño y a Luis se lo llevaron a Genoveva a la cama. ¡Qué suerte tener dos!, pensaba. Uno para cada uno. Reconozco que se trataba de un pensamiento muy animal, porque yo era un animal semirracional por entonces, estaba asilvestrado. Seguí librando una pelea brutal contra el mundo, contra los elementos, contra viento y marea.

Salimos pronto del hospital. Tuvimos que montar un dispositivo. Allí mismo nos dijeron que había una puerta por la que había salido en una ocasión Michael Jackson sin ser visto por la prensa. No me convencía. Diseñé varias alternativas. Plan A: salir por la puerta principal; B: utilizar la misma puerta que Michael Jackson y C: era la propuesta de la madre de Genoveva, la que nos sirvió. Genoveva abandonó el hospital en una ambulancia, tapada con una manta, junto a los bebés, como si fuera un cadáver. Los fotógrafos apostados en la puerta vieron salir la ambulancia y escucharon la sirena, pero allí se quedaron. Habíamos sacado las maletas previamente con un chófer que las llevó a un domicilio diferente del que los *paparazzi* tenían controlado.

Entendí el nacimiento de mis hijos como un mensaje, una nueva oportunidad que me ofrecía la vida. Esos niños son la mejor decisión que he tomado. Desde que supe que eran dos fui totalmente consciente de que iban a nacer, pero no podía permitir que su llegada al mundo fuera un acto de presión y obligación. Desde el 25 de julio de 2001, dejé de ser el hijo de la duquesa para convertirme en padre, la soledad se matizaba, ellos serían mi responsabilidad, ya no podría continuar con las huidas hacia delante, Amina y Luis estaban abriendo de par en par el cielo de mi recuperación anímica.

Habíamos pactado que Genoveva eligiera el nombre del niño. Yo escogería el de la niña. Opté por Amina pensando en África. Al llegar al continente, perdido, con un dolor intenso en el alma, topé con una señora somalí casada con un italiano blanco, se llamaba Amina. La conocí de modo casual al entrar en su tienda. Al final, entablamos una relación laboral, yo le mandaba dinero y ella pagaba allí los gastos de mi casa. Ahora vive en Mombasa, separada del italiano, y se hacer cargo de tres hijas y un hijo autista. Le cogí mucho cariño a ella y a su nombre. Genoveva quiso hacerme otro regalo y eligió el nombre de Luis para nuestro hijo. El nombre de mi padre.

Cuando Genoveva abandonó México, los niños tenían ya casi un mes. En Madrid contamos con la ayuda de Luis María Anson. Gracias a él, Genoveva pudo salir del aeropuerto por la puerta de autoridades y evitar a la prensa. Les recogió con su coche directamente en la pista de aterrizaje, pararon en su casa para descansar y siguieron hasta Las Arroyuelas, en Sevilla, donde yo había contratado seguridad especial. Salió todo muy bien porque nosotros decidimos el día y la hora en la que presentamos a nuestros hijos a todos los medios, no hubo exclusivas y nadie hizo negocio a su costa.

Pero yo continuaba viviendo en Bretaña y viajaba a Sevilla una vez al mes. Genoveva y los niños no estaban solos, había pedido a mi Nana Margarita que se trasladase a la finca junto a su hija Margaret para ayudarle a desenvolverse con los mellizos. En Sevilla continuaba viviendo la hermana de Genoveva y mi madre prácticamente se había instalada en el palacio de Las Dueñas.

Cayetana, viuda por segunda vez, vivió con una alegría inmensa la llegada al mundo de mis hijos. Comenzó a ejercer de abuela, a vibrar y emocionarse con ellos como nunca antes había hecho con sus hijos. Cayetana estaba loca de amor por Amina y Luis, incluso celosa de que otras personas de la familia disfrutasen más con los niños; los quería solo para ella.

Fue en Las Arroyuelas donde conoció a Genoveva. Ella le hablaba de usted, y mi madre la corregía: «Ay, hija no me hables de usted». Cada tarde acudía a la finca para estar con los niños. A veces, se desconcertaba con Genoveva, porque le daba besos y abrazos y tales demostraciones de cariño no eran habituales —por no decir inexistentes— en el territorio Alba. Un día se le ocurrió sugerirle que no fuera a visitar a los nietos y conoció la otra cara de mi madre. Aprendió pronto que si emprendías una lucha de poder contra ella, estabas perdido. Siguió visitando Las Arroyuelas, por supuesto, mis hijos la ayudaron a superar la muerte de su segundo marido, porque a pesar de la lejanía que mantuvieron en los últimos años, su muerte le provocó un dolor inmenso. De nuevo se hallaba sola ante la inmensidad de sus palacios.

A pesar de las visitas de mi madre y la compañía y ayuda de Nana, es cierto que Genoveva vivía en la finca apartada del mundo. Entonces fue cuando se me ocurrió abrir una tienda de muebles africanos en Sevilla. Sirvió para que se aireara un tiempo, aproximadamente un año, porque el negocio resultó una verdadera ruina. Ni ella sabía vender ni los sevillanos estaban por la labor de invertir en un mobiliario ajeno a la tradición. Fue entonces cuando me pidió instalarse en Madrid, ¿Dónde? Pues en el único sitio posible, el palacio de Liria.

Allí vivían también Fernando y Carlos. No le resultó tan fácil acoplarse, debía aprender a moverse y conocer los códigos palaciegos para hallar su hueco en el espacio Liria. Hay un reglamento no escrito para moverse entre los veintiséis salones y las doscientas habitaciones del palacio. ¿Se puede coger un libro de los dieciocho mil volúmenes repartidos entre la biblioteca y el resto de los salones? ¿Qué vajilla he de usar? ¿Se puede elegir cualquiera de los platos existentes? ¿Podían jugar los niños por los pasillos? ¿Hablar, gritar más alto de la cuenta? Mi madre relajó las normas, mis hijos podían jugar por los pasillos de Liria, no por todos, claro. En una ocasión, ella correteaba con los niños por el pasillo y subió mi hermano Carlos escandalizado: «¿Qué está pasando aquí? ¡Qué escándalo estáis montando!». Cosas de Liria. Aprendió incluso a actuar con la puntualidad británica que marcaba mi madre, si no la dejaban en tierra.

Ya he comentado que vivir en palacio no es tan fácil como parece. Durante ese tiempo Genoveva se dio cuenta de la nula relación familiar. Pudo comprobar que lo que le había contado no eran exageraciones mías. Se sorprendía de ver a alguno de mis hermanos una vez al año. Alfonso y Jacobo visitaban a la familia el 24 de diciembre. Con Fernando te cruzabas por palacio. Carlos vivía en Liria, pero no coincidías nunca con él, aparecía si gritabas más de lo permitido. Durante el verano, Genoveva comía sola con mi madre y los niños. ¿Convivencia familiar?

Le costó adaptarse a mi entorno. No ayudaron el influjo y control exhaustivos de mi madre, que vivía apasionada con los niños, «que los bajen, que los suban, que quiero llevarlos a pasear…».Y así. Todo era nuevo en su vida y no acababa de sentirse en su espacio. Siempre me ha comentado el impacto que le supuso la primera Navidad que vivió en Liria. Le chocaba la frialdad con la que nos relacionábamos. Yo estaba acostumbrado. Echaba de menos otro tipo de relaciones, pero había crecido en un palacio, donde la gente no se toca, no se abraza. Ella estuvo tentada de regresar a México en alguna ocasión. A todo esto había que añadir que en la familia que habíamos formado uno de los actores estaba ausente: ese era yo.

Salimos de Liria, compré una casa en el extrarradio madrileño, en Pozuelo que, a pesar de lo publicado en libros y reportajes, no pagó mi madre. He estado pagando la hipoteca de esa casa hasta el año 2015. Una hipoteca, por cierto, firmada en yenes que durante los años de la crisis económica se convirtió en una pésima inversión porque la deuda se multiplicaba cada día. Ese fue nuestro hogar.

Pero quedaba un asunto pendiente: que yo fuera capaz de comprender que crear una familia no consistía en «visitar» a tus familiares.

Creo que he ido asumiendo el papel de padre a través de los años. Cuando eran bebés y yo regresaba a casa tras algunas semanas de ausencia, me encantaba jugar y estar con ellos. Aunque, a veces, y al verles tan pequeños, me aterraba la posibilidad de hacerles algún daño. Les quitaba los arrullos para que se movieran y estirasen en libertad, imaginaba que el hecho de arroparles y cubrirles era una especie de mordaza que cortaba sus movimientos. Pero no todo eran risas. Mi hija Amina lloraba al cogerla en brazos, no me reconocía, la niña lloraba y yo no lo entendía, me dolía tanto que me enfadaba con ella. Y reconozco que con Luis he sido en ocasiones demasiado exigente. Pero siempre han logrado despertar toda la ternura que anida dentro de mí, en especial mi hija.

He intentado dominar mi carácter ante ellos, modelar algunas reacciones desagradables y ayudarles, sobre todo en la adolescencia. He hablado con mis hijos, les he contado historias y han sabido por mí la dureza de mi infancia, la soledad, el vértigo adolescente y la locura vivida en el mundo de la noche. No lo descubrirán al leer estas páginas. Su padre hace años que les ha advertido acerca de mis zonas más oscuras y guiado sus pasos y su educación. Son dos chicos encantadores y muy sensibles. Aunque no coincidimos plenamente en su educación, Genoveva y yo nos complementamos en ese sentido: ella insiste en cuestiones de ética y moral y yo incido en darles libertad para que ellos mismos aprendan cuál es el camino por el que se han de mover.

Les quiero por encima de todo. En un momento dado, cuando aún eran muy pequeños y no nos habíamos casado, Genoveva volvió a México con los niños, desconcertada ante mi desorden vital. Intentaba reanudar su vida junto a otro hombre que había prometido ocuparse de los tres. Al enterarme de la noticia, cogí el primer vuelo a la capital mexicana, contacté con ese hombre, le pregunté por sus planes y le quedó absolutamente claro que mis hijos no precisaban padres postizos, que yo sería la persona que se iba a ocupar de ellos, de su educación y manutención, y quien les iba a dar la guía y el cariño que necesitaran.

Porque, a pesar de las irregularidades, sinsabores y rupturas, Genoveva y yo siempre hemos tenido claro que nuestro objetivo común son Amina y Luis, y entre los cuatro hemos conformado una familia. Atípica, sí, pero una familia. Hemos sido unos buenos padres, ellos unos hijos fantásticos, contamos los unos con los otros y nos llevamos muy bien.

13

RETOS

Me casé en Sevilla en la casa palacio de Las Dueñas un día de santa Teresa del año 2005. Lo de la santa fue casual, el resto de lo que ocurrió ese 15 de octubre no lo fue en absoluto. Genoveva y yo pensamos y decidimos cada uno de los detalles de la ceremonia. ¡Estaba muy feliz! Me hacía mucha ilusión que Amina y Luis asistieran a la boda de sus padres. Y me ilusionaba que la gente a la que quería nos acompañara en un momento tan emotivo. El resultado fue una boda espléndida tanto en la puesta en escena —la fachada de Las Dueñas envuelta en buganvillas y el interior y los jardines iluminados con cientos de velas— como por el cariño de quienes nos acompañaron ese día.

Las Dueñas fue siempre el refugio de mi madre, la casa palacio de historia singular, que llegó a los Alba a comienzos del siglo XVII por otra boda, la del VI duque de Alba, Fernando Álvarez de Toledo, con Antonia Enríquez de Ribera. Formaba parte del patrimonio familiar, pero al parecer nuestros antepasados no tuvieron el fervor por la casa palacio y por la ciudad que les profesó mi madre durante toda su vida. Y quedó en el olvido.

A finales del XIX, parte del edificio pasó a ser casa de vecinos y se alquilaban sus estancias como viviendas. Antonio Machado Álvarez fue el administrador, allí nacieron algunos de sus hijos, entre otros Antonio, que vino al mundo junto al patio del limonero:

Mi infancia son recuerdos de un patio de Sevilla
y un huerto claro donde madura el limonero…

Esa casa también fue un símbolo para mi madre. Si Liria la unía con la historia, el pasado y la dinastía, Las Dueñas era su yo más íntimo, quizá su alma más auténtica. Allí pasó parte de su infancia junto a su tía Sol, la hermana de mi abuelo Jacobo. En nuestro imaginario, Las Dueñas es la casa palaciega de rincones mágicos, hermosas piezas de arte y patios de albero; la casa en la que conviven armoniosamente adornos mudéjares, baldosines de Triana y detalles renacentistas; la casa donde durmieron la emperatriz Eugenia de Montijo, Eduardo VIII y Wallis Simpson, Alfonso XIII, Jacqueline Kennedy o Grace Kelly y Rainiero de Mónaco. Pero tuvo otra vida: mi madre cuenta en sus memorias los recuerdos de niña durante los primeros meses de la guerra civil, entonces era un palacio de paredes blancas y desnudas, convertido en hospital y comedor social, donde ella prestaba ayuda sirviendo comida a los pobres.

Las Dueñas era un símbolo que supe comprender. Y un momento de tal emotividad como mi boda no podía celebrarlo en ningún otro lugar. Por eso me empeñé en evitar que se convirtiera en un acto meramente social. Ninguno de los doscientos invitados presentes fue convocado por compromiso. Reconozco que fue uno de los grandes debates que mantuve con mi madre en los días previos. Ella había realizado su propia lista de invitados, que igualaba el número de los nuestros. Pretendía, incluso, que acudieran las autoridades.

—Mamá, esta no es una boda de autoridades. Quiero celebrarla con mis amigos, con la gente querida. Insisto, el límite de asistentes es de doscientas personas: Genoveva convocará a ochenta, yo, otros ochenta y a ti te quedan cuarenta.

Yo no admitía otra negociación.

Aceptó muy a regañadientes, pero aún faltaba lo peor. En quinientos años de historia, siempre había acudido un miembro de la Casa Real a una boda de la Casa de Alba. Era el argumento utilizado por mi madre, pero yo insistía en el mío: en mi boda estarían los amigos de los novios, punto. El debate lo mantuvimos hasta una semana antes.

—Por favor Cayetano, al menos invita a doña Pilar. A todas las bodas de la Casa de Alba ha asistido alguien de la familia real. —Casi me suplicaba.

Era un martirio. No cedí. Y mi boda fue la primera y única celebración nupcial de la familia en la que no estuvo presente un miembro de la Casa Real española. A Dueñas ese día acudieron nuestros amigos nada más. Y nada menos.

El último pulso con ella fue sobre la persona que serviría el *catering*. Yo había prometido al cocinero Salvador Gallego, el último chef de Liria, que confeccionaría el menú de mi boda. Mi madre insistía en que lo hiciera el de Sevilla. Me costó, pero lo sirvió Salvador Gallego.

Avatares propios de un enlace. Al margen de ellos, mi boda me pareció preciosa. Genoveva estaba guapísima con un traje de Manuel Mota, además se colocó de diadema para sujetar el velo la pulsera de pedida de mi madre. Yo vestía el traje de gala de la

Real Maestranza de Caballería de Sevilla, el mismo que utilicé para acompañar a mi hermana Eugenia al altar. Y que años después, paseando por Liria, encontré colgado de un armario en una habitación olvidada. Un traje de gala, que no de domador, como escribió una reputada columnista en un intento de gracejo sin gracia.

Fez, Marrakech, el desierto… fueron los destinos elegidos para nuestro viaje de novios. Pensé, equivocadamente, que Marruecos estaba lejos y podríamos disfrutar sin testigos de esos días de descanso. No fue posible. En algún momento, incluso tuvimos que salir de un hotel en el maletero de un coche y nos persiguieron a través de los montes del Atlas. Fue un bonito viaje, aunque las persecuciones de los *paparazzi* impidieron que fueran los días de paz y relax propios de una luna de miel soñada.

Al volver a Madrid comenzó mi vida de hombre casado y padre de familia. Nos habíamos mudado a Pozuelo. Arrancaba una nueva y desconocida etapa. Mantenía el regusto agradable de la boda, pero pronto comprobé que no podía cambiar mi personalidad, tenía un monstruo dentro. Había hecho todo lo necesario para constituir mi familia, pero no me sentía preparado para afrontar la nueva situación.

Reconozco que era un desastre de marido; aunque buena persona y responsable. Yo seguía luchando e intentado que funcionara el proyecto familiar. Pero también continuaba en la alta competición y viajaba demasiado a menudo: estaba más tiempo fuera que dentro. Libraba una feroz lucha interna porque me sentía muy responsable de mis hijos. Bajo ningún concepto iba a consentir que se perdieran la niñez. Quería evitar a toda costa que ellos repitieran cualquiera de las vivencias que a mí me habían destrozado la infancia y la adolescencia. Pero, al mismo tiempo, me sentía incapaz de mantener una relación sentimental con una sola mujer.

Me había casado con Genoveva por mi propia voluntad, la quería, quería enormemente a mis hijos, no di el «sí, quiero» bajo presión; al contrario, estaba convencido de que la boda era la guinda a la historia que había arrancado cinco años atrás. Pensaba que la unión formal nos consolidaría como pareja y también como familia. Volver a casa tras las competiciones era placentero. Pero era incapaz de responder al imaginario familiar de mi mujer. Algo en mi interior me impedía actuar como un marido tradicional, sentía tal presión, tanta angustia, que me dominaba el miedo; me convertía en su prisionero y, en consecuencia, me sentía culpable por tales sentimientos. Cuando estaba en casa, enseguida estaba mal, muy mal. Años después he sabido las causas, pero entonces me movía en un círculo vicioso insufrible: les quería y sin embargo no apreciaba la vida familiar, salía corriendo con mis caballos como si fuera la *Novia a la fuga*. Huía de allí como Julia Roberts vestida de blanco huye despavorida antes de dar el «sí, quiero». Yo no era el protagonista de una comedia norteamericana, pero, al igual que en la película, me daba a la fuga al no poder controlar la angustia por sentirme atado a una mujer.

Seguía en mi mundo y mantenía mis hábitos. No pude o no supe cambiar mi sistema de vida. Fui infiel a Genoveva a pesar del amor hacia ella, no pude conformar la familia tradicional a pesar del amor hacia mis hijos. También he de reconocer que nunca olvidé mi compromiso: mantener y asumir los gastos de la familia que había formado. Tengo un sentido de la responsabilidad lamentable en el mejor de los sentidos. Nunca iba a remolonear con la manutención de mis hijos; incluso, empecé a ralentizar mi carrera deportiva para atenderles, porque mi misión siempre fue que no faltase nada en mi casa.

Pero Genoveva, lógicamente, quería un marido de verdad: que la quisiera, la arropara, que no se ausentase todo el tiempo y, sobre todo, que no se fuera con otras. Yo ni siquiera lo sabía ocultar, era evidente. Los dos años de matrimonio fueron muy duros para ella. A pesar de que a partir de la boda me sentía más comprometido que antes, y estaba haciendo el esfuerzo de mi vida, no lograba comportarme como un marido al uso. Debo decir que Genoveva hizo el máximo, no puedo reprocharle nada. Creo que ella se había resignado en algún momento. Le he pedido perdón muchas veces. No me duelen prendas reconocerlo. De hecho, hace años, en Inglaterra, fui a pedir perdón a un padre por la relación caótica que había mantenido con su hija.

Durante muchos años me he culpabilizado del fracaso de mi matrimonio. Ahora sé que no era del todo justo conmigo mismo. Una relación de pareja se construye entre dos personas y ambos han de estar a la altura. Yo no lo estuve, pero he hecho mi propia penitencia y he respondido con creces a mis carencias de entonces. La vida familiar me suponía un tormento que no sabía gestionar, un batiburrillo de sentimientos encontrados y una lucha interna contra mis propios demonios y mis miedos ancestrales. Años después he descubierto los motivos. Me los han explicado terapeutas profesionales: huía de mi pasado, huía de los abandonos infantiles, huía de la soledad. Pero, al escapar solo lograba dañar a mi familia.

El divorcio lo planteamos de mutuo acuerdo. Ella lo estaba pasando muy mal y yo no podía cambiar. No sé cómo la gente aguanta inmersa en relaciones falsas o convenidas. Enseguida me mudé de dormitorio y a los dos meses volví a vivir en Liria. A mi habitación de siempre. Ese palacio tiene una parte positiva, es un búnker que te protege. Yo sentí ese amparo, enseguida fue abandonándome la sensación de presión. El que no me abandonó, sin embargo, fue el sentimiento de culpa porque asumí completamente la responsabilidad del fracaso: había soñado con una familia convencional y unida. Y no supe conformarla.

Mis hijos se quedaron a vivir con su madre y establecimos un régimen de visitas. Me enorgullece decir que nunca les herimos en los momentos difíciles, porque nunca les utilizamos; no les hemos hecho cómplices de nuestra separación, ni a favor del padre ni de la madre, esos niños eran y son siempre prioritarios para ambos y nunca fueron moneda de cambio entre nosotros y nuestros desencuentros. Su vida tampoco varió de manera radical. Habían vivido en Liria, en la finca de Las Arroyuelas, sabían que yo viajaba mucho. Creo que fue ella quien se lo explicó a los niños. Genoveva ha sido muy buena madre. Y yo, en ningún caso, he hecho dejación como padre. A mis hijos les voy formando como me hubiera gustado que hiciesen conmigo. Gracias a ellos he podido atisbar cómo hubiera sido la infancia y adolescencia que me robaron.

No les he educado entre algodones. He querido que aprendieran desde pequeños que la vida es dura y que hay que saber afrontar y resolver las adversidades. Amina y Luis son espabilados y resolutivos. En Bretaña, que es ya un símbolo en mi vida, estuvieron conmigo. Es un territorio difícil marcado por la fuerza de los elementos. Cuando solo tenían cinco años les hacía una especie de yincana de supervivencia en los parajes bretones. Les marcaba rutas difíciles para su edad, con charcos y matojos, y cuando se paraban, les empujaba al barro para que pelearan contra los elementos. Siempre salieron por sí mismos de las dificultades.

Allí mismo, en esa zona de Bretaña donde vivía, se encontraba una isla pequeña de matorrales y espinos, a la que se accedía en barca. Les dejaba en una orilla y les recogía en la opuesta. Tenían que atravesarla caminando: se pinchaban, caían. Luis lloraba. Amina era más dura, le animaba: «Vamos Tete, vamos, venga, que está papá al otro lado», ella sabía que si no llegaban les dejaba ahí durmiendo. Bueno, no lo hubiera hecho. En realidad, ahora sé que no debería haberlos llevado a situaciones tan difíciles, pero entonces yo estaba muy marcado por la dureza que había vivido en carne propia. Ahora sé que para educar bien a los hijos no hay que exagerar, basta con explicar bien las cosas.

No quería niños melifluos. Mis hijos no son unos blandos, y yo, además, quise evitar que fueran unos niños engreídos. El ser nietos de una abuela histórica, vivir en un palacio y gozar de privilegios era una realidad que podía influirles de manera negativa y convertirles en unos niños débiles a los que hubiera que solucionarles todo. No lo iba a consentir. Cuando acudía a recogerles al colegio y veía las tonterías que hacían los padres de sus compañeros, les decía: «Vosotros no miréis eso porque mal de muchos consuelo de tontos». Para que supieran si su afición por los caballos era real o pretendían imitar mi actividad deportiva, les compré un poni a cada uno, no son animales fáciles: les daban patadas, les mordían; además tenían el macuto con el que debían limpiarlos. El segundo día, Amina ya tuvo claro que no era lo suyo. A Luis le arrastraba el poni y salía llorando, pero se batía el cobre. He sido más duro con él que con mi hija. Es un niño dulce, muy bueno, a veces quiere imitarme, pero él no es deportista, no es competidor. Siempre quería que le entrenase. Y me cuesta preparar a otros. En una ocasión, tras un entrenamiento muy duro, el pobre acabó llorando: «¡No me grites!», se defendió. Me quedé paralizado. Se bajó del caballo y le pedí perdón. Entendí que debía corregir esas salidas de tono, debía mejorar y calmarme. Ahora sé que la causa de mis ataques de ira es el maltrato físico que sufrí en la niñez.

La realidad es que era tremendamente exigente con ellos y conmigo mismo. Yo había recorrido el camino inverso al del resto de la gente: salen de cero y llegan arriba. Yo nací arriba del todo y bajé al sótano, a las profundidades del alma, con una mochila bien cargada. Volví a escalar pasito a pasito hasta llegar arriba. Fue una escalada profesional, saltando, compitiendo, entrenando duro, no me lo regaló nadie, recorrí el camino con gran esfuerzo y en competición directa con otros.

La vuelta a Liria no supuso ninguna alteración. Mi madre siempre fue comprensiva con nuestros vaivenes sentimentales. Ella tenía un lema en la vida, que nos repetía: «Vive y deja vivir». Así que volví a Liria, sí, pero algo fundamental había cambiado: ya no era únicamente el hijo de la duquesa de Alba, era el padre de Amina y de Luis. Tenía dos hijos a los que quería enormemente.

También a su madre. Sin embargo, no sabía en qué consistía ser un buen marido. Después del divorcio intentamos varias veces recuperar la relación. Sin éxito. Genoveva siempre achacó nuestro fracaso a mi parálisis emocional, motivo por el que nosotros no tuvimos ninguna posibilidad de funcionar bien como pareja. Quizá.

En 2006 gané el campeonato de España absoluto celebrado en el Club Hípico de Marbella, con el caballo Kesberoy St. Aubert. Ese mismo año logré la segunda plaza en la Copa Presidente del Club de Campo Villa de Madrid. Fui ganador de la prueba de seis barras de Santander y de potencia en San Sebastián. Además de participar en numerosas pruebas nacionales e internacionales y continuar como presidente del International Jumping Riders Club (IJRC), cargo que ocupé desde 1999 hasta 2007, en un primer mandato.

A pesar de los buenos resultados deportivos, ya había bajado el nivel de competición un año antes, porque no quería perderme la infancia de mis hijos. En 2009, abandoné la competición internacional para centrarme solo en concursos nacionales. A finales de ese año fue cuando ocurrió el episodio que he relatado al principio del libro: mi madre me pidió entonces que me ocupara del campo a través de la carta lacrada que entregó al administrador y que tanto estupor causó entre mis hermanos.

Tomé el mando de las fincas de inmediato. Pese al revuelo que se montó en casa, mi madre fue clara: «Tú despachas conmigo, no hagas caso a nadie más. Haces lo que debas y me consultas, pero solo a mí». Estas fueron sus órdenes.

Algunos meses más tarde, un día en el que compartíamos almuerzo mis hermanos Carlos, Fernando, Eugenia y yo con ella en el saloncito Verde, soltó la noticia. Habíamos comido y charlado relajadamente, el rito continuaba con el café y con el beso de rigor antes de retirarse a descansar a sus habitaciones. Uno a uno nos acercábamos a su sillón y la despedíamos. Esta vez tomó la palabra antes, en la sobremesa.

—Os quiero decir que he decidido que Cayetano no solo va a llevar el campo, va a llevarlo todo. Carlos, ¿has oído? Lo va a llevar contigo, porque vas a heredar la Fundación, pero lo va a llevar él.

Cayetana se levantó y se fue. Nadie se atrevió a parpadear. La cara de mis hermanos fue un poema: Carlos se quedó pálido, Fernando y Eugenia se mantuvieron en silencio. Y no se habló más del asunto. La comunicación en esta familia no existe. Es lo que instauró mamá. A los hermanos nos separaban la edad, los espacios que ocupábamos en el palacio y su propio ejemplo, porque ella no comunicaba. Ese día nos quedamos perplejos y nos levantamos como zombis, como muchas otras veces habíamos hecho ante reacciones de ella que nadie se atrevía a discutir.

Pero en el fondo, aunque primara el silencio, ninguno quiso aceptar la decisión de mi madre. Entendieron una vez más y de manera errónea que el «niño bonito» llegaba para mandar. Y si hay que hablar con total honestidad, si la situación pudiera considerarse injusta para alguien, ese alguien fue Alfonso, que era el más preparado para dirigir las finanzas y el patrimonio de los Alba.

Para que mi madre tomase tal decisión debieron de influir varios asuntos. El primero de todos es que quería descansar y despreocuparse. Además, creo que, en el fondo, sintió la necesidad de resarcirme, porque conocía la pugna que había mantenido con Jesús cuando me dijo que aunque estudiara Agrónomos, no me dejaría ocuparme de las tierras. Y, sobre todo, había comprobado la gestión que yo había realizado a lo largo del año en el campo. Ella estuvo siempre enterada de todas mis decisiones y de la situación en la que se encontraban las fincas. Mi madre debió de pensar que con todo lo que había superado a lo largo de mi vida, sería el que iba a solucionar nuestros problemas. Nunca olvidaré sus palabras: «Yo creo en ti porque eres valiente, porque vas hacia delante con todo y lo que te propones lo consigues».

Era mi casa, la casa de todos, un bonito reto. Lo acepté con entusiasmo porque suponía cerrar un círculo: la Casa era mi asignatura pendiente y mi madre por fin reconocía el esfuerzo titánico que había hecho a lo largo de toda mi vida por sobrevivir. Ya desde niño fui el único que corría tras ella para que me explicara las cosas. Hablamos muchos años después y le dije todo lo que tenía guardado dentro. Y me escuchó. Y yo me había labrado solo y en silencio una carrera deportiva que descubrió tras la victoria en Estocolmo en 1990 y confirmó al verme desfilar con el equipo olímpico español de Barcelona92. Todo eso sumó a mi favor.

Desde que me hice cargo de la gestión del patrimonio, casi abandoné la competición: devolví los caballos a sus dueños (en ese momento llevaba trece caballos, siete de propietarios); salté esporádicamente y mantuve la dirección técnica deportiva de la Global Champion Tour (CGT). Y un año después volví a la presidencia del International Jumping Riders Club (IRJC). Dejaba de ganarme la vida fuera y empezaba a cobrar un sueldo de la Casa.

Me encontré con las finanzas descontroladas. Desde la muerte de mi padre, veintiocho años antes, no había existido gestión económica. Él había diseñado la economía patrimonial: puso en marcha la Fundación Casa de Alba, esa es la base de sostenibilidad del patrimonio y los palacios y supone la salvaguarda de los bienes frente a los antojos de cualquier heredero. Con la fundación ahorramos impuestos a cambio de perder autonomía para vender patrimonio, salvo autorización del Ministerio de Cultura. Fue mi padre quien dejó diseñada la estructura de la Fundación Casa de Alba, que no tuvo tiempo de acabar y finalizaron Carlos y Alfonso en 1975, fecha de su constitución, antes de que Jesús Aguirre llegara a nuestra vidas y... finanzas. Mi padre recuperó las fincas, que estaban en manos de los colonos, porque el campo no le interesaba demasiado a mi abuelo, y las puso a producir; y dejó una cartera financiera muy importante que supuso el pulmón económico de la Casa y nos permitió llegar hasta ese momento. A mi llegada, el capital que él había conseguido reunir se hallaba en las últimas y solo quedaba el dinero justo que nos permitió pagar los impuestos de la donación en vida que hizo mi madre tres años después.

Durante veintiocho años habían primado el desorden, el despilfarro y la corrupción interna: nos robaba hasta el apuntador. Robaban en los palacios y en las administraciones de las fincas. A ese caos había que añadir el desgobierno que impulsó Jesús Aguirre, que quizás en el ámbito cultural de la Casa hizo cosas loables, pero económicamente fue un desastre al no permitir que Carlos y Alfonso gestionaran el patrimonio económico. Si mis hermanos mayores —sobre todo Alfonso, insisto, que tiene una importante formación económica y empresarial— hubieran guiado las finanzas no nos habríamos encontrado sin capital.

A lo largo de esos años no hubo gestión económica, solo desembolso de dinero. Mi madre gastaba sin medida. Solo en donaciones fijas la cifra ascendía a quinientos mil euros anuales. Nadie se sentaba a estudiar un presupuesto, solo se obedecían las órdenes. «¡Que se haga!». Y se hacía. Así se construyeron mi casa de campo en Las Arroyuelas, la del cortijo de La Pizana en Gerena, de Eugenia, y la del Carpio, de Carlos, o la rehabilitación del torreón de El Tejado en Calzada de Don Diego, que es de Alfonso. Todo ello a costa de las arcas de la Casa. A eso debíamos sumar el mantenimiento de los palacios y las casas. Y cuando se acabó el dinero empezaron a pedir créditos, que es lo que yo me encontré; pero nadie se había atrevido a decirle a mi madre que no había dinero, tampoco mi hermano Carlos.

Mi madre intuía el desgobierno, sabía que la gente le mentía. Lo hacían por miedo, porque no se atrevían a decirle la verdad. Yo lo hice. Tras analizar las cuentas, me senté con ella:

—Mamá, no hay dinero. —Me miró sin entender nada, como si le hablara en un idioma desconocido—. No hay dinero, mamá. Estamos endeudados, el dinero que te han dado en los últimos años no era nuestro, era dinero prestado por el banco.

Se quedó mirándome fijamente durante tres minutos, intentando averiguar si era verdad o mentira lo que le decía. Nadie nunca antes le había hablado con tanta claridad.

Al morir mi padre, no contrataron a un profesional externo para dirigir las finanzas. Se limitaron a ascender a un oficinista y nombrarle administrador general. El elegido fue Gerardo Herranz, un hombre excelente, un hombre honesto, pero no el experto que se necesitaba para dirigir el patrimonio de los Alba. Falleció meses después de la muerte de mi madre, yo creo que por agotamiento ¡Había sufrido tanto, había padecido a tantos personajes y tantas reprimendas!

El administrador solventaba los problemas económicos sacando dinero de las sociedades a las que están adscritas las fincas y pidiendo prestado a los bancos. Obvio que, con tal patrimonio, ninguna entidad negaba un crédito a la Casa de Alba. Y así, la gestión financiera se resumía en la solicitud de un nuevo crédito cada vez que mamá pedía dinero. En concreto eran tres los bancos que nos chupaban la sangre mientras se frotaban las manos. Teníamos una deuda con ellos de doce millones que suponía una sangría de medio millón de euros de intereses cada seis meses.

Esa fue la situación que me encontré: un saldo negativo de catorce millones de euros.

Necesitábamos liquidez con urgencia y solicité autorización para vender al Congreso de Estados Unidos una carta enviada en 1498 por Cristóbal Colón a su hijo Diego. Todos los fondos obtenidos con su venta se iban a destinar al mantenimiento de la colección adscrita a la Fundación Casa de Alba. La carta —valorada por la casa de subastas londinense Christie's en veintiún millones de euros— no guardaba contenido oficial, era una misiva de carácter personal y que se editó en facsímil de alta calidad. La elegimos porque era la de menor relevancia histórica al no estar escrita desde las Indias y su contenido meramente doméstico. Sin embargo, la operación no se remató por la prohibición del Tribunal Superior de Justicia de Madrid. De nada sirvieron nuestras alegaciones explicando la necesidad de recaudar fondos para el mantenimiento de la Fundación Casa de Alba y el gran esfuerzo económico que hacíamos para sostener el patrimonio. Argumentaron que la serie histórica de la correspondencia de Cristóbal Colón consta de treinta y tres cartas, de ellas veintidós se encuentran en el palacio de Liria y once en el Archivo de Indias. Se deshizo la operación.

Además de ajustar los gastos, debíamos vender para empezar a respirar. Conseguimos subastar el baño de Armand Albert Rateau, un conjunto de mobiliario del diseñador francés en desuso desde hacía años. Las piezas de estilo *art decó* andaban esparcidas por el palacio: el baño en el jardín a modo de fuente, las mesas en algún rincón de la casa y ni recuerdo dónde encontramos la *chaise longue*. La necesidad económica primó sobre su valor sentimental. La serie de muebles que conformaban la sala de baño fue el regalo de bodas que mi abuelo Jacobo Fitz-James Stuart le hizo a mi abuela María del Rosario Silva, cuando contrajeron matrimonio en 1920. En esas fechas el diseñador era muy cotizado entre la nobleza y familias adineradas del mundo entero, como los Alba o el barón Eugène de Rothschild.

Christie's realizó un montaje para exponer los objetos a subastar en la misma disposición en la que el diseñador Rateau los colocó en el cuarto de baño del palacio: dos lámparas de pie de pájaros de bronce en tono verde oscuro; una mesa baja de pájaros de mármol y bronce; un tocador con pie de bronce y tapa de mármol gris; un canapé con respaldo y reposapiés reclinable de madera; un canapé de cuellos de cisne de madera y una bañera de mármol de Carrara. Todos los objetos de bronce patinados en verde antico, una de las señas de identidad de Rateau. Contemplado en conjunto era realmente hermoso, nunca dudé del exquisito gusto de mi abuelo Jacobo, pero es muy probable que me hubiera cruzado en algún momento de mi vida con esos objetos sin darles nunca la importancia y el valor que tenían.

Por supuesto, acudí a la subasta, iba todo tan rápido que no me enteraba. Lo que sí entendí rápidamente es que en la puja final obteníamos 6.129.500 euros, una cifra que nos ayudaba a sanear las cuentas. Además, habíamos conseguido un beneficio de ochocientos mil euros con tres exposiciones del legado de los Alba y obtuvimos otros ingresos con el montaje de actos en ciertos espacios de Liria. Así comprobé que era posible rentabilizar la Fundación sin necesidad de abrir los palacios al público. Y, aunque ya no tuve tiempo de consolidarla, pude poner en marcha la marca de productos *gourmets* Casa de Alba.

Todas las decisiones que iba tomando se las contaba a mi hermano Carlos. Siempre le informaba de mis movimientos, a pesar de que su agenda es la de un duque del XIX: acudir un par de horas al despacho y luego dedicarse a sus propios asuntos. Él no mira una cuenta, a él, se las cuentan. Enseguida me percaté de que debía seguir tres estrategias para que no se sintiese desplazado. Le informaba directamente de las cosas más sencillas para que diese el visto bueno. Otras decisiones las aceptaría de entrada porque él o mi madre recibirían las alabanzas. Y la tercera estrategia, que utilizaba junto con el administrador, consistía en plantearle una propuesta, hacer que la reflexionara durante algunos días y, luego, dejarle que nos devolviera la idea como propia.

A veces, me da por pensar que él ha olvidado que yo he existido en la gestión de la Fundación Casa de Alba. Ha llegado a decir que la donación en vida del patrimonio que firmó mi madre, la llevaron a cabo los abogados, lo que es insólito. Negarme de esa manera no es que me duela, me molesta. Porque yo ejercía el papel de un general que le dejaba listo el campo de batalla y, una vez impoluto, él se acercaba a poner su firma en el acuerdo. Creo que también ha olvidado que el liderazgo y el respeto no se imponen, se ganan.

El resultado final de la gestión que realicé en la Fundación fue transformar la estructura anquilosada de una casa nobiliaria en una organización de gestión empresarial moderna. Y nunca se le ocultó información al actual duque de Alba. Yo siempre despachaba con mi madre —«tú, Cayetano, despachas conmigo y tienes toda mi potestad y responsabilidad», decía—. Y le solicitaba todo lo que mi hermano me pedía.

Y Cayetana también estaba contenta, porque le explicaba todos los asuntos, todas las decisiones que tomaba y por qué lo hacía. Sabía que tenía método y disciplina en la dirección de la Casa. Montaba reuniones semanales y viajaba a las fincas para saber de primera mano la situación de cada una de ellas. En realidad, estaba aplicando el método de organización que había aprendido en el deporte durante tantos años. En la hípica, el jinete dirige a su propio equipo: veterinario, fisio para el caballo, mozo de cuadra y sofrólogo, tan importante para compensar los vuelcos emocionales los días de competición. La sofrología es un método de preparación de atletas de alta competición que a mí me sirvió para ganar mis grandes premios. El uso de esta técnica en Barcelona92 supuso varias medallas de oro para los equipos españoles y que Antonio Rebollo, el arquero que encendió la llama olímpica, superara aquella prueba con la máxima concentración.

No utilicé métodos de sofrología para dirigir la Casa, pero si algo he de destacar en mi labor de esos años fue mi lealtad hacia quien habría de convertirse en el futuro duque de Alba, mi hermano Carlos. «Todo lo que haga será para ti, porque soy tu más fiel escudero», le repetí hasta la saciedad. Sin embargo, en cuanto se «coronó» duque de Alba, me «decapitó». Confieso que es un consuelo que no vivamos en el siglo XV. Podría entender que mis hermanos Alfonso y Jacobo se sientan molestos porque nunca he contado con ellos. Tampoco con Fernando y Eugenia, ellos nunca han querido saber nada. Aunque a veces sienta que Eugenia ya no me quiere como antes. Sin embargo, quien no tiene un solo argumento para actuar como lo ha hecho es mi hermano Carlos, que siempre supo de todos mis movimientos y decisiones.

Me da mucha pena. Me dejé la piel y no solo no han valorado el esfuerzo sino que han intentado desprestigiar la labor realizada. Si alguien se lo recuerda, el duque de Alba responde: «Oiga usted, haga el favor de no hablar de mi hermano».

14

LA BODA DE MAMÁ (OTRA VEZ)

Una mañana en la que Carlos y yo nos encontrábamos en la oficina de la Fundación, me comentó con cierto sigilo:

—Tengo que contarte algo, vamos a mi despacho.

Y una vez allí:

—Mamá tiene novio formal —me dijo en voz queda, a pesar de que estábamos los dos solos.

—¡Será una broma! —No podía dar crédito a lo que me contaba.

—Ninguna broma, es cierto, me lo han dicho en Sevilla, ya sabes que allí se enteran antes de las cosas. Las amigas de mamá han contado que está feliz y que se quiere casar.

Era inaudito. ¡Mamá tenía ochenta y cuatro años y planes de boda! Nunca pensamos que fuera una relación seria, a pesar de las informaciones que incidían en el noviazgo con el funcionario de la Seguridad Social, Alfonso Díez. Comenzamos las pesquisas y se confirmaron los rumores. Alguien nos aseguró que el idilio había comenzado tras un encuentro fortuito en un cine de Madrid y que desde entonces eran inseparables.

Hablé con un par de sus amigas, indagué. No solo mamá tenía novio, mamá decía que pretendía casarse por tercera vez en su vida. A ella la conocíamos, ahora debíamos averiguar datos sobre el novio, quién era y si también pretendía casarse con mi madre. La única solución era convocarle y mantener una conversación con él.

Como no podía ser de otro modo, fui el encargado de hablar con mamá sobre su relación sentimental y nuestro deseo de conocer a su pretendiente. No voy a negar que fue una charla algo violenta, se trataba de cuestionar a mi madre su noviazgo, me sentí como un padre hablando con su hija veinteañera. Me senté junto a ella y con toda la delicadeza que pude le planteé la situación:

—Mamá, queremos conocer a este hombre. Debes entender que para nosotros este noviazgo y tus planes de boda son una gran sorpresa, sobre todo después de lo que vivimos con Jesús, que fue tan traumático, como sabes. Entenderás que deseamos conocerle, hablar con él, saber qué ideas de futuro tiene en mente, estas cosas.

—Es un hombre estupendo. No se va a meter en nada —respondió, con una firmeza sorprendente.

—Te recuerdo que me dijiste algo similar antes de la boda con Jesús, que tu marido no se metería en nada y no habría ningún problema y no quiero repetir una vez más la situación que vivimos todos nosotros con él.

—Bueno, ¿quiénes queréis hablar? —Al menos había aceptado la reunión.

—Carlos y yo, en principio.

—Bueno, vale, porque no vamos a hacer un cónclave en torno a este asunto porque es mi asunto.

Como se empezaba a mosquear un poco, aflojé la presión.

—No, mamá, no te preocupes. Queremos hablar Carlos y yo porque somos quienes dirigimos la Casa y estamos consternados con las noticias que nos van llegando sobre el tema.

Se comprometió a comunicárselo a Alfonso Díez y enseguida nos dieron cita: lugar, día y hora.

La reunión se celebró en el salón Verde a las siete u ocho de la tarde. Según lo previsto, acudimos Carlos y yo, a pesar de la resistencia de mi hermano mayor en acompañarme.

—Ni hablar —le dije—, a esta reunión vamos los dos.

Alfonso se presentó con un amigo. Cuando lo vimos, imaginamos que sería su abogado. Lo era. Mi madre se sentó en su sillón, el que solo ocupaba ella, Alfonso a su derecha, Carlos a mi lado, y yo decidí colocarme algo más alejado para tener perspectiva de la escena y observar de frente a este hombre.

Fui el encargado de romper el hielo. Aunque todos éramos muy educados, la sensación que nos embargaba no resultaba muy cómoda. Carlos no abrió la boca y, aunque a mi madre le gustaba tratar los temas sin dar rodeos, entendí que debía hacer una intervención introductoria.

—Bueno, Alfonso, cuéntanos sobre la amistad que mantienes con mamá, ¿cómo os habéis conocido? Quizá habéis hecho planes de futuro. Entenderás que nos gustaría conocer vuestras intenciones para saber a qué atenernos.

Y mientras yo me explicaba ellos se miraban encandilados, como dos niños. Me sentía extraño y hasta cierto punto incómodo con la situación. Los papeles estaban cambiados, yo parecía el padre de la novia interrogando a un pretendiente inadecuado. Entonces, intervino Alfonso.

—Nos conocimos en el cine.

Y mi madre asintió con la cabeza. Parecían dos adolescentes, aunque ella puntualizó la respuesta del pretendiente.

—¡No! Nos conocemos desde hace más de veinte años y nos volvimos a ver en el cine. Fue un flechazo...

¡Un flechazo con ochenta y cuatro años! Se mostraba encandilada y enamorada como una niña. Y Alfonso compungido en el palacio, junto a su mito y sometido al interrogatorio de un hijo.

—Nos han comentado que tenéis intención de casaros... —Empecé cauteloso.

—Sí, nos vamos a casar. Y por ese motivo decidí que estuvieras al frente de la Casa, para estar tranquila y feliz. Cayetano, yo te he puesto a ti para descansar. —Me miraba como una niña—. Alfonso es un buen hombre.

—Pero para eso no es necesario casarse, mamá.

—Tu madre es muy religiosa —intervino Alfonso—. No concibe la relación entre dos personas, más allá de una amistad, sin celebrar el matrimonio previamente. Yo no lo veo así, pero estoy de acuerdo con ella si su deseo es casarse.

No sé si fue ese mismo día, a lo largo de esa conversación o en otras de las que mantuvimos sobre el tema. La realidad es que mi madre quería realizar un sueño. Llevaba muchos años viuda y los previos a la muerte de Jesús soportando un matrimonio formal de cara al exterior. Ahora se había enamorado. Nunca tuvo una voz fuerte, y a esa edad mucho menos, pero la contundencia de su discurso radicaba en la convicción de sus deseos. Y mamá los expresó con absoluta claridad aquella tarde.

—Nos queremos casar y nos vamos a casar.

Después de eso, solo quedaba decir al novio:

—Encantado de haberte conocido.

Si algo me quedó claro tras la reunión, al margen de la decisión de mi madre, fue que Cayetana, la duquesa Cayetana Alba, se había bajado del trono para actuar desde la sensibilidad de una mujer enamorada. Atrás quedaba su lucha por mantener el patrimonio que había guiado sus decisiones, la responsabilidad de llevar sobre sus hombros desde niña la Casa de Alba. La muerte de su primer marido supuso un golpe muy duro; su ánimo durante los años vividos junto a Jesús Aguirre, a pesar de su insistencia en que él fue el amor de su vida, será siempre un enigma. La viudedad de nuevo, la soledad que arrecia en los palacios y ahora, por fin, más que cumplidos los ochenta, encontraba la oportunidad de disfrutar con un compañero y escapar de su compromiso con los blasones. Podía, por fin, actuar como una niña feliz y despreocupada junto a un acompañante joven, buen conversador, cariñoso y educado. Un hombre con el que reía y compartía aficiones. ¿Por qué no?

Total, que Carlos y yo salimos de la reunión convencidos de que ella estaba dispuesta a cualquier cosa para ser feliz y que iba a casarse con ese hombre, que era muy guapo y nos aseguraba que también honesto y que no quería nada del patrimonio familiar. Ella había dejado esa responsabilidad en nuestras manos.

—¿Qué hacemos, algo hay que hacer? —me planteó mi hermano.

—Pues no tenemos mucho campo de acción, la relación va para delante. Debemos manejarla lo mejor posible, porque se van a casar.

Conocía bien a mi madre, estaba seguro de ello.

Alfonso Díez Carabantes no se había casado nunca. Era funcionario de la Seguridad Social y veinticuatro años más joven que mi madre. En realidad se conocían desde muchos años atrás. Alfonso recuerda que su primer encuentro ocurrió en los años setenta en el Rastrillo Nuevo Futuro, donde mamá siempre colaboraba.

La familia Díez no era una absoluta desconocida para ella: Pedro Díez, hermano de Alfonso y dueño de un anticuario en el barrio de Chamberí, era un gran amigo de Jesús Aguirre. Tras su segunda boda, mamá y Alfonso mantuvieron una relación epistolar que nunca abandonaron. Alfonso guarda las cartas que ella le escribió al enviudar en las que le preguntaba por qué no se veían: «¿Por qué no quieres verme, es que tengo caracoles en la cara?». Como si las moiras tejieran su destino, una tarde de verano se cruzaron en el cine: Alfonso Díez iba a ver *El amante de lady Chatterley*; mamá salía de ver la misma película, la historia de amor y sexo entre la aristócrata adúltera y el guardabosques. Ella le saludó con un «¡Alfonsooo!», mezcla de sorpresa y euforia, como aquel «¡Pedrooo!» que dedicó Penélope Cruz a Almodóvar al leer su nombre como ganador de un Oscar de Hollywood.

Así, arrancaba una historia de amor con los ingredientes propios de un folletín de otros tiempos. Alfonso Díez estaba enamorado de un mito, Cayetana Fitz-James Stuart, XVIII duquesa de Alba. Sentía adoración por su figura y más tarde se enamoró de la mujer, porque mi madre era un personaje muy atractivo cuando intimabas y la conocías a fondo.

Su influencia sobre ella fue clave, no solo porque la hizo recuperar la ilusión, también porque su opinión nos ayudó a convencerla de que debía someterse a una pequeña intervención quirúrgica para paliar los problemas de movilidad provocados por la hidrocefalia. Yo estaba preocupado por su enfermedad; aunque era algo sencillo, simplemente implantar una válvula en el cráneo para mejorar su calidad de vida, pero a su edad, suponía una responsabilidad importante. Llevaba tiempo convenciéndola de que, al menos, debía someterse a las pruebas médicas, porque se negaba a hacerse un TAC: «Oggg, horroroso, horroroso el tubo ese», decía. Tras el diagnóstico, Alfonso y yo la animamos a someterse a la operación porque además de la inmovilidad que la obligaba a utilizar silla de ruedas, había perdido un poquito de memoria. Mi hermano Carlos también apoyó la intervención. Y hubo alguno que argumentó que no había que hacer nada.

El resultado fue magnífico gracias al gran trabajo del brillante neurocirujano Francisco Trujillo. Pero pasamos un tiempo algo convulso con los asuntos de su enfermedad y del noviazgo. De hecho, mi madre no quería que se hablase de ninguno de los dos asuntos y nos sorprendió con ciertas declaraciones públicas, sorprendentes en ella, que siempre había sido tan correcta. «Quiero que mis hijos me dejen en paz [...]. Ya son mayorcitos, están divorciados, tienen su vida y yo no me meto, así que, que me dejen vivir, que yo les he ayudado mucho cuando lo han necesitado». Con tal contundencia se mostró en una entrevista concedida al programa de Antena3 *Espejo público*. «Les quiero mucho y mis casas están siempre abiertas para ellos». Y zanjó la cuestión: «Y el que diga lo contrario, miente».

¿Por qué no? ¿Por qué no podía cumplir mamá el sueño de casarse con Alfonso Díez Carabantes?

Podría servir como argumento en contra el trabajo de tantos años para conservar un patrimonio histórico y artístico financiado con el esfuerzo familiar a lo largo de los tiempos. Habíamos puesto los pilares para continuar con él en el siglo XXI y no podíamos dejar ese legado al albur de una decisión tan arbitraria como la boda de mi madre a los ochenta y cuatro años.

No hay una cifra exacta acerca de la cuantía del patrimonio de la Casa de Alba ya que los bienes culturales son muy difíciles de valorar. La fortuna está formada en gran parte por posesiones de valor histórico y artístico que en su mayoría están adscritas a la Fundación y reguladas por ley. Desde palacios a cuadros de Goya impedían que Cayetana Alba y Alfonso Díez se dieran el «sí, quiero».

Un patrimonio de treinta y cinco mil hectáreas de terreno y veintiocho fincas. Los palacios de Las Dueñas, Liria y Monterrey. Las casas de verano de El Carpio, Ibiza, Marbella y San Sebastián. Y las obras de arte que los palacios y las casas guardaban en su interior. Además, la fortaleza de Castro Caldelas, en Orense, y los castillos de Moeche, Narahío, y de los Andrade, en la provincia de La Coruña, propiedades cedidas temporalmente para su conservación y mantenimiento.

Al igual que el palacio del Conde de Aranda, cedido al municipio de Épila en Zaragoza; la torre del homenaje del castillo de Alba de Tormes, en Salamanca, que convirtió en palacio privado el gran duque de Alba, y también transferido; aunque la titularidad de todos los palacios y castillos sigue siendo de la Casa de Alba. Finalmente, el panteón familiar en el monasterio de la Inmaculada en Loeches.

Ese era el patrimonio. La liquidez económica, escasa, como he explicado. No nos oponíamos al matrimonio por un afán egoísta, pensando en una cuantiosa herencia, que en ningún caso íbamos a percibir todavía. Pero debíamos preservar los bienes adscritos a la Casa frente a una persona a la que no conocíamos y que pudiera ser de las características de Jesús Aguirre.

En las situaciones complicadas recurro al consejo de las personas que considero mejor preparadas para solventar la cuestión. Para nosotros, la boda de mamá era un problema de estado. ¿Y quién era la persona que a mi juicio nos podía ayudar mejor en un problema de estado? ¿Quién había sido un estadista en España? Solo tenía un nombre: Felipe González. Comenté la idea con mis hermanos. Carlos la calificó de tontería. Jacobo se mostró escandalizado:

—Felipe González está pasado.

—Pues yo voy a quedar con él y os cuento.

Aunque el expresidente González quería mucho a mi madre, preferí hacer el contacto con él a través de Gonzalo Miró, con quien siempre he mantenido una buena relación. Enseguida me concertó un desayuno con González. A él le expliqué con claridad la situación:

—Mi madre se quiere casar de nuevo. Tú la conoces Felipe, nadie la detiene. Después de lo que hemos pasado con Jesús Aguirre, necesito que me aconsejes para salvar el patrimonio.

En un papelito amarillo hizo un esquema en el que indicaba los riesgos que corríamos y dibujó nuestro patrimonio como si fuera un país. Hizo lo que yo imaginaba, un croquis del estado y los riesgos a los que nos enfrentábamos. No me dio la solución, pero me encaminó hacia ella. Debíamos tomar las medidas oportunas antes del matrimonio y me indicó los pasos para empezar a indagar. Analicé y sinteticé su mensaje y monté una reunión con los abogados, el administrador, los fiscalistas y mi hermano Carlos.

Todo estaba planteado en la familia para realizar una herencia habitual. Sin embargo, el matrimonio de mamá descabalaba todo.

—Hay que buscar una solución sí o sí porque está en juego la salvación de la Casa —les informé.

No fue una reunión cómoda, lo confieso. Se plantearon resistencias, sobre todo del viejo fiscalista del palacio. Pero no les di tregua y me dirigí directamente a él:

—¿Cuánto tiempo lleva en la Casa? Treinta años, ¿verdad?, y cobrando una minuta buena, y además ha tenido el prestigio de ser el fiscalista de la Casa de Alba. Yo llevo más de cuarenta sin un duro, sin un lujo. Aquí todos nos hemos apretado el cinturón para sacar la Casa adelante. Como he sido uno de los sacrificados, junto con mi hermano Carlos, aunque finalmente el patrimonio será para él, les doy una semana para que me traigan una solución.

Y no se habló más.

Respetaron el plazo, pero la solución que nos proponían costaba treinta y cinco millones de euros. En Inversiones Princesa, la sociedad financiera que había dejado mi padre y de cuyos recursos habíamos vivido desde su muerte, quedaban siete. Y un débito de doce millones.

—La propuesta no es asumible —les dije— , solo tenemos siete millones. Con ese dinero debemos hacer la donación, con esa cantidad hay que salvar el patrimonio.

El deporte de alta competición me ha convertido en un hombre práctico y no puse impedimentos sobre la fórmula que debían utilizar. Solo había un límite: no superar la cifra de siete millones de euros.

A la semana siguiente llegaron con la solución: mi madre haría una donación en vida por la que debíamos pagar seis millones de euros y sobraba uno para gestiones. Una vez puestos de acuerdo en la fórmula, quedaba el asunto más complicado: ¿quién le contaría a mamá la propuesta? Carlos no dudó: «Eso es cosa tuya».

Planifiqué la actuación a seguir junto con nuestro abogado Emilio Ramírez. Con la propuesta en la cartera y el susto en el cuerpo, partimos a Sevilla para visitar a la duquesa. Habíamos quedado a las once de la mañana con ella en el palacio de Las Dueñas. Íbamos con un planteamiento difícil de aceptar para una mujer como ella: «Mamá, te vas a casar, pero a cambio vas a dar tu patrimonio en vida». Un patrimonio por el que había sacrificado su propia existencia. Esa era la cruda realidad, pero debíamos disfrazarla, por supuesto.

A mamá le gustaba Emilio, sentía simpatía hacia él; por eso le sugerí cómo debíamos actuar. Sería él quien acudiría a la cita de palacio con el planteamiento, mientras yo paseaba por Sevilla. Debía ser categórico con los riesgos del matrimonio, y dejarle bien claro que ella mantendría el usufructo de todos sus bienes y el mando de la gestión. Después de hablar con mamá, Emilio debía llamarme e intentar dar un giro a la situación para que ella pensara que la propuesta tenía un recorrido inverso: sería el ofrecimiento que plantearía la duquesa a su hijo. Confieso que le tenía gran respeto y algo de miedo, no estaba convencido de que saliéramos ilesos.

Emilio actuó según lo acordado. Luego me contó que ella estaba emocionada e insistiendo: «Llama, llama a Cayetano». Imagino que se veía más cerca del altar. Una vez en Dueñas, le dijo al abogado: «Explícale, Emilio». Sentada en su rincón favorito, e iluminada con un leve haz de luz que se colaba tras las persianas, mamá permanecía en actitud reposada, pero no sonreía.

—Cayetano, he hablado con tu madre, me ha confesado que tiene un gran deseo de casarse y ha buscado una solución para que todos los hermanos os quedéis tranquilos y ella pueda liberarse de la responsabilidad de la Casa. Me ha contado que está muy contenta con tu gestión y le he propuesto una solución que le ha gustado. Y que te explicará ella.

—No, no, cuéntaselo tú.

Ella nunca había dado explicaciones, no estaba acostumbrada. Ahora tampoco iba a hacerlo. Fue Emilio quien me contó que la duquesa haría una donación en vida y ella mantendría el usufructo de los bienes.

—Sí, eso. Me gusta. Me parece bien —ratificaba las palabras de Emilio.

No me quedó más remedio que mantener un gesto de asombro y decirles:

—Me habéis sorprendido, déjame, mamá, que le dé una vuelta y lo piense más detenidamente.

—Sí, me parece bien, lo piensas y me dices. Pero esta tarde. Antes de irte me contestas. —Era lacónica y de frases cortas.

Volví a Las Dueñas y le di mi respuesta:

—Mamá, he estado pensando acerca de lo que me has contado, también he hablado con Emilio y me parece bien tu propuesta. Confieso que es una operación complicada porque has de darte cuenta del riesgo que asumimos si nuestros planes salen a la luz. Pueden decir que te estoy engañando.

A ella le perturbaban las noticias que trascendían sobre la Casa.

—Me parece muy bien, muy bien. Estoy de acuerdo con todo.

La primera parte del plan había salido perfecta. Faltaba hacer una valoración del patrimonio familiar con sigilo porque nadie debía conocer la operación. Realizar ese trabajo requería un mínimo de seis meses o un año. La llevamos a cabo en tres meses. Trabajamos doce horas diarias incluidos fines de semana. Valoraron el patrimonio; y el administrador general, junto con el abogado y albacea Emilio Ramírez hicieron la repartición de la donación sobre el testamento que ella tenía firmado. Yo no participé en esa parte del trabajo.

En junio de 2011 estaba todo listo. Para evitar filtraciones convocamos una reunión un viernes por la tarde para el lunes siguiente, a las diez de la mañana, en la biblioteca del palacio de Liria. La información era escueta: «Mamá convoca a todos sus hijos para un asunto muy importante».

Ella no bajó a la biblioteca, esperaba sentada en el salón Zuloaga, al lado de la mesa de la emperatriz; no sé por qué decidió esperar ahí. El resto, en torno a la gran mesa de la biblioteca, bajo los blasones de todos los títulos de la Casa y el cuadro del abuelo Jacobo presidiendo la estancia, la misma en la que cincuenta y cinco años antes mi madre había reinaugurado Liria. Cayetana había firmado la donación que presentaba a mis hermanos. La discusión fue apoteósica, hora y media y ella llamando cada cinco minutos: «¿Han firmado estos pesados?». Sus deseos siempre fueron órdenes, no conocía la paciencia pero, en esta ocasión, la esperaba su boda con el hombre que había elegido.

Abajo los seis hermanos, los fiscalistas y abogados que explicaron que se trataba de un documento que debían firmar todos ellos para ratificar la donación de los bienes de la duquesa, que ella ya había firmado. Carlos callado y parapetado detrás de mí. Y Jacobo diciendo: «Esto es un fraude». Y Alfonso: «Yo me voy porque esto es un fraude, una vergüenza, no se ha contado con nosotros, nunca se ha contado con nosotros. ¿Esto quién lo ha hecho?». Y yo de punta de lanza, como siempre: «Pues yo, lo he hecho yo».

Corría el tiempo entre gritos y frases de histeria. Se explicó todo el proceso una y otra vez. Yo dejé claro que no había intervenido en el reparto. No se lo creyeron. Fueron unas horas muy desagradables. Los más indignados eran sobre todo Jacobo y Alfonso. Eugenia y Fernando permanecían en silencio. Y Carlos mantuvo su actitud, protegido detrás de mí, que recibí, y sigo recibiendo, los golpes. Mientras, mamá seguía llamando: «¡Que firmen ya, qué pesadez, estos tontos…!». Ella debía firmar de nuevo tras la rúbrica de todos nosotros.

Hubo que hacer ciertos ajustes porque el testamento estaba algo desequilibrado y una finca de Eugenia fue para Fernando al ajustar la legítima. Mi madre legaba cada una de las casas con todo lo que había en su interior: cuadros, muebles, vajillas, alfombras… Y eso causó serios problemas con Arbaizenea, lo que supuso una tormenta añadida: querían repartir los objetos de la casa entre todos al venir esta por vía paterna. Del resto se ha distribuido lo que estaba fuera de la Fundación.

Esa mañana mi hermano Alfonso sacó un documento que no conocíamos. Estaba firmado por mi bisabuelo, que había pactado con mi abuelo Jacobo que la Casa de Híjar —que había llegado a nuestro patrimonio a través de su hija, mi abuela Rosario de Silva—, los títulos que conllevaba y algún palacio ya donado en usufructo a los pueblos y comarcas correspondientes, sería para el segundo hijo de su nieta Cayetana. Mi madre se opuso, en principio, pero yo le apoyé para que recibiera la Casa de Híjar.

Al final empezaron a firmar. Y el que no aceptara heredaba con el cónyuge. Carlos, que recibía el 60 por ciento del patrimonio y los bienes y títulos, permanecía en silencio, testigo mudo, eufórico interiormente porque su hermano pequeño le había arreglado la vida. Volvió a firmar mi madre y luego lo registramos en el Ayuntamiento y en la Comunidad de Madrid y pagamos las tasas, que suponían alrededor de dos millones de euros. Los impuestos fueron una cantidad baja por la ley que rige en Madrid y porque buscamos una fórmula que nos obligaba a mantener unidas las sociedades durante diez años.

Y con todo cerrado y sin una filtración, mi madre se presentó ante la prensa para comunicar que había donado en vida todos sus bienes y que se iba a casar con Alfonso Díez.

A todos resultó increíble que un patrimonio de esas características se hubiera donado en vida y hubo numerosas especulaciones, pero solo eso. La donación de la Casa de Alba es un hecho histórico. Habíamos traspasado un patrimonio de centenares de millones de euros con absoluta naturalidad.

La gran queja de Jacobo es que no heredó ninguna casa. Alfonso recibió un torreón rehabilitado en la finca del antiguo castillo de El Tejado, en Calzada de Don Diego en Salamanca. La mansión de Las Cañas en Marbella fue legada a Fernando. Sa Aufabaguera, de Ibiza, fue para Eugenia. Y para mí Arbaizenea de San Sebastián. Esa casa para mí es un símbolo, la unión de Martínez de Irujo y Fitz-James Stuart. El destino y la voluntad de mi madre pusieron en mis manos la casa en la que había conocido la fatal noticia de la muerte de mi padre.

Años antes había rehabilitado y me había regalado la finca de Las Arroyuelas. Y Eugenia había recibido el cortijo La Pizana como regalo por su boda con Francisco Rivera. Jacobo no superó la decisión de mi madre. Habló con ella y le reclamó con insistencia una casa. Ella le decía que era su voluntad. Y que le había pagado ya con creces una casa: porque primero le ayudó con la sede de la editorial Siruela, que también fue vivienda; después, aportó capital para la casa que compró al casarse con su primera mujer, María Eugenia Fernández de Castro; y volvió a ayudarle cuando adquirió la masía. Todo esto ha quedado registrado en documentos de la Casa. Aun así, y como quería estar en paz, le regaló un cuadro del pintor de la escuela florentina Cristofano Allori, *Judith con la cabeza de Holofernes*, una de sus mejores obras, valorado en un millón de euros.

Sin embargo, mamá no logró recomponer la relación con su hijo, que no acudió a su boda con Alfonso Díez.

Este fue un auténtico caballero en todo este proceso y demostró con creces que no le movía el interés crematístico. Alfonso Díez podría haber paralizado en cualquier momento la operación. Cuando volvió de un viaje a Italia con mi madre, le citamos para informarle de que estaba la donación presentada. Él firmó su renuncia antes de la boda por capitulaciones. Sabíamos que era una maniobra nula porque la cesión anticipada a la herencia es nula en el Código Civil.

De hecho, en su testamento, mi madre pidió dos cosas que no se cumplieron: terminar de pagarle la casa de Sanlúcar de Barrameda, que ella le había comprado, y que recibiera una pensión de cinco mil euros mensuales con carácter vitalicio. Alfonso renunciaba al contenido de la donación, pero no a los bienes que quedan al margen, cuadros, ajuar y otros objetos que le habrían supuesto algo más de un millón de euros. Después cobró el doble porque Carlos se negó a respetar las voluntades de mi madre. Al ver la actitud que mantenían con él, al levantarse el testamento le aconsejé que no renunciase a nada de lo que había decidido mi madre en las voluntades, que no se leyeron con el testamento. Era el hombre que había estado cuatro años haciéndola feliz y suponía una cantidad mínima para lo que podría haber reclamado.

¡La abuela se casa! Los nietos estaban muy alejados de lo que ocurría en palacio con la boda de la abuela. Solo mis hijos se partían de la risa: «¡Lala lleva saliendo en el libro *Guinness* toda la vida, y ahora va a superar a la mujer que se había casado a los setenta y ocho; ella tiene ochenta y cuatro, ¡va a batir otro récord!». Cuando se lo conté se moría de risa.

Necesitaba casarse. Se enfrentó a todo y a todos. Hizo cruz y raya a aquellos que cuestionaron la boda. Una amiga de toda la vida le comentó que los tiempos habían cambiado y ya no era preciso casarse; dejó de hablarla. Y cuando ya estaba todo solucionado y ella estaba en Ibiza, llamó a Alfonso:

—Oye, que ya, que nos casamos —le anunció.

—¿Cómo? ¿Qué ha pasado? —respondió Alfonso con sorpresa.

—Sí, sí, nos casamos en octubre.

Él dudó. Planteó a mamá que debían reflexionar algo más sobre el asunto y ella se lo tomó a la tremenda, preguntándole con insistencia y el alma herida por qué no se quería casar con ella. Alfonso Díez es un hombre íntegro y ya había contenido a mamá cuando pretendía celebrar la boda antes de firmar la donación. Él lo evitó. Sin embargo, todas y todos, en la prensa y en la calle, le acusaron de arribista.

Alfonso se integró muy bien en Liria. Con mi madre viva no era difícil acostumbrarse a vivir en Liria o en Las Dueñas. Es un hombre muy simpático, muy educado con todo el mundo, muy humano: la antítesis de Jesús, que era solitario, frío y maquiavélico. Alfonso ocupó sus habitaciones, los aposentos de mi abuelo y de la reina Victoria Eugenia, su dormitorio, cuarto de baño y salón. Desconozco si mamá y él dormían juntos, a partir de una hora nadie paseaba por los salones. Creo que fue un matrimonio que se hacía compañía. Él hizo muy feliz a mi madre los últimos años de su vida y eso tiene un enorme valor. Mamá tenía un gran miedo a la soledad y durante sus últimos años Alfonso Díez estuvo junto a ella.

Al resto de la familia nos aportaba simpatía y armonía en unas relaciones humanas tan deterioradas como las nuestras: él nos acercaba y relajaba tensión en los almuerzos. Es un hombre positivo en todos los ámbitos. Nunca se metió en los asuntos de la Casa y debíamos hacer muchos cambios para situarla en el siglo XXI. Y si somos agradecidos y reconocemos la realidad, todos nosotros hemos de agradecer a Alfonso Díez o a las moiras que guiaron su destino, que se cruzase con mi madre y que esta deseara volver a dar el «sí, quiero», porque gracias a todo ello hicimos la donación. Gracias a la presencia de Alfonso Díez evitamos las complicaciones que viven muchas familias al abrir el testamento. Una donación no ha lugar a las reclamaciones y si las tienes, puedes discutirlas antes de estampar tu firma. Mamá tenía algunas cosas desajustadas en el testamento en cuestión de legítima y se acordaron con conocimiento de ella. Si eso hubiera ocurrido con una herencia tradicional la Casa habría estado diez años paralizada, ninguno hubiéramos heredado de inmediato, ni se hubieran podido vender los cuadros con los que pudimos obtener liquidez para empezar a movernos de manera totalmente independiente. Habría sido la ruina, a pesar de que en ese tiempo yo había logrado reducir la deuda a la mitad.

Al final, el romance que nos pareció una locura inicial, supuso la salvación del patrimonio y la paz testamentaria.

Aunque no la familiar.

15

¿QUIÉN SOY YO?

Ahora me doy cuenta de cómo es la gente normal. Si no hubiera tomado la decisión de ir a un centro de terapia en Estados Unidos en junio de 2014 no me habría llegado a conocer. Vivía con un bloqueo interno que me confundía y me impedía avanzar.

Una serie de acontecimientos me desencadenó un estado de desazón y tristeza y una fortísima depresión. Mi madre vivía su último verano y lo sabía. Yo también lo sabía. Había bajado los brazos, se había rendido, había dejado de luchar. Sentí que iba a morir. Y sobre mis hombros pesaba como una losa la tensión de la Casa. Cierto que se había firmado la donación y ese asunto estaba arreglado, pero solo a nivel legal. El descontento, la presión en la nuca de algunos de mis hermanos, su cuestionamiento de la donación que habían firmado y las dudas sobre mi gestión me tenían muy irritado, dolido e indignado. Percibía una cadena de sensaciones negativas y dudas que descargaban sobre mí, pero ninguno se sentó a hablar con Cayetana para transmitirle el descontento.

La donación fue el reparto de los bienes según su voluntad, ni más ni menos. Estaba claro que no solo yo percibía el final de mi madre, también ellos intuían que el momento estaba cerca. El descontento y el acoso afloraron porque ella estaba más débil y cada uno de nosotros debía enfrentarse con el final de una época y de la mujer que para bien o para mal había marcado nuestras vidas. El declive de mi madre era obvio, pero hasta el momento su figura había sido incontestable, era demasiado fuerte e inteligente y siempre había tenido potentes recursos argumentativos. O lanzaba órdenes que no se podían chistar, que también. Vivíamos su final y el comienzo de nuestra propia vida sin su omnipresencia. Empezaba a bullir todo lo que cada uno guardaba dentro de sí.

Yo llevaba cinco años de enorme tensión con la gestión de la Casa, ordenando las cuentas y eliminando las deudas. Un trabajo cuyos frutos recibiría el futuro duque de Alba. Había mantenido fuertes discusiones con ayuntamientos de la provincia de Salamanca, también en Andalucía, porque éramos el gran atún al que todo el mundo hincaba el diente para intentar llevarse el trozo más grande. La Casa de Alba era una bicoca, nos robaba hasta el apuntador interna y externamente. Se habían formado mafias muy bien confabuladas, sobre todo en las fincas. Se iba el dinero a raudales. En Madrid, el responsable de gestionar los inmuebles había montado un negocio propio con los doscientos setenta pisos que tenemos alrededor del palacio y los de la zona de la glorieta de Quevedo. Todo era un desmadre y para mí supuso un desgaste enorme. Ejercía de presidente del gobierno de una reina absolutista, que era mi madre, y debía poner fin a la corrupción que nos había comido el terreno durante años. Me batía el cobre como un jabato contra unos y contra otros. Como si fuera un superhombre, libraba una batalla triple: contra los míos, contra los de fuera..., y mi propia batalla, la que me tenía atenazado desde niño. No podía más. Ya me habían tenido que operar de una obstrucción intestinal, porque la tensión siempre se me ha acumulado en el estómago.

No era feliz y con la presión reventaba mi mochila emocional. A veces, me daba por pensar que no podía hacerme viejo sin haber sido feliz, sin ser yo, sin tener dominio sobre mí. Antonio Gala recoge en su *Testamento andaluz* una reflexión de Abderramán III, que me tocó el alma: «Tengo setenta años, durante cincuenta he sido el rey de la ciudad más hermosa del mundo. Por si le faltaba algo, construí Medina Azahara. Amé a la mujer más hermosa del mundo, Azahara». Y finalizaba su testamento: «Y fui feliz catorce días. No seguidos».

Yo también buscaba mis catorce días de felicidad.

Consulté con mi terapeuta pero no podía ayudarme porque yo cada vez estaba peor. El deterioro emocional había aumentado. Iba llorando por las esquinas. Y decidí, de una vez por todas, afrontar el trauma de infancia que me impedía ser un hombre feliz y estar a la altura de mis posibilidades.

—No puedo tratar tu problema, tienes una depresión gigantesca provocada por un gravísimo trauma de la infancia. —Fue el diagnóstico.

—¿Y eso dónde se trata?

Me sugirió que acudiera a alguno de los dos mejores centros del mundo. Elegí el de Estados Unidos.

Me hicieron un test telefónico y el diagnóstico fue una depresión de 8 sobre 10. A partir de ahí hice las maletas. Solo mi secretaria Belén Sanz, Genoveva y mis hijos sabían dónde me encontraba. Mamá preguntaba a veces: «¿Cayetano, dónde está Cayetano?».

Lloraba por las esquinas, como lloro ahora al rememorar aquel tiempo. Llegué al centro muy hundido, estaba cansado de luchar y seguir triste, de la inestabilidad emocional y la carencia de armonía, yo no estaba a la altura de mis posibilidades. Llegué con mi mochila llena de preguntas, buscando las respuestas que me atenazaban desde niño.

El tratamiento consistía en cinco semanas de internamiento en las que me someterían a diferentes pruebas y charlas médicas. Una de esas cinco semanas debía compartirse con alguna persona de la familia. Allí no entendieron que nadie acudiera a estar conmigo. «No tengo a nadie. Mi madre se está muriendo».

El centro, que llevaba pocos meses abierto, está en un paraje aislado que propicia la introspección; recuerdo el calor y la sensación de aislamiento ante un paisaje de tierra seca y cactus. Al llegar, me adjudicaron una habitación individual, después debía compartirla y cambiar de compañeros. Me retiraron el teléfono móvil y el ordenador y tampoco podía fumar, eso fue tremendo. Durante los primeros tres días mucha gente abandona. Yo fui el primer europeo en acudir al centro, que basaba su tratamiento en estudios sobre la posibilidad de regeneración de la mente.

La primera semana tuve que afrontar un tratamiento de impacto. En una habitación oscura, un terapeuta se sentó en una esquina y representó el papel de mi padre: «Es tu padre, ¿qué le quieres decir? Dile todo lo que llevas dentro». Y la figura en penumbra escuchó mi llanto desconsolado, mi amargura y el reproche: «¿Por qué papá, por qué te fuiste y me abandonaste?», y todo lo que guardaba dentro de mí, mientras lloraba a borbotones. Al día siguiente, la figura se convirtió en mi madre y mi pregunta se repetió: «¿Por qué me abandonaste, por qué me arrancaste de los brazos de Nana, por qué me dejaste con esas mujeres que me pegaban? ¿Por qué mamá?». Junto a mí dejaban una caja de *kleenex*, no solo para enjugar las lágrimas, con ellos hacía bolas de papel que arrojaba contra la figura, contra la imagen de mi padre y la de mi madre y así intentar paliar algo la ira, calmar el dolor y sacar el daño interior que era tan grande. Vacié la caja, sobre todo contra mi madre. No he llorado tanto y tan fuerte jamás. A ella le repetía una y otra vez todo lo que ya le había reclamado en el pasado y otras cuestiones de las que no era consciente porque me surgieron en ese momento, durante el batiburrillo de imágenes, sensaciones y recuerdos que me invadían la mente. El abandono de niño y de adolescente, la falta de ayuda, no encontrar una persona a la que recurrir. Los hermanos inexistentes, el recuerdo del hermano mayor retirando el rostro al intentar darle un beso. Y vuelta al recuerdo de mi padre como la única persona que transmitía humanidad y apoyo.

¡Cuánto lloré aquella primera semana en esa habitación!

Estaba en el desierto, rodeado de gente con problemas inmensos y debía sacar y exponer todo mi dolor. En eso consistía el siguiente ejercicio: la presentación del «huevo» de mi vida. Dibujo mal, pero creo que es muy significativo todo lo que aparece. Los números redondeados representan la edad en la que acontecen los hechos destacados. Los otros números son los del orden en el que situaba mis etapas de vida con los recuerdos que más me habían marcado. Debía contar los momentos más tristes y alegres de mi existencia. En los tristes dibujé mis tres mayores logros deportivos, incluida la Olimpiada de Barcelona, que fue un momento agridulce. Resulta inaudito y sorprendente que los triunfos sumen entre mis tristezas. Ahora, que lo veo con perspectiva, creo que lo sentía así porque no tuve con quien compartirlos, porque siempre estaba solo. También por el desequilibrio emocional que me impedía disfrutar con los momentos placenteros, siempre emergía la soledad de niño y rompía a llorar.

En las esquinas superiores del «huevo» escribí las normas de la familia —discreción, falta de sentimientos, educación estricta, distancia y complejo— y en la otra esquina el papel que yo desempeñaba en la familia —el más fuerte, brillante, popular, conflictivo, rebelde y responsable—. En las esquinas inferiores debía señalar la opinión sobre mi padre —estricto, explicativo, humano, un referente en mi vida— y sobre mi madre —fuerte, explosiva, dominante, distante y cerrada—. Y debía escribir una frase que definiera el camino que me hacía seguir mi familia.

¿Camino?, ¿qué camino me hacían seguir? Si nunca me explicaron nada, había que hacer las cosas y punto. Todo aquello que me habían marcado y para lo que me educaron. El lema de la familia era uno: tienes que seguir el camino. Todos lo hicieron, excepto Jacobo, que se salió por la puerta de atrás y luego regresó por la principal.

You have to follow the path	Tienes que seguir el camino
Which path?	¿Qué camino?
Mission: be myself	Misión: ser yo mismo

El «huevo» se presentaba al grupo, tardé mucho tiempo en mostrarles mi exposición. Además de los compañeros de penurias estaban dos terapeutas, una de ellas era la directora del centro. Y entre llanto y llanto, empezó mi relato:

1. Nacimiento, la cuna, la figura de la mujer es mi nana, no mi madre. Mi primer recuerdo es que mi nana, a quien yo quiero tanto, se va. Lo indico con la flecha.
2. La muerte de mi padre. Mis *flashes*, el abandono, la oscuridad que me invade desde entonces.
3. La bruja, el largo pasillo. No sé por qué la dibujé con la vela, no la llevaba. Porque no había luz, solo la figura que emergía de las tinieblas y el sonido seco de su escoba. Uno de los niños de rodillas suplicando perdón, el otro con los brazos extendidos. Dibujo fuego por el terror que vivíamos cuando nos sometían a ese castigo.
4. Esa mano enorme me daba las palizas en el cuarto de baño, junto al inodoro y la ventanita. Era allí donde me pegaba, cerraba la puerta con llave porque de ahí no podía escaparme. Mi corazón lloraba porque no entendía por qué me pegaba. A Fernando no le pegaba, a él le humillaba. ¡Cuánta indignidad! Veía la ventana mientras me golpeaba, la única salida, la huida.
5. Llega Jesús Aguirre. La boda de mi madre con un señor vestido de negro, que simboliza al cura, la muerte, la bruja. Y en torno, pintado de rojo, el tormento.
6. A los dieciséis, dibujo la vela que simboliza algo de luz, parece que me abro a la vida. Empiezo a vislumbrar otros mundos y otras formas de vivir.
7. De los siete a los catorce. Mis habilidades sociales: cantaba en el coro, también era monaguillo, participaba en todos los grupos posibles. Siempre contaban conmigo, incluso en la mili, donde me sacaban para enseñar a desfilar a los más torpes. En Navidad hice de rey mago y participé en una de romanos. Era el protagonista de todo. Allí

estaban presentes las familias de todos mis compañeros, a mí no me vino a ver nadie nunca. Yo creo que a mi madre no la avisaban del colegio, estaba muy ocupada. Siempre intenté ser el mejor en todo lo que hacía y participar en cualquier actividad.

8. Con dieciséis años me seleccionaron para el equipo nacional de Hípica y llora mi corazón. No me vinieron a ver ni siquiera en ese momento en el que representas a tu país. Ni caso.
9. El consejo de guerra en el salón Verde. Están presentes Carlos, Jesús, mamá. Yo, en el patíbulo. La Inquisición. Esperando la sentencia.
10. Llega la libertad al cumplir dieciocho. Primera escena colorista de mi vida, con el sol, los árboles y el campo. Es mi carta de independencia. La sensación de libertad va unida a la huida del palacio. Aunque realmente me he liberado el pasado año. Ese palacio pesa mucho porque es una mezcla de hogar y responsabilidad histórica y no queda claro en la conciencia qué papel has de asumir y desempeñar.
11. La primera vez que participo en una Copa de Naciones *senior* con veintitrés años. Pero llora mi corazón porque estoy solo.
12. La victoria en el campeonato del mundo de Estocolmo. Mi padre ve el triunfo desde el cielo por una ventanita. Sigo solo. Y solo y borracho celebro el triunfo, bebiendo la botella de champán que me subieron los compañeros. El resultado fue que al día siguiente monté fatal. A pesar de estar muy bien entrenado, tener el apoyo de las técnicas de sofrología y un buen caballo, podría haber peleado

por las medallas y ni siquiera logré entrar en la final. ¿Me he arrepentido por actuar de ese modo? Creo que más bien he sentido una pena enorme, como la que me embarga en estos momentos al recordar y relatar todos estos pasajes. Demasiado lograba con el lío emocional que padecía.

13. Barcelona92. Mi familia al completo se sienta en las gradas. Sin embargo, me dominan sentimientos contradictorios, de ahí el choque de flechas. El ojo representa la mirada de mi padre: «Papá, he llegado». Eso le dije en Barcelona mirando al cielo mientras desfilaba en el estadio olímpico junto a los atletas españoles y miles de deportistas de todo el mundo: «Papá, aquí estoy». Era como una oración, era la búsqueda de su reconocimiento y la solicitud de perdón por los tiempos en que anduve perdido. Era un momento sublime, el inmenso estadio, la belleza del desfile, el mundo mirando a tu país, los voluntarios, la delegación española abanderada por el príncipe Felipe, todo era un enorme cúmulo de emociones. Y yo solo quería decirle a mi padre primero y a mi familia después, que no era jinete por desidia, por vaguería, por vivir del cuento; ser olímpico implicaba un enorme trabajo que llevaba librando en soledad durante años. Era olímpico y había ganado una prueba en el campeonato del mundo dos años antes. Lloré una vez más hablando con él. Él no había estado a mi lado, pero sí su recuerdo, que me había dado fuerza y me había ayudado a seguir adelante contra viento y marea.

14. Con cuarenta y cinco años la balanza sigue negativa y continúa el llanto. Parece que eres un príncipe y que lo

tienes todo, de ahí la coronita; sin embargo, sigo siendo infeliz y un hombre triste por dentro. Ni el hogar ni mis hijos me han proporcionado la felicidad interior. Soy el quinto de la casa. Sigo sintiéndome en la casa de mi madre y no en la propia.
3 bis. No sé bien por qué decidí colocar al final del huevo la última Navidad junto a mi padre. A partir de su muerte dejó de ser una fiesta, la taché con los trazos negros que envolvían el resto de mi vida. Cierto que con mis hijos la he recuperado un poco.

¡Cuesta tanto esfuerzo y dolor hacer este dibujo! Me había enfrentado a los sentimientos más profundos y los momentos duros que definieron mi personalidad. Al finalizar, cuando intervinieron mis compañeros, me sentí por primera vez una persona valorada y escuchada. Ese día me sentí reconocido de verdad, más que el día que levanté la copa del triunfo deportivo. Ellos me hicieron notar que mis mayores logros en las competiciones hípicas los había marcado como momentos tristes en mi recorrido vital. Apreciaron mucho lo que había hecho en la vida y destacaron el mérito de desarrollar una carrera deportiva en la alta competición con tal sufrimiento interior. Hasta entonces no lo había valorado porque nunca estaba conforme con mis logros, siempre me parecía poco, siempre pensé que no daba la talla. Allí, en el desierto, rodeado de desconocidos con problemas gravísimos, fue la primera vez que me sentí respaldado humanamente y comprendí el valor de lo que había conseguido.

Hablamos durante horas de datos significativos en el «huevo» de mi vida, en el que no aparecen los hijos, las novias más queridas, la madre de mis hijos, los hermanos. Solo destacaban dos mujeres: la madre y la nana. Me explicaron que me volqué en ellas buscando refugio. No era un don Juan, en las mujeres buscaba el amparo ante tantas carencias y abandonos y agresiones de las *nannies*. Tantas veces me había preguntado por qué no podía mantener una relación con una mujer, por qué huía. Por qué tras un tiempo fenomenal, emergían los recuerdos de los malos tratos que me habían infligido de niño, también la angustia, y me iba corriendo. Me iba por miedo a sufrir otra vez. No las he culpado del fracaso, ni siquiera en los dos casos en los que mantuve relaciones más convulsas. Al contrario, siempre he asumido la culpa. Creo que soy una persona honesta en ese sentido.

Y hablamos sobre la inseguridad ante los logros conseguidos en la vida. Ahora es cuando empiezo a valorar mi trayectoria deportiva, por ejemplo. Los triunfos los viví como picos de exaltación y luego llegaba el derrumbe. Cuando destaqué los resultados deportivos —cuarto en la Olimpiada, una prueba del Campeonato del Mundo, el Gran Premio de Madrid— quedaron sorprendidos de que no pusiera en valor esos triunfos, que serían logros soñados por cualquier deportista ecuestre. Sin embargo, solo les contaba sobre las tristezas que me embargaban en esos momentos.

A nadie sorprendió mi historia, aunque procediese de un palacio. Allí era un sufridor más que quería curarse. Porque en Estados Unidos también aprendí a mirar a los otros. Si mi «huevo» era difícil, había vidas absolutamente trágicas. Asistí a otras presentaciones: personas violadas, gentes con la vida arruinada, algunos que llegaban allí enviados por la policía, otros habían participado en redes de pornografía infantil y los había que llegaban del manicomio y la policía les pagaba la estancia en el centro. Perfiles durísimos.

Allí entiendes perfectamente que no eres el único con una vida trágica. Y que tu historia es triste y eres un ser vulnerable, pero no más que otros. Porque los relatos de otras vidas eran estremecedores. Y eso que la gran mayoría éramos los privilegiados que podíamos pagar mucho dinero para ser atendidos. Pero ¿y los que no pueden pagarlo?

La pregunta definitiva al finalizar el tratamiento era una: ¿me podré curar? Me explicaron que lo acontecido de los seis a los diecisiete años —la base de la vida de una persona— no se cura nunca del todo. Creo que lo he logrado en un 80 o 90 por ciento. Ya no lloro casi nada, pero cuando rememoro ese pasado triste y la muerte de mi padre, me invaden de nuevo la sensación de soledad y el desamparo. Porque nada me hubiera gustado más que haber crecido junto a él, bajo su disciplina, su apoyo y su guía. Lo que no se cura son el rechazo, la frialdad y el engaño que rodeó su muerte.

En Estados Unidos me explicaron que en mi interior convivían dos niños y un adulto funcional. Uno de los niños, muy enfadado, frustrado, rabioso, rebelado contra el mundo y con cierto rencor. Paralelamente, dentro de mí vivía otro niño. Este era un niño avergonzado, tímido e inseguro, castrado por la educación que había recibido, por los golpes; un niño acomplejado, herido, con un gran dolor en su alma, que quedó paralizado el día que le anunciaron la muerte del padre; un niño marcado por la soledad y al que impedían actuar con normalidad bajo un solo argumento: eres Alba. Pero ese niño no sabía qué era ser Alba. Solo sabía que por serlo no podía actuar como el resto de los niños. Un niño que todavía pregunta ¿lo he hecho bien? Junto a los niños convivía conmigo el adulto que me ha permitido llegar hasta aquí, el adulto funcional que ha actuado para lograr hacer todo lo que yo he hecho en la vida, a nivel personal y también deportivo.

Cuando volví a Madrid le conté a Eugenia la experiencia. Mi hermana me miraba sin entender nada de lo que le explicaba. Con el resto no lo intenté, por supuesto. Alguno ha decidido hacer oídos sordos a todo aquello que no sea él mismo. Otros han optado por diferentes modalidades de meter la cabeza bajo el ala y eliminar todo aquello que les provoca dolor, sin incidir en las causas. Al parecer, en los meses previos a la muerte de mi madre, el que provocaba dolor, angustia o rencor era yo. ¿Por qué nunca fueron capaces de decírselo a ella? ¿Puede ser que me sintieran como la representación materna por cumplir sus deseos? Puede ser. Y algún hermano decidió defenderse amparándose en el olvido, protegiéndose en sus amigos y buscando fuera de palacio el cariño que le negaron dentro.

Porque dentro no existían los refugios. Yo solo encontré uno, los caballos. Sobre ellos lograba respirar. Montar era una inyección de libertad, era riesgo, era esfuerzo y era aire limpio. El ejercicio me liberaba y, aunque me gustaban los deportes de equipo, aposté por uno individualista. Porque al cumplir dieciséis hallé otras rendijas: ya no me llevarían los chóferes al colegio, iba en el metro, en el autobús y en mi Vespino. Y por esas rendijas huía del palacio, del orden establecido, y me protegía en mi refugio: la casa de mi nana.

Los ejercicios que hice en Estados Unidos me ayudaron a avanzar y a curar el retraso de madurez emocional. Reforcé el trauma provocado por los malos tratos de las *nannies*, la falta de seguridad en mí mismo, la necesidad de reconocimiento. Encarrilé la relación con las mujeres. Allí me enseñaron las claves para empezar a separar cariño, amor y sexo y valorar cada uno de los conceptos de manera individual. Voy mejorando, pero aún me confundo un poco, soy consciente de que el cambio es un proceso que me llevará años. Sé que mi valor es enfrentarme a las situaciones complicadas, siempre he buscado salir del hoyo en el que estaba sumido, necesitaba ser feliz con las cosas buenas que habían ocurrido en mi vida, como fue el nacimiento de mis dos hijos.

Ahora sé valorar la suerte que he tenido de poder estar cinco semanas con los mejores terapeutas del mundo. Sus consejos y el tratamiento me ayudaron a afrontar, apenas unos meses más tarde, la muerte de mi madre. Y, enseguida, la actitud de mis hermanos.

Ahora, a veces, necesito estar solo para no perder el contacto conmigo mismo y seguir mejorando. Necesito mi espacio y mi soledad. Ahora, valoro el esfuerzo. Ya no necesito el reconocimiento externo. Ahora, veo mi foto y me digo: eres un campeón. Ahora, sé que mis padres están conmigo y por eso ya no me miro con esa pena infinita. Atrás quedan demasiados años de llanto y sin saber por qué. Hubo veces que salía de la pista de entrenamiento para buscar un lugar donde desahogarme, así no se puede montar y ganar. He llorado tanto que se convirtió en hábito. Y hasta iba llorando en los aviones. Como ahora, al recordarlo.

A lo largo de mi vida me ha interesado cualquier método terapéutico que pudiera ayudarme a mejorar. Por eso, también, muchos años antes de ir a Estados Unidos, durante dos años me sometí a las técnicas de audición de la Cienciología. Fue en 1999 a través de un hombre de Túnez que conocí en el gimnasio Princesa, donde acudía entonces. Comenzó a hablarme sobre los parabienes de la Cienciología. «Nos podemos liberar de nuestras psicosis si nos enfrentamos a los incidentes traumáticos que bloquean nuestra mente». Cómo negarme. Me explicó que debía purificarme y más tarde me presentaría al auditor.

Durante dos semanas estuve cuatro o cinco horas diarias en el gimnasio tomando potasio y magnesio en pastillas. Era muy disciplinado porque pensaba que realmente me iba a servir para salir del agujero emocional. Allí estuve metido en la sauna horas y horas, me purificó bien, sin duda. Mi auditor se llamaba Miguel Ángel, le pedí que hiciéramos las sesiones en palacio, para no estar expuesto a lugares públicos. En mi cuarto nos sentábamos uno frente al otro con una mesa de por medio. Traía un audífono conectado a dos artefactos que yo sujetaba con las manos. Al comenzar la sesión, la aguja del audífono iba indicando las pulsiones mentales mientras hablaba de mis problemas, de situaciones determinadas para intentar de este modo el desbloqueo mental. Al hablar de mi padre, por ejemplo, me pedía que diera marcha atrás para intentar buscar situaciones similares que me habían ocurrido antes. De esta forma, me presionaba hacia el pasado hasta que logré verme en la cuna de niño y el rostro de mi padre que me sonreía, era una imagen afable y protectora, por eso me quedé tan perdido con su muerte. Le vi en otras situaciones que indicaban por qué fue el pilar de mi vida. El auditor empuja en tu mente para que busques situaciones concretas, que logras ver y además sentir la misma reacción de aquel momento pasado. Era una sensación de hipnosis y un cansancio infinito al finalizar la sesión.

En una de las audiciones logré quitarme el miedo que sentía por las apariciones de la bruja. Conseguí liberarme del pánico que me invadía cuando la mujer encorvada y de negro se dirigía hacia nosotros. No sabía por qué, a pesar de ser un hombre valiente, me paralizaban los miedos internos. Porque tal contradicción me conducía al alcohol por pensar que no estaba a la altura de las circunstancias. Durante esa sesión temblé como un cervatillo preso del terror y agarrotado ante la presencia de un gran felino, tuve una sacudida eléctrica y me arranqué el miedo. No la imagen, que pervive. Ahora ya no bebo más de una copa; ahora disfruto la vida.

Tenía sesiones tres veces por semana. Contaba un problema determinado, lo desbloqueaba y mejoraba. Pero solo mejoraba, no me curaba. Tras dos años, me di cuenta de que no avanzaba, porque yo necesito comprender, necesito ir un paso más allá y saber el porqué de las cosas. Me costó dos millones de pesetas, el dinero que había ganado al alzarme con el triunfo en el Gran Premio de Madrid. Les regalé seiscientos mil en créditos, pero quería salir. Decidí no continuar con el «camino de purificación», para expulsar los traumas que, según la Cienciología, «son producto de los errores cometidos en vidas anteriores». Al parecer había pecado enormemente en no sé qué vida previa.

Yo abandoné, pero embarqué a un matrimonio cercano, que tenía problemas de convivencia. Acudieron a una sesión de sauna y lo dejaron enseguida. Ella recuerda la experiencia con horror.

¿Quién soy yo? Pues un poco James Dean y otro poco un rebelde como algunos de los jefes indios norteamericanos. Aquellos a los que no doblegaron, como Toro Sentado, que lideró el combate en el que derrotaron al Séptimo de Caballería en la batalla de Little Bighorn, o Caballo Loco, que luchó junto a él y mató al general Custer; una escena que he visto tantas veces en *Fort Apache* o *Murieron con las botas puestas*. Me encantan las películas del Oeste y también las ambientadas en la Edad Media, siento que ahí está mi origen, entre los caballeros que luchaban con armadura, cota de malla y yelmo.

No soy seguidor de la figura de El Zorro porque no soy un justiciero, pero sí defiendo a quien padece o sufre situaciones de injusticia. Y no son solo palabras. Ayudé a dos familias sirias a instalarse en España que, incluso, han vivido en mi casa de Las Arroyuelas. Movilicé cielo y tierra para salvar a una viuda afgana y a sus cuatro hijos de la muerte y de las mafias: llamé a todo aquel que podía ayudarme, a la vicepresidenta Sáenz de Santamaría, a ONGs y al ministro Borrell, no me importaba quién gobernaba en cada momento. Me achacaron que yo no iba a salvar el mundo. Cierto. Pero sí podía salvar a una mujer y a sus cuatro hijos. El ministro Borrell me concedió los visados. Ahora, viven en Alemania.

No he admitido humillaciones delante de mí. En el Club de Polo de Barcelona no dejan entrar a trabajadores, les dije que si no entraba mi mozo de cuadra tampoco lo haría yo porque no iba a permitir que comiera en la calle: «O entra conmigo o no entro yo». Comió conmigo en el club. También lo hice en el palacio. Un 24 de diciembre invité a cenar a una amiga norteamericana que estaba sola en España. Mi madre se negó porque nadie de fuera de nuestro círculo había participado nunca en la cena de

Nochebuena de Liria. Bien, me fui a la cocina para llenar un *tupper* y cenar con ella. Fue nuestra invitada y, además, la atracción de la noche porque era francamente guapa. Con la modelo que me acompañó a la boda de mi hermana Eugenia pasó algo similar, no me empeñé en que me acompañase por ella misma, sino por una cuestión de principios, quien está conmigo va conmigo a todos lados, sea quien sea y se llame como se llame, mi mozo de cuadras, mi mayordomo o el rey de Nápoles.

En casa me gané el título de rebelde en cada una de mis actuaciones, livianas o más importantes. Recuerdo, como anécdota, que mi hermano Jacobo me recriminó ese papel al comentarme que iba alterar sus apellidos. El conde de Siruela, aparentemente despegado de la rancia aristocracia, ha demostrado estar muy pendiente del pasado de los Alba.

Cuando tomó la decisión de adelantar el apellido de mi madre —Fitz-James Stuart— sobre el de mi padre —Martínez de Irujo— nos llamó uno a uno para conocer nuestra opinión. No recuerdo bien qué edad tendría yo entonces, en cualquier caso, estaba perdido en unas cosas, pero tenía muy claras otras. Y le manifesté con rotundidad que no estaba de acuerdo con su decisión.

—Pues eres el único que opina de ese modo. Nunca estás de acuerdo con nada, siempre estás en contra de todo. —Ese fue su reproche.

—Debo de ser muy diferente. Pero, desde luego, no estoy de acuerdo.

—A los demás les parece bien que los cambie —insistió.

—Pues enhorabuena, tienes suerte de contar con su apoyo. Pero ¿cómo crees que puede parecerme bien? Entiendo que Carlos cambie los apellidos para mantener el de la Casa; a pesar de no estar convencido, mamá se lo pidió. Pero no entiendo por qué has de hacerlo tú.

—Cayetano, si viviese nuestro padre no lo hubiera hecho pero, al no vivir, cada uno tiene derecho a elegir.

—Si viviera nuestro padre, obviamente no lo hubieras hecho. Porque si viviera nuestro padre tú habrías acabado tu carrera, yo habría hecho una carrera y no sería jinete. Y todo hubiera sido diferente, pero precisamente por no vivir y por el respeto que le debemos, no encuentro ninguna justificación para que te quites su apellido; a no ser que te quieras parecer a tu abuelo y llamarte Jacobo Fitz-James Stuart.

Le sentó fatal. Me colgó y alternó los apellidos. Ahora tengo dos hermanos que se apellidan Fitz-James Stuart Martínez de Irujo, y tres que se apellidan como yo: Martínez de Irujo Fitz-James Stuart.

16

CAYETANA (Y OTRAS MUJERES)

Ella sabía que vivía su último verano. En julio de 2014 visitó por última vez Arbaizenea, una de sus residencias de verano desde su boda con mi padre. Ese verano, su último verano, apenas salió de la casa. Tan solo viajó en una ocasión a Biarritz, que tanto le gustaba, donde comenzó su vida matrimonial con Jesús Aguirre. El resto del tiempo transcurría sosegadamente, con pequeños paseos por los senderos en torno a la casa, envuelta en esa época en hiedra y arropada por setos de hortensias. Cuando fui a visitarla antes de viajar a Estados Unidos le conté que la gente de la ciudad me preguntaba por ella, la echaban de menos tomando unos *pintxos* o paseando por Ondarreta o La Concha.

—Todo el mundo me ha preguntado por ti, mamá.

Esbozaba una sonrisa y continuaba meciéndose lentamente. Caminaba muy despacio, pero insistía en hacerlo ella sola, no quería que la ayudasen; aunque cada paso fuera un mundo, se negaba a utilizar la silla de ruedas. Mi madre odiaba sentirse una inválida. Sin embargo, siempre había estado protegida, jamás viajó ni estuvo sola, excepto los quince minutos que la dejé en

Maastricht, mientras hacía un recado y la encontré llorando como una niña desamparada.

He hablado a menudo con su marido sobre sus últimos meses. Él la cuidó con mimo. Pasaban muchas horas viendo películas antiguas, una de sus grandes pasiones. Había conocido personalmente a las grandes estrellas de Hollywood. A Marlene Dietrich, Greta Garbo; ambas, contaba mamá, eran las más guapas «sin truco», o sea, recién levantadas, como también las había visto. De Elizabeth Taylor y Ava Gardner, a las que también trató, decía que «tenía mejor tipo Ava». Y amaba a Vivien Leigh porque le encantaba *Lo que el viento se llevó*. Había cenado con la protagonista de la película y con su marido en Londres. Mamá viajaba siempre con mi padre. Cuando visitaron los estudios de Hollywood, todos, hasta Gary Cooper o Gregory Peck, cayeron rendidos ante las tiaras, las sedas y tafetanes que lucía la duquesa de Alba. Eran los años dorados, cuando no había que excusarse por la ostentación y hasta el todopoderoso magnate Agnelli o el Aga Khan le mostraban su admiración. Esa era mamá.

Alfonso y mamá estaban prácticamente instalados en Sevilla. Él colocó una pantalla de cine para que viera sus películas favoritas. Una semana antes de su muerte —el 20 de noviembre de 2014— su salud se había deteriorado mucho por una infección pulmonar. Su marido se debatía entre sus súplicas para no ir al hospital y los consejos médicos de ingresarla con urgencia en el Sagrado Corazón de Sevilla.

—Sabe mi marido que no vamos a ir al hospital —les decía.

—Cayetana vamos, te absorben la neumonía y nos volvemos a casa —insistía Alfonso.

—No, me habías jurado que no íbamos al hospital.

—Te prometo que vamos y volvemos.

—Como que me prometes, ¡júramelo!

Y Alfonso Díez juraba a mamá cruzando los dedos porque sabía que ella se quedaría ingresada y él no podría acompañarla en la UCI. Al día siguiente, a pesar de la debilidad, de algún lugar del alma sacaba fuerza para recriminarle el engaño, por haber incumplido su palabra.

—¡Nunca más te creeré! —le regañó.

El día anterior a su muerte la sacamos del hospital, no tenía sentido que siguiera allí. Ella quería regresar a Las Dueñas, volver a su cuarto, junto a sus cosas tan queridas. La montamos en una ambulancia, se quedó tranquila y ya no habló más. Así estuvo hasta la mañana siguiente. A las nueve nos llamaron a todos. Me vestí con lo primero que encontré, la prioridad era llegar, no llegar totalmente acicalado. Acudí junto a Genoveva y Eugenia. Vi morir a mi madre, le dije adiós, me despedí de ella, cuando dio su último suspiro estábamos los tres junto a su cama. Alfonso, muy nervioso, permanecía en el cuarto de al lado. Los demás llegaron cuando ya había fallecido; su prioridad fue aparecer pulcramente vestidos.

Cayetana Fitz-James Stuart y Silva nació en un palacio, el de Liria, y se murió en otro, el de Las Dueñas, ocho meses después de cumplir ochenta y ocho años. Fue consciente del final. Y vivirlo fue muy duro, porque mi madre no quería morir. No quería dejar su casa ni su mundo. Uno a uno nos despedimos de ella. Decidieron cerrar su ataúd. Una vez en la capilla de Las Dueñas, el capellán de la familia y confesor de mi madre, Ignacio Jiménez Sánchez-Dalp, el sacerdote que la había casado con su último marido, nos cogió de las manos a los seis hermanos y las colocó sobre el féretro: «La voluntad de ella es que estéis unidos, que sigáis juntos y mantengáis lo que ha repartido». En ese momento, lo creí. Con las emociones a flor de piel, creí que podía ser posible.

Por la capilla ardiente, instalada en el salón Colón del Ayuntamiento de Sevilla, pasaron más de ciento veinte mil personas, que se paraban ante el féretro y se despedían de ella. Fue muy emotivo, mucho. Fue algo más que el reconocimiento de los sevillanos al amor de mi madre por la ciudad y, quizás, algo más que se nos escapaba incluso a los propios hijos. Fue muy emocionante, muy intenso y triste. Y sorprendente porque estaba toda la familia unida.

Esa Navidad, apenas un mes más tarde, la pasamos juntos en Liria. Pensé, erróneamente, que podría ser, que podría llegar a pasar y podríamos convertirnos en una familia. Por fin.

A principios de diciembre llegaba el gran abeto al palacio, que colocaban en el salón Verde. La Navidad suponía un paréntesis en la vida de Liria. Acudía la gran familia, tíos y primos Martínez de Irujo, los Fitz-James y hasta mi madrina, la marquesa de Villén. Ocurría una vez al año, después no había más relación entre nosotros. Tras la separación de Carlos, también venía su exmujer Matilde y mi hermano Alfonso con sus dos hijos, Luis y Javier. Jacobo e Inka no acudieron siempre, pero sí los hijos de mi hermano, Jacobo y Brianda. En realidad, los asistentes eran lo único que variaba en el rito navideño que mi madre había diseñado con rigor prusiano.

La cita siempre era a las siete de la tarde en el salón Verde, junto al árbol navideño y a cuyos pies esparcían los regalos, primero se repartían los de los niños, porque ellos no se quedaban a la cena. Siguiendo la tradición inglesa, en Liria siempre se celebró Papá Noel. Mi madre nunca negaría una festividad católica como la de los Reyes Magos, pero jamás renunció a su educación inglesa. Por eso, en los Magos no había regalos, solo nos reuníamos para tomar roscón. Otro rito que le encantaba, porque coleccionaba las *sorpresas* que guarda el dulce. Yo también las colecciono, esa es una de las costumbres que he heredado de ella.

Todos nos vestíamos muy elegantes y nos queríamos mucho. Tomábamos el aperitivo a las nueve de la noche en el salón Italiano, sentados bajo el Fra Angelico que ya no está colgado en Liria sino en El Prado. Mi madre y mis hermanos mayores escuchaban con fervor casi religioso el discurso del rey. Después, pasábamos al gran comedor perfectamente decorado: la plata relucía aún más, si es que eso hubiera sido posible; sacaban la mejor vajilla de la Casa y la cubertería de oro. Harto ya de estar harto, una Nochebuena, con ánimo de romper la estricta tradición, tuve la mala ocurrencia de presentarme en el salón Italiano con una careta de hombre lobo. Antes había pasado por el comedor y había distribuido bromas para todos: a alguno les puse una mierda de plástico sobre el plato, no me acuerdo ya de lo que coloqué en el plato de Jesús Aguirre. Lo que sí recuerdo a la perfección es que nadie entendió la broma, a nadie le hizo gracia y me sugirieron, con poco cariño, que dejase de hacer el idiota.

En realidad, solo pretendía humanizar una cena impecable. Y perfectamente seria. He de reconocer, que no era tan impecable. Una vez, solo una, Carlos se enfadó con mamá. Aunque he olvidado el motivo. Yo solía tensionar el ambiente, mi madre apaciguaba las hostilidades. En una misma cena vivíamos en una montaña rusa emocional: alternaban escenas muy tensas y desagradables y otras muy graciosas. De repente, a Jacobo le daba por imitar, lo hacía muy bien. El menú de la cena se repetía año tras año: caviar y pavo criado en Las Arroyuelas. Para el relleno del ave se seguía la receta que había encontrado mi madre años atrás en una revista francesa y que había tenido gran éxito entre los comensales. De postre, turrones y *christmas pudding*, un dulce inglés verdaderamente repugnante, que todos saboreaban con una pose muy digna. A las doce de la noche pasábamos a la capilla para oír juntos la misa del gallo. Y fin. Hasta el año siguiente.

Así era nuestra Nochebuena, que para mí había dejado de tener sentido el año de la muerte de mi padre. Recuerdo que cuando él vivía toda la escena del árbol me parecía emocionante, esperábamos en nuestro cuarto hasta bajar a recoger los regalos. No recuerdo ninguno, pero sí la ilusión de la espera. Confieso que hasta el nacimiento de mis hijos, la Navidad no fue ninguna alegría, más bien al contrario.

Ya no soy uno de los invitados a la cena de Navidad en Liria. Creo haber asumido que cuando la gente no te quiere, aunque triste y duro, hay que aceptarlo y pasar página. Ahora, al recordarlo, mentiría si no reconozco que me embarga una cierta tristeza porque hablo de mi familia y, sobre todo, porque no soy culpable del trato que recibo. Pero es así. En el libro *Lo que la vida me ha enseñado* escribía mi madre: «Se puede tener más o menos suerte —yo creo que los Alba tenemos mucha suerte, aunque alguno de mis hijos se queje del peso del apellido—, pero a la hora de la verdad, quienes estamos, quienes somos, quienes nos apoyamos somos los de la familia».

Al morir mi madre me fui a la finca a llorar, desahogarme y meditar sobre el futuro sin ella. Era difícil. Aunque ausente en la vida diaria, ella siempre había estado ahí. Su figura, el halo protector de la duquesa. La orfandad genera angustia y desasosiego ante el futuro. El resultado fue que cuatro días después de su muerte me tuvieron que operar de una obstrucción intestinal. Era solo la primera de una larga lista de intervenciones que me esperaban en los meses siguientes.

Sentía una pena enorme. Mi hermano Carlos decidió repartir las cenizas de mi madre. La mitad están guardadas donde ella siempre quiso, en el templo de la Hermandad del Cristo de los Gitanos de Sevilla. La otra mitad, en el panteón de Loeches, donde están enterrados los Alba. Ella nunca quiso reposar ahí pese a que allí descansan dos de sus tres maridos, mi padre y Jesús Aguirre, y algunos de sus antepasados. A mamá, Loeches le producía estremecimiento, era lo contrario a su alma, le provocaba frío, mucho frío. Lo dijo en muchas ocasiones. Sin embargo, allí quedaron la mitad de sus cenizas, tras la verja de hierro que protege la cripta que mandó recuperar y ampliar mi abuelo Jacobo, emulando el panteón de reyes de El Escorial. Allí quedaron la mitad de sus cenizas, junto a sus abuelos, sus padres, sus maridos y la hermana de la emperatriz Eugenia de Montijo. En Loeches echará de menos a la otra duquesa Cayetana, la de Goya, que desde 1801 permanece enterrada en un nicho del cementerio Sacramental de San Isidro de Madrid.

Yo hablé con ella de la muerte. Recuerdo muy bien sus palabras: «Exceptuando la responsabilidad del palacio de Liria, la gran obra de mi vida, mi obra es la iglesia de los Gitanos». Había recuperado el templo de las ruinas, consiguió el terreno y rehabilitó la iglesia. Aportó parte del capital, que había conseguido al vender varias hectáreas de la finca de Arbaizenea y con tesón logró que muchos alcaldes de la zona aportaran recursos para el Cristo de los Gitanos. Y allí quería dormir el sueño eterno.

Mi madre nos hablaba muy poco de su infancia. Ella no explicaba nada, solo ordenaba. Tampoco consultaba. Mi madre solo escuchó a su padre, a su primer marido, al segundo —hasta un momento determinado—, al rey, al papa de Roma y a mí. Tenía una inteligencia natural excepcional, de las personas que yo he conocido, solo comparable a la de Amancio Ortega o Felipe González. Creo que no fue al colegio, he oído hablar de tutores que acudían al palacio a ocuparse de su formación: idiomas, historia, cultura general, lo que necesitaba saber una duquesa de Alba con un imperio propio. Heredó una fortuna inmensa. Sin embargo, la llegada de Jesús Aguirre, que ni gobernaba ni dejaba gobernar, el fallido intento de gestión de mi madre y la actitud de Carlos, que no se atrevía a dirigir las cuentas, lograron acabar con el capital.

Mi madre poseía una fortaleza increíble, tuvo once embarazos y seis hijos. Y una debilidad: su hija Eugenia. Ella atendió su responsabilidad como jefa de la Casa de Alba y a su niña. Y, en parte, esa actitud ha generado el cisco actual. Yo resolví mis asuntos personales con ella: hablamos a fondo sobre mí, de Eugenia, de los demás, de la Casa y hasta de lo que no podía hablar con su marido. No creo que así se superen los años anteriores, pero por lo menos no me han quedado reproches en el alma. No todos mis hermanos lo hicieron y están pagando conmigo su malestar. Porque a todos les habría gustado mantener con ella la relación que mantuvimos los cinco últimos años antes de su muerte. Eso me permite mantenerla con todo el cariño en el recuerdo y no llorar su ausencia.

Su fuerza también era emocional. Su padre la educó como a los ingleses, a quienes, en mi opinión, castran la afectividad. Cierto que luego lloraba por tonterías y le aterraba estar sola. He llegado a pensar que era ese el motivo por el que se casó tantas veces. No entendía, por ejemplo, en qué consistía una depresión. Cuando Jesús inició su declive emocional, no comprendió su mal, no sabía qué era padecer un problema psicológico grave; se limitó a tacharle de vago o inútil.

Cayetana Alba no era de este mundo. Mi madre era feliz controlando sus palacios, colocando porcelanas en todas las mesitas distribuidas por los salones. Todo ello quedó congelado en mi memoria: el cuarto donde mi padre recogía sus herramientas para hacer bricolaje o donde guardaba la maqueta de la casa de Marbella. El saloncito donde esperaba a que bajásemos antes de salir de casa. El salón Verde donde todo ocurría y en el que nadie se atrevía a sentarse si ella no estaba. Las puertas camufladas en cada habitación, los vericuetos palaciegos. Aún permanecen guardadas, por algunos de los cuartos de Liria, las sombrillas de la duquesa.

De repente, recupero la visión de un grupo de hombres que un día me encontré intentando desplazar una estatua situada bajo la escalera principal. Se había empeñado en moverla para colocar entre la estatua y la pared una mesa que había traído de Venecia —otra mesa más—. Los mayordomos empezaron a empujarla, imposible. Llegaron también los jardineros, tampoco. Echaron una soga al cuello de la estatua y llamaron también a los de la cuadra para tirar entre todos con fuerza, en total unos quince hombres.

—¡Empujen, que no tienen cojones! —les arengaba mi madre.

—Señora duquesa, diga lo que diga, esto no hay quien lo mueva. —Se quejaban los pobres.

¡La estatua estaba pegada con cemento en el suelo! Trajeron una grúa hidráulica para trasladarla y empezó a ceder la pared. ¡Y nos costaba más de doce mil euros moverla!

—Señora duquesa, ponga por favor la mesa en otra parte —le decían.

Al final, no sé en qué lugar terminó la dichosa mesita veneciana.

Mi madre fulminaba con la mirada. Solo conocía una justicia, la suya. Cambiaba las leyes a su antojo. Era como una carpa que impedía la lluvia. Como un nogal de quinientos años, pero que al moverlo se derrumbaba. Claro que enseguida se recomponía y se venía arriba de nuevo.

Cayetana fue el poder. Fue la reina de España en los años del franquismo, era la aristócrata que tenía mayor autoridad y la ejercía en su entorno, por supuesto, y también en la sociedad de aquellos años. A Cayetana le gustaba estar junto a un hombre, junto a un marido. Y el hombre que estuviera en casa tenía predicamento sobre ella. Por eso, cuando se casó con Jesús sufrió un bajón y le cedió el puesto de mando. Jesús dominaba, dirigía la situación y organizaba la presencia social de ambos durante los primeros años de matrimonio. Le contaban chismes acerca de su marido y hacía oídos sordos a cualquier rumor, en cualquier sentido. Hasta que ella vio algo. Él se portó mal y le vio. Y perdió la influencia como hombre y como marido.

Yo intentaba hablarle del campo: «Mamá, voy saldando la deuda». No le importaban los datos concretos. Sabía que la Casa estaba en marcha, que habíamos tapado las vías de agua más gordas, que estábamos cambiando motores y empezábamos a navegar de nuevo. Sin embargo, prefería hablar conmigo de asuntos materno-filiales. Me confesó su arrepentimiento por no dejar a Eugenia estudiar fuera de España. Nos conocía a la perfección a cada uno de sus hijos, y hablaba de uno, y preguntaba por otro y no entendía por qué un tercero continuaba enfadado si ya le había regalado un cuadro. Cómo iba a entenderlo si siempre había resuelto los asuntos familiares con presentes materiales. Creo que nunca supo que uno de sus hijos propuso desposeerla del título de duquesa de Alba y que recuperase el de duquesa de Montoro, al anunciarnos que se casaba con Jesús Aguirre.

A mi madre le han mentido toda la vida. Porque nadie se atrevía a decirle la verdad. «¡Que no quiero discutir!», era su respuesta. Cayetana se dejaba influir, pero odiaba a los traidores.

Hizo oídos sordos a quienes tacharon a su tercer marido de busca fortunas. Y en este caso hizo muy bien, porque muy al contrario, Alfonso la protegió todo lo que pudo de advenedizos. Él sabía bien el valor del dinero porque había trabajado toda su vida y le había costado mucho esfuerzo reunir su pequeño patrimonio. Por eso le sorprendía tanto la forma de funcionar de mamá. La duquesa necesitaba dinero y se lo mandaban de Madrid a Sevilla: seis, ocho o nueve mil euros. De pronto se la encontraba feliz con los billetes sobre la cama: «Tenemos dinerito», parecía una niña. Alfonso me contó que guardaba ese dinero en la mesilla, y el dinero desaparecía a una velocidad de vértigo, cuando ellos apenas salían. Como no entendía el motivo por el que los billetes parecían evaporarse, optó por comprar una pequeña caja fuerte, que escondió en la chimenea.

Ella tenía una tarjeta de crédito. Alfonso también quedó sorprendido del uso. Cuando él invitaba, iban a unos restaurantes, a sus favoritos como Jai Alai. Pero si invitaba ella la cosa variaba. Y se iban a Kulixka, en la calle Santa Engracia, a comer angulas, que le encantaban. Le decía: «Alfonso, me han avisado de que hay unas angulas muy buenas. Te invito yo pero para que pagues tú, te doy mi tarjeta, pero no digas en alto el número porque la gente nos roba».

No acababa las frases. En el coche, camino del restaurante, sacaba la tarjeta, e insistía:

—Paga tú. ¿Sabes mi número?

—Sí, sí, Cayetana, no te preocupes.

—Pero no digas en voz alta el número —volvía a advertir.

Llegaban al restaurante. Disfrutaba con sus angulas, no le preocupaba la cuenta, que solía ser elevada, y en el momento de pagar, cuando Alfonso sacaba su tarjeta, le decía: «El número es 1, 1, 1, 1». Y por supuesto, todas las mesas de alrededor se enteraban del número secreto de la tarjeta de crédito de la duquesa de Alba.

A pesar de su pasión por las angulas, era muy espléndida con los demás pero para ella escatimaba. Iba por el palacio apagando las luces. He heredado su manía, lo vi hacer desde niño. Mi madre era muy generosa con las personas que servían en el palacio y con la gente que necesitaba ayuda. Sin embargo, desconocía el valor del dinero, la he visto ir por mercadillos callejeros y dar cien euros por unos pendientes que costaban tres. El precio que pagaba era el billete que sacara en ese momento de la cartera. Eso tenía un peligro y es que mucha gente se aprovechó.

La persona que le daba los masajes cobraba tres mil quinientos euros al mes. Es verdad que eran diarios, pero la tenía media hora con unos puntos sobre el cuerpo y listo. El administrador ha movido el dinero sin que nadie le controlase. Había que tener fe ciega en su honestidad. Lola, su secretaria y hermana del ama de gobierno, viajaba siempre con ella y mi madre ha hecho viajes muy interesantes. Era Lola quien acumulaba los puntos de los vuelos de Iberia para usarlos con su marido e hijos. Algo tan prosaico como puntos descuento eran cuestiones que no tenían cabida en el universo ducal.

No he conocido a nadie que haya hecho más actos humanitarios y ayudado a más gente. En ese aspecto, mi madre siempre actuó con discreción, no le gustaba publicitar sus acciones benéficas. Desde que ella murió no hay día que alguna persona me cuente: «Su madre me ayudó en una ocasión...».

A su tercer marido le hablaba de mí. «Cayetano es el más cercano de mis hijos», y remataba afirmando que era el que más se parecía a ella. Le hablaba del enorme cariño que sentía por sus dos hijos pequeños y por sus nietos Luis y Cayetana. Jamás hablo mal de ninguno de sus nietos o hijos. Ella solo destacaba la parte buena de la gente. Incluso de su familia. A mi hijo Luis le adoraba, pero no como nieto, le veía como heredero de una estirpe, un chico guapo, espabilado. Ella no incidía en su papel de abuela porque no le gustaba en absoluto, solo lo defendía de boquilla. Porque no era una abuela entregada, y siempre disfrazó el término, así, para sus nietos fue «Bela», «Guea» o «Lala». Nunca abuela.

Le gustaba mucho la gente guapa. «Los hijos de Carlos tienen muy buena facha», comentaba. Muchas veces no hablaba y se expresaba con mímica. Tenía la escuela del cine mudo. Siempre le encantaron los hermanos Marx, y en especial el mudo,

Harpo. Disfrutaba muchísimo con Laurel y Hardy, el Gordo y el Flaco. El abuelo Jacobo era muy amigo de Chaplin y coincidieron en Suiza. A ella le encantaba su hija Geraldine.

Otra anécdota que la define se dio en la época en la que aún vivía Jesús y el terrorismo estaba en su punto álgido. Un día nos avisaron desde el Ministerio del Interior que nos pondrían escolta a todos los hermanos. Habían averiguado que figurábamos como objetivos de ETA, sobre todo Jacobo, que vivía fuera de palacio y era más vulnerable. Tuvimos guardaespaldas cada uno y cuando viajábamos a San Sebastián, los cuerpos especiales antiterroristas tomaban literalmente Arbaizenea. El comentario de la duquesa al conocer la noticia fue: «¿Cómo me van a secuestrar a mí, sería muy impopular?».

Mi madre era un personaje, y yo soy como ella.

Pensando en mi madre, XVIII duquesa de Alba, en su personalidad, en su influjo, quiero recordar a sus antecesoras, a las otras dos mujeres que dirigieron la Casa de Alba antes que ella.

La primera que llevó el título por derecho propio y no por matrimonio fue María Teresa Álvarez de Toledo, XI duquesa de Alba, la más rica heredera de Europa en los comienzos del siglo XVIII. Tuvo tres hijos, la mayor de las hijas se casó con Jacobo Francisco Eduardo Fitz-James Stuart y Colón de Portugal, que mandó construir el palacio de Liria, mi casa durante tantos años.

Después ostentó el título su bisnieta, la emblemática María Teresa Cayetana de Silva Álvarez de Toledo, XIII duquesa de Alba. La amante —o no— de Francisco de Goya, la mujer que murió sin descendencia, la duquesa a la que hubo que desenterrar —por decisión de mi abuelo Jacobo— para dilucidar dos de los grandes enigmas que rodearon su vida y su muerte: ¿falleció por envenenamiento o fue víctima de la tuberculosis? La leyenda ha perseguido a lo largo de los siglos a la duquesa María Teresa de Silva; sus sonoros enfrentamientos con la reina María Luisa de Parma y su amante, Manuel Godoy, han sido uno de los argumentos más fuertes para defender que murió víctima de la pócima proporcionada por el valido de la reina de España.

La otra cuestión que ha rodeado siempre a la última Álvarez de Toledo que dirigió la Casa de Alba consistía en averiguar si la maja desnuda que pintó Goya era o no ella. Se había insistido mucho acerca de la diferencia de edad entre la maja y la duquesa cuando mantuvo relaciones con el pintor. Sin embargo, la posición de la mujer del cuadro alimentaba el enigma: ¿es la postura de una persona con escoliosis o la pose de una jovencita seductora?

Mi abuelo, cansado de especulaciones, decidió exhumar el cadáver de la antepasada, realizar una autopsia y dilucidar de una vez por todas ambas cuestiones. Los forenses fueron claros: la duquesa presentaba una clara escoliosis y su muerte fue atribuida a una meningoencefalitis de origen tuberculoso, lo que descartaba el envenenamiento. Lo curioso del asunto es que a la pobre duquesa le habían aserrado los pies, el derecho se encontraba dentro del féretro, pero el izquierdo no estaba. Quizá se perdiera en el traslado desde la iglesia del Salvador, donde fue enterrada inicialmente, hasta la Sacramental de San Isidro o se extraviara en manos de algún fetichista.

Contaría la historia de muchas otras duquesas consortes, pero me gusta rescatar del olvido especialmente a una mujer de la familia, muy desconocida, y que desempeñó un importante e inusual papel en la Casa. Era mi bisabuela, María del Rosario Falcó y Osorio, condesa de Siruela y XVI duquesa de Alba por matrimonio. La abuela paterna de mi madre, la madre del abuelo Jacobo, quien llegó a Liria y entendió la importancia histórica del patrimonio documental que allí se conservaba. ¿Cómo mantener aquello oculto tras los muros de palacio? No lo hizo. Para ello primero debió formarse en Paleografía y Genealogía y se dedicó a la investigación del archivo y las colecciones de su familia. Recogió el resultado de su trabajo en cuatro publicaciones: *Documentos escogidos del archivo de la Casa de Alba*, *Autógrafos de Cristóbal Colón y Papeles de América*, *Catálogo de las colecciones expuestas en las vitrinas del Palacio de Liria* y, por último, *Nuevos autógrafos de Cristóbal Colón y relaciones de ultramar*, que incluía el diario de a bordo del descubridor.

Con su trabajo minucioso, mi bisabuela también aportó la correspondencia cruzada entre el XII duque de Alba, Fernando de Silva y Álvarez de Toledo, con su amigo el filósofo francés Jean Jacques Rousseau. A su muerte en 1904, el escritor y filólogo Menéndez Pelayo le rindió un emotivo homenaje en nombre del cuerpo de Archiveros, Bibliotecarios y Arqueólogos, al que moralmente consideró que pertenecía la duquesa. Menéndez Pelayo destacó el interés de la bisabuela por la cultura, quien a pesar de estar «expuesta a la continua frivolidad que el mundo elegante traía consigo» había preferido el estudio.

Si solo tres mujeres han dirigido la Casa de Alba en seiscientos años de historia, solo tres han marcado mi vida tras un largo historial en asuntos amorosos. Que no sería la denominación más acertada, porque mujeres han pasado muchas por mi vida, pero amor, he sentido más bien poco. Me refiero a Katia Cañedo, Genoveva Casanova y Bárbara Mirján, mi pareja actual.

Katia no pudo conmigo, estuvimos juntos cuatro años, fue en mi época más difícil, cuando yo no sabía ni quién era ni dónde estaba. Me dejó ella, no podía más. Aún no sé cómo me aguantó tanto tiempo. Encima le reproché el abandono. Yo era imposible durante aquellos años. Buscaba desesperadamente suplir la monstruosa carencia de cariño, de ambiente familiar, de un refugio y un entorno cálido. Tal vacío anímico lo suplía con ellas. Vivía atormentado y en Madrid sentía aún más la opresión. Pensé muchas veces que de no haber nacido en Liria y formar parte de la Casa de Alba, me habría quedado a vivir en Francia. Me gustaba ese país.

Más tarde lo intentó Genoveva Casanova. La madre de mis hijos hizo un tremendo esfuerzo para que nuestra pareja primero y nuestro matrimonio después funcionaran y pudiéramos formar la ansiada familia para ambos. No pudo ser: continuaba actuando como un niño perdido en la selva, la selva de los afectos y el desconcierto. Yo me quería y me odiaba, estar conmigo era un desbarajuste.

Vivía con la obsesión de ligar con cualquier mujer hermosa y joven. Recuerdo el comentario de un jinete francés, número uno del mundo, durante una cena: «Están los tíos que ligan, los tíos que ligan mucho, los que ligan muchísimo, cuando eres número uno del mundo ligas muchísimo más, y luego está Cayetano». Y yo, orgulloso de exhibir tal perfil. Feliz de batir esos récords. Ahora sé cuántas mujeres de valía quedaron en el camino, personas excelentes con las que podría haber sido feliz. Pero yo no sabía ser feliz.

Iba por la vida como si fuera Tarzán, Superman o Rodolfo Valentino. Hasta que viví un romance con una modelo, que fue la horma de mi zapato en el peor de los sentidos. Yo, que había conquistado a todas las mujeres en cualquier lugar del planeta, que pensaba que todas estaban a mi disposición, saboreé mi propia medicina. Era una mujer maquiavélica y fría, de doble personalidad: no conseguí averiguar qué había tras sus ojos marrones sin profundidad, me miraban pero no lograba traspasarlos, solo percibía una oscuridad infinita. La misma oscuridad del personaje. Con ella me porté muy bien y me retiré en silencio al comprobar que la mentira estaba instalada en la relación desde el primer momento.

Con sinceridad, la relación con esa mujer me vino de maravilla. Me sirvió para darme cuenta del daño que había hecho yo sin pretenderlo. Por eso fui a pedir perdón a cinco mujeres que me habían querido incondicionalmente. Pero mi relación con la modelo no ha sido la única convulsa. Años después mantuve una historia con una deportista que comenzó de manera entrañable y no acabó con sonrisas.

No siempre fui así. Cuando era un crío y veraneaba en San Sebastián, me gustaba mucho una niña que veía en misa. Era una relación preciosa a través de miradas llenas de ternura e inocencia. Creo que no llegamos a cruzar una sola palabra. Me bastaba con mirarla. Recuerdo, también, que durante tres años, el día de los enamorados le daba un regalito a una niña del colegio que se llamaba Mari Nieves Pérez Sardón. No he olvidado su nombre. Quiero decir que no siempre fui un conquistador, que mi alma también buscaba romanticismo, fidelidad y compromiso y bajo esos valores miraba a Mari Nieves Pérez Sardón. Pero luego llegó Olga a mi vida, la mujer tremenda que me molió el cuerpo a palos y dejó mi alma hecha jirones. Me dolían enormemente sus palizas, pero lo peor fue el daño moral, que me destrozara la vida. Porque fue esa *nannie* la que consiguió infundirme temor hacia todas las mujeres. Hasta ahora, que consigo llevar un día a día en paz.

Pasado el tiempo soy muy consciente de que la fama de «don Juan», mi presencia en la prensa como un seductor, ha debilitado mi carrera deportiva. He ocupado portadas y han consumido horas de televisión por mis romances, obviando mi vida deportiva, el esfuerzo por llegar al equipo olímpico, las victorias, que las tuve, o las derrotas, que también. A nadie le interesaba el jinete, solo se ocupaban de mis amores y desamores. Una parte de la prensa fue responsable de esa imagen frívola y fatua, pero yo también tuve mi responsabilidad.

Ahora sé que mis innumerables conquistas no debían ser motivo de orgullo solo por el hecho de anotar un número más en la lista. Mi actitud era producto del descalabro emocional que ya he relatado: el abandono, las palizas, el calvario y el miedo. Todos esos sentimientos negativos me los habían provocado diferentes mujeres. Solo he sabido relacionarme con ellas desde el amor y el odio, la pasión y el miedo, el deseo y más miedo; mucho miedo a que me abandonasen de nuevo. He querido mucho a algunas, pero las he querido mal. Desconocía que se puede trazar un camino conjunto.

Ahora lo sé, soy capaz de estar con una mujer y sentirla a mi lado como compañera. Ahora es cuando puedo mantener una relación equilibrada con Bárbara Mirján. Cada día evoluciono algo más en ese camino, no salgo huyendo despavorido ni me produce angustia estar juntos. No he de ocultarme ni engañar a nadie; puedo hablar de los asuntos del alma sin vergüenza, sin frustración, con la naturalidad con la que han de plantearse las cosas.

17

EL FIN DE UN CUENTO NUNCA ACABADO

La Navidad de 2014, la primera que vivíamos sin Cayetana Alba, la celebramos juntos en Liria, como antaño. Seguimos el rito que ella había iniciado tantos años antes. Esa noche pensé que era posible, que sus deseos de unidad entre todos los hermanos podrían ser una realidad. ¡Qué gran equivocación! Salí de mi error tan solo unos días más tarde.

Comenzaba mal 2015.

Al finalizar las fiestas, me citó el administrador Gerardo Herranz para darme la mala nueva:

—Tu hermano Carlos ha ordenado que a partir de hoy no te paguemos y ceses de todos tus poderes, cargos y responsabilidades.

Aún retumban en mi cerebro sus palabras. Chocan unas contra otras como pelotas lanzadas contra un frontón. No podía creerlo. Apenas unos días antes jugábamos a la familia feliz y unida tras la muerte de la matriarca. Cómo imaginar que su heredero, el nuevo duque de Alba, guardaba una carta sorpresa bajo la manga. ¿Hipocresía, mala fe, sentimientos castrados? No he sido capaz de encontrar el calificativo moral para definir la actuación del hermano mayor con el hermano pequeño. ¿Esa manera de comportarse tenía cabida en el consejo del abuelo Jacobo antes de partir hacia la muerte en Suiza? «Recordad niños, orden, disciplina y formalidad». ¿En cuál de los tres conceptos podía entenderse tal forma de proceder?

El XIX duque de Alba me eliminaba de un plumazo por persona interpuesta. Borraba cualquier símbolo de mi presencia en la dirección de la Casa de Alba, actividad que yo había realizado en los últimos años por orden y deseo de la XVIII duquesa de Alba, mi madre. Afortunadamente, no vivimos en el siglo XVI, solo me cortaba el sustento; mantenía mi cabeza sobre los hombros.

Estaba en la calle.

A estas alturas ni siquiera cuestiono su decisión. Pero me siguen estremeciendo las formas. ¿No dictan el sentido común y tan alta alcurnia que debería haberse sentado con su hermano para explicarle los cambios? Era el nuevo duque de Alba, entendía de otro modo la gestión de la Casa, qué menos que preguntar el tiempo que necesitaba para volver a poner mis asuntos en marcha. En fin, normalidad. Puesto que si alguien había seguido la gestión de la Casa en los últimos años de vida de mi madre era él y solo él. Y nunca se posicionó en contra de una decisión tomada. Lo inaudito es actuar como lo hizo: dar la orden al administrador general para que abandonase mis responsabilidades y que no percibiera un euro más.

Aún no habíamos heredado. En 2015 se empezó a ejecutar el reparto: una serie de fincas y algunos cuadros que debíamos vender para hacer algo de caja y poder arrancar. Tampoco habíamos dividido las piezas correspondientes al ajuar. No heredábamos ni un euro en metálico porque en la Casa no había dinero, el último se utilizó para pagar los gastos de la donación. Mi hermano me dejó en la calle sin un ingreso. Me lo encontré por palacio y le pedí un tiempo.

—No, no, es inmediato. Te puedes quedar en la oficina. Pero económicamente cada uno tiene lo suyo. —Fue su tajante respuesta.

No podía hacer frente a mis gastos, el colegio de mis hijos, la hipoteca de mi casa, los caballos... Sentía tal angustia que salí a pedir trabajo.

A la primera persona a la que acudí fue a Juan Abelló. Era amigo de la Casa y de mi madre. A su muerte me dio el pésame con sentimiento real. Le expliqué mi situación. Pero no te creen. Nadie cree que el hijo de la duquesa de Alba no pueda hacer frente a sus gastos familiares. No te creen que no vayas a heredar ni un céntimo. Tuvo palabras de consuelo, enjugó mis lágrimas, pero no sabía cómo ayudarme.

Y fui a hablar con Juan Rosell, entonces presidente de la CEOE. Escuchó mi relato mientras me miraba con gesto de incredulidad.

—Después de gestionar la Casa, estoy preparado para asumir una responsabilidad en una empresa. ¿No me podías poner en un puesto desde el que te pueda ayudar para captar empresas o cualquier otra labor? —le pedí.

Juan Rosell estaba tan alucinado que no sabía responderme. Todos pensaban que habíamos heredado una fortuna. Esbozaba una media sonrisa mientras escuchaba. En cuanto le fue posible, cambió el tema de conversación.

La ayuda vino desde dentro de la Casa. De Gerardo Herranz, el administrador general, al que confesé que no podía mantenerme.

—No puedo pagar mis facturas. He pedido un crédito, me lo van a dar, pero tampoco puedo utilizarlo para solventar el día a día, debe ser un colchón para gestionar mis asuntos hasta que empiecen a darme rentabilidad —le expliqué.

—No te preocupes, te pagaré hasta que te puedas organizar. —Sus palabras sonaban a música celestial.

Y me mantuvo el sueldo hasta el mes de octubre. Le di un abrazo y lloré con él. Fue como un padre.

Cuando mi madre me encargó la dirección de la Casa empecé a desmantelar mi estructura profesional. Entonces tenía trece caballos de propietarios y me había quedado con tres o cuatro. Cuidar y montar los caballos de otros era una de mis fuentes de ingresos; además, ganaba dinero en los concursos, vendía mis caballos y tenía pequeños *sponsors*. Estaba bien organizado. Pero en el momento en el que mi hermano me destituyó de todo, estaba a cero prácticamente.

¡Cómo imaginar que el año solo acababa de comenzar! El transcurso de los meses iba a deparar otras desagradables sorpresas. Una de ellas fue la moción de censura que me montaron en la Asociación de Deportistas, que presidía. Pretendían doblegarme y someterme a las directrices de la Federación Española de Fútbol, que marca la línea de actuación sobre todos los deportes. Además, me exigían enfrentarme al presidente del Consejo Superior de Deportes, Miguel Cardenal, que había comenzado una política de transparencia y limpieza en el deporte, en especial en el fútbol. El precio por no acatar las órdenes fue que me ataron las manos, no pude defenderme, me flagelaron y se jactaron. Y, por supuesto, con la herramienta de la moción de censura acabaron con la Asociación de Deportistas.

Pero 2015 continuaba deparando sorpresas.

El 11 de febrero, mi hermano Carlos me destituyó de la sociedad agrícola de Córdoba en la que él era accionista mayoritario. Pero quedaba la reunión de la sociedad Agralsa, que agrupa las fincas de Salamanca en la que estaban mis hermanos Alfonso y Jacobo. Primer punto del día: «Destitución y revocación de poderes de Cayetano Martínez de Irujo, consejero delegado». «Segundo punto: destitución del técnico Tomás de Juan». Este hombre era técnico agrícola y yo le había nombrado para ayudarme. No solo hizo un gran trabajo en el terreno agrícola de ordenamiento y mejora, sino que fue determinante para limpiar la corrupción.

La cara de odio de Jacobo al leer el primer punto no la olvidaré mientras viva. Se le salían los ojos de las órbitas. Parecía relamerse al pronunciar cada una de las palabras que llenaban apenas dos renglones. Como si yo hubiese sido un empleado corrupto. Obviando la realidad: cuando comencé a gestionar la sociedad había setecientos mil euros de deuda; la devolví con tractores, la deuda saldada y unos activos de cuatrocientos mil euros. Alfonso al lado, ratificando en silencio, mirándome, como si viviera el momento en el que podía, por fin, resarcirse de un pasado que estaba volcando contra mí. Y yo no era, nunca fui, el responsable de sus males. Al contrario, le he defendido porque he creído siempre en su valía profesional, más que en la de ningún otro hermano.

Estaba impactado. Me costaba aceptar tanto odio contenido. Me había dejado la piel por resolver el caos económico que nos afectaba en el campo y en la Fundación. En todo el proceso Fernando se mantuvo imparcial. A Eugenia lograron convencerla durante un tiempo sobre la acusación que mantenía, por encima de todos, Jacobo, asegurando que yo manipulaba a mi madre. Como si mi madre hubiera sido manipulable.

La historia suele echar una mano en asuntos peliagudos. No puedo evitar volver a un episodio protagonizado por el gran duque de Alba, verdugo de uno de los últimos caballeros medievales, Lamoral Egmont. El noble flamenco fue decapitado en el mercado de caballos de Bruselas por orden de su primo Felipe II y ante las lágrimas del propio Fernando Álvarez de Toledo, presente en la ejecución.

Una reflexión: los duques de hoy en día no lloran. Y una consecuencia: mi cuerpo se rebelaba y empecé a estar mal.

Como el conde Egmont, habré tomado decisiones buenas y otras erróneas, pero es obvio que el balance de cinco años de gestión no presenta resultados negativos: ordenar la Casa, eliminar la corrupción y reducir parte de la deuda. Duele que te retiren como a un corrupto cuando solo me dejé la piel trabajando por un patrimonio que habría de pasar a todos y sobre todo al mayor, que es el gran heredero.

Fue duro asumir todos esos acontecimientos de golpe. Me agarré a mi fortaleza interna y al puñado de gente que tenía alrededor y me ofreció su ayuda. En el caso de la Asociación de Deportistas, parte de mi junta directiva como María José Rienda, Manel Berdonces, Marc Gené y Loli Pedrares, la secretaria de la Asociación, una gran deportista y una gran persona. En el caso de mi familia, a mis hijos y a Genoveva, que siempre ha estado para ayudarme en los momento difíciles, siempre.

A mi hermano Alfonso le tenía estima, cariño; con Jacobo me he llevado muy bien en el pasado. Pese a su postura, la donación en vida nos salvó a todos. Lo que heredamos cada uno no lo decidí yo, aunque Jacobo persista en acusarme de manipulación frente a mi madre. En todo el proceso participaron fiscalistas y un albacea que ejecutaron la operación. Yo lo dirigí. Carlos estaba al tanto de todo. Y ella estaba lúcida cuando se hizo. Lo que me resulta difícil de admitir es que me culpen de problemas que cada uno de ellos no ha podido o sabido resolver con su madre. A todos nos han castrado para enfrentarnos a la vida. Yo he peleado para superarlo. No sé qué ha hecho el resto.

Con la excepción de lo heredado por mi hermano Carlos, admito que mi madre no hizo un reparto igualitario. Eugenia y yo obtuvimos mejoras. En mi caso, la casa de Arbaizenea en San Sebastián fue un extra que mi madre me legó porque le dio la gana, porque sabía que, de lo contrario, esa casa se habría vendido y su voluntad era que permaneciese en la familia. En las reuniones posteriores a la donación, Jacobo pedía que se repartiese lo que había dentro de Arbaizenea. Los deseos de mi madre en ese aspecto eran claros: cada casa llevaba incluido todo lo que hubiese en su interior.

No voy a negar que en los últimos años de mi carrera deportiva mi madre me pagaba el 50 por ciento de la cuadra. Quizá puedan reprocharme que, cuando empezó a valorar los logros en la hípica, ella me compró un par de caballos.

Eso por parte de ellos. Por mi parte tengo algunas dudas del proceso por el que sus deseos se convirtieron en ruegos y no en voluntades. Y eso nos ha afectado a Alfonso Díez y a mí. Su marido estaba fuera de la donación, pero él tenía derecho a parte de la legítima. Iba a renunciar y le pedí que no lo hiciera tras observar la actitud de mis hermanos y advertir que las voluntades de mi madre serían papel mojado.

Mi madre quería que le pagasen el dinero pendiente de la casa de Sanlúcar de Barrameda y un sueldo vitalicio. La tercera de ellas, con fecha 27 de febrero de 2012, manifestaba lo siguiente: «Que es también su deseo que su hijo primogénito don Carlos mantenga a su hermano don Cayetano en la gestión de la "Casa de Alba" y en la "Fundación Casa de Alba"». Ninguna de sus voluntades se leyeron el día de apertura del testamento. Las voluntades se habían transformado en ruegos, que son, al parecer, decisiones no vinculantes. Argumentan que tanto la Fundación como las empresas agrícolas no eran propiedad de mi madre, sino de una estructura organizativa.

A finales de 2015 tuve la primera intervención quirúrgica de una larga serie que me mantuvieron en el hospital demasiados días de 2016. Fueron cuatro operaciones que me obligaron a estar entrando y saliendo del hospital. En total dos meses y una semana. Contaba los días como si esperase una sentencia. Vi de cerca a la muerte, pero algo me iluminó desde arriba, no sé si venía de mi madre o de mi nana, porque fue un resorte, un impulso lo que me llevó a abandonar el hospital de Sevilla, en condiciones lamentables, para intentar salvar mi vida. «Ellas» o la intuición me salvaron.

En mi delirio, a punto de una septicemia y paralización de órganos, tenía alucinaciones, veía monstruos, guerras, bombardeos. Cuando viajaba en el tren a Madrid al lado del médico sirio al que había acogido, pensaba que mis visiones se asemejaban a lo que ellos sintieron cuando las bombas caían sobre el hospital donde trabajaba. No tenía miedo. Pensé en la muerte muy seriamente. Después de que el doctor Enrique Moreno, al que adoro, me salvara la vida, redacté mi testamento.

Antes de una de las operaciones, mis hijos me cogieron las manos. Lo sentí como un adiós. Después de sacarles adelante, era triste dejarles en un momento tan importante de su formación. Solo me daba pena esa circunstancia. El resto no importaba, pero Amina y Luis tenían catorce años. Una situación tan crítica cambia tus prioridades: ahora he apartado de mi vida a la gente que no me quiere. He erradicado a la gente tóxica. No paso cinco minutos con alguien con quien no me sienta bien, al menos que yo note que me aprecia. Busco un afecto recíproco, buena sintonía, personas que me quieran y a quienes yo quiera.

Hasta entonces no conocía el miedo real. Sin embargo, cuando estás débil y enfermo te atenaza: sientes miedo a no vivir, a hacer ciertas cosas, incluso a montar. La idea de volver al hospital me espantaba y tenía miedo de subir al caballo. Tantos días hospitalizado te hacen sentirte muy vulnerable. Casi estás obligado a empezar de cero y crecer con un sentimiento nuevo y desconocido, el miedo. Un desconocido en mi vida anterior cuando actuaba entremezclando valentía e inconsciencia.

Después de mucho dolor, tras las experiencias vividas con la salud, he logrado desvincularme de mis tres hermanos mayores. He aceptado que no me quieren, me lo han demostrado con creces. Estaba moribundo, pero Jacobo no vino a visitarme al hospital. Si le pasa algo a él yo acudiría, sin duda. Alfonso me visitó en una ocasión, después de mandarle un mensaje. Carlos hacía la visita institucional, un duque de Alba siempre está presente en entierros, funerales y actos de ese cariz. Fernando y Eugenia sí vinieron, menos de lo que me hubiera gustado, pero les sentí cerca a ambos.

Mis hermanos mayores tienen una gran limitación educacional. Como yo. La diferencia es que he estado durante cuarenta años quitándome la armadura por partes, saliendo de agujeros, y no he parado hasta averiguar los motivos por los que me hundía. A ellos les falta el sentimiento de culpa por comportarse de ese modo. «Aquí haces lo que se te manda», le he escuchado decir a Carlos. Así actúa. No va más allá.

En el fondo, creo que son buenas personas pero yo no les gusto, no les gusta mirarse en mi espejo. Jacobo se enfrentó a mi madre, pero lo hizo tarde y mal. En una entrevista, antes de ocuparme de la Casa, declaré lo siguiente: «Hay dos rebeldes en la familia pero yo he salido por la puerta de delante y Jacobo por la de atrás».

—¿Estás loco, tú estás loco? —me recriminó mi hermano—. Tienes que ir al psiquiatra.

—Sin duda, pero yo ya he ido. Ahora, el que debes ir al psiquiatra eres tú. Te toca a ti.

Yo estoy en paz conmigo mismo. Ojalá ellos también lo logren. Son mis hermanos y como tales los quiero. Siempre mantendré la esperanza de recuperar una buena relación con ellos.

No soy el duque de Alba pero soy el heredero moral de Cayetana Alba. Estoy muy cerca de ella y cada día más lejos del palacio. Lo tenía demasiado arraigado. Estaba prisionero entre sus muros. No me regodeo al coger el ascensor decorado como una casa de muñecas, ni al acariciar una última vez la tela floreada del sillón que siempre ocupó ella, en el salón Verde. Ni al asomarme a sus cuartos donde le esperaba la corte diaria y vivían sus pájaros. La veo bajar por la escalera principal, majestuosa, como una diosa o una reina. Sin apenas sonreir, me dice adiós.

Ahora está conmigo la Cayetana más humana, la que me reclaman en la calle: «¡A ver si te prodigas, eres un tío grande. Como tu madre!». Me encanta y emociona cubrir su legado más humano. Ejercer como su heredero moral y compartir los sentimientos de solidaridad y cercanía que ambos llevamos en los genes. Es gracioso que aún hay gente que no sabe cómo tratarme, luego ven que soy normal. Como ella, igual que mi madre.

Ahora empiezo a ser feliz. El año tras su muerte fue convulso, el siguiente lo viví en un hospital. Es a partir de 2017 cuando empecé a estar organizado y a sacar mis cosas adelante. Tengo tres casas que me he pagado yo, en Madrid, Kenia y Sotogrande; dos que he heredado y son maravillosas, la de San Sebastián y la finca de Las Arroyuelas, que ha empezado a ser más rentable con plantaciones nuevas. Mi madre escribió al final de su vida un libro en el que reconocía *Lo que la vida me ha enseñado*; siguiendo su estela, en estas páginas he resumido experiencias y, sobre todo, sentimientos. Ella está presente, como no podía ser de otro modo. Estoy seguro de que ha seguido mi trayectoria, que ya sabe que también he aprendido, que he soltado el dolor acumulado y he empezado a conocer la felicidad. Pretendo seguir su consejo, el que nos brinda desde ese último texto:

Mis hijos y mis nietos no saben disfrutar de la vida como yo y no sé si los jóvenes en general lo saben hacer. Creo que siempre he disfrutado, pese a las cargas y los malos momentos que he atravesado. Aunque sé que he sido una privilegiada. Cuando tengo oportunidad y alguien se me acerca y me comenta algo sobre cómo soy o cómo he llegado hasta aquí, procuro decirle que pese a todo, nunca olvide que merece la pena disfrutar de la vida, aun con todas las dificultades que se nos presentan. Hasta en los peores momentos sale el sol.

Uno puede compadecerse de sí mismo un rato, una temporada, pero después más vale reaccionar. Es inútil perder el tiempo en lamentaciones.

Quiero ser feliz y disfrutar un poco de la vida. Ya no necesito ser presidente ni pavonearme de nada. Quiero cuidar a mi gente, progresar, pasarlo bien y sentirme cómodo y contento. Que lo hemos pasado muy mal.

Mi relación con Bárbara es magnífica. Nos reímos mucho juntos. Saca lo mejor de mí. Si nos hubiéramos conocido tiempo atrás no hubiéramos durado, habría sido otra mujer perdida en mi vida. Porque he conocido mujeres magníficas a las que no he sabido conservar. Como Bárbara; que es mucho más joven que yo, ha estudiados dos carreras universitarias, es rápida y lista, inteligente y resolutiva. A Bárbara no se le caen los anillos por arreglar la casa o ir a la compra o conseguir un billete de avión. Me ha ido ganando día a día, me voy acostumbrando a estar con ella y veo cómo estoy cerrando la puerta al círculo enloquecido en el que he vivido. Solo mantengo una lucha interna con mi carrera deportiva: me empeño en ver la botella medio vacía y sé bien que esa botella está medio llena.

No he logrado una familia al uso, pero sí una familia. A lo largo de mi vida he admirado las familias unidas, he sentido nostalgia y pena por no haber logrado construir una. Genoveva luchó mucho por conseguirlo. Por lo menos no lo hicimos mal porque los niños no guardan un mal recuerdo. En los momentos tensos nunca traspasamos los límites de la cordura, el entendimiento y la educación. Nunca consentimos a los abogados ni a los amigos que nos influyeran para generar tensión, más allá de la inevitable en un proceso de separación. Nunca he consentido influencias externas en ese sentido.

Cada día, yo sigo trabajando mucho conmigo mismo. He pagado un alto precio para encontrar mi yo más profundo. Me ha costado mucho esfuerzo ser un hombre valorado de forma objetiva y justa. Gracias al tratamiento seguido en Estados Unidos pude afrontar la muerte de mi madre y lo que vino después. Confío en que mi imagen esté virando y comience a primar lo importante: mi trayectoria de deportista en la alta competición. La hípica es un deporte difícil, hacerse un hueco, muy complicado, y llegar y mantenerse en la élite es muy complejo.

Y si en algún momento me vengo abajo, escucho las estrofas de una canción que Bárbara escribió para mí:

Caminante en mi camino

Luchador que no se rinde,
el gran duque reencarnado,
generosidad infinita, con hombría y valentía,
hombre de buen corazón.
Como héroe y buen guerrero, la superación sin miedo.
Un buen hijo, y un gran padre, el amigo insuperable,
entregado a cualquier causa que demande su constancia y la justicia por el bien…
… Deportista y entregado,
divertido y admirado,
es del campo y de su casa,
el gran amante de Francia y devoto hasta el final.
Solo es él, ojos verdes de otra vida.
Entregado al amor como su madre,
que vivió cada día con la esencia de la intensidad sin miedo,
incansable hasta el final…

El mayor defecto del ser humano es que no se atreve a mirarse al espejo y ver con honestidad la imagen que este devuelve. Si hay una virtud de la que me sienta orgulloso es esa: hasta que no he sido yo y he mejorado para llegar a alcanzar el mínimo que me exigía, no he parado de buscar e investigar y hallar soluciones. Ahí sí me doy una gran medalla. La medalla de la vida.

Y hasta aquí, el final de un cuento nunca acabado.